◎ 高等院校经济与管理核心课经典系列教材 ◎

➡ 国际经济与贸易专业

国际电子商务教程

INTERNATIONAL ELECTRONIC BUSINESS

（第四版）

兰宜生 ◎ 主 编

首都经济贸易大学出版社
Capital University of Economics and Business Press
·北京·

图书在版编目(CIP)数据

国际电子商务教程/兰宜生主编. --4版. —北京:首都经济贸易大学出版社,2018.9

(高等院校经济与管理核心课经典系列教材)

ISBN 978-7-5638-2820-3

Ⅰ.①国⋯ Ⅱ.①兰⋯ Ⅲ.①国际贸易—电子商务—教材 Ⅳ.①F713.36

中国版本图书馆CIP数据核字(2018)第131526号

国际电子商务教程(第四版)
兰宜生 主编

责任编辑	田玉春
封面设计	砚祥志远·激光照排 TEL:010-65976003
出版发行	首都经济贸易大学出版社
地　　址	北京市朝阳区红庙(邮编100026)
电　　话	(010)65976483　65065761　65071505(传真)
网　　址	http://www.sjmcb.com
E-mail	publish@cueb.edu.cn
经　　销	全国新华书店
照　　排	北京砚祥志远激光照排技术有限公司
印　　刷	北京市兴怀印刷厂
开　　本	710毫米×1000毫米　1/16
字　　数	343千字
印　　张	19.5
版　　次	2007年3月第1版　2010年9月第2版 2015年1月第3版　**2018年9月第4版** 2018年9月总第6次印刷
书　　号	ISBN 978-7-5638-2820-3/F·1549
定　　价	39.00元

图书印装若有质量问题,本社负责调换
版权所有　侵权必究

第四版前言

电子商务在我国发展已有20余年,目前正进入全方位扩展的黄金时期。笔者在1998年曾写过一本书《电子商务与经济变革》,预言电子商务会引发中国经济的一场革命。然而,如今每天数百亿的网购血拼、大街小巷川流不息的快递包裹、遍布校园的共享单车、满城漫乡的微博微信让几亿国民成为俯首帖耳的"低头族",仍然远远超过我当初的想象。

因特网及电子商务已成为大众日常生活密不可分的部分,青年一代更难以想象无网的生活。笔者不想费心揣测二十年后电子商务的具体发展状况,但我深信"不惑之年"的电子商务会有长足的进步和更广泛扎实的应用,推动经济社会加速发展和中国梦的实现。

《国际电子商务教程》自2007年出版后,十年来承蒙各地师生读者的厚爱,已三次修订再版。本书第四版保持原有10章的基本架构,但对内容做了较大幅度更新和补充,有关数据根据最新资料做了全面更新。按照当今时代的"精益生产"原则,在更新内容的同时,全书篇幅进一步精简,以适应网络时代惜时如金的快节奏学习需要。

著名经济学家乌家培先生说过:"20世纪最伟大的发明是电子计算机,电子计算机最伟大的发展是因特网,因特网最伟大的应用是电子商务。"因特网无远弗届,把世界各国的距离拉近,促进各民族的沟通融合;电子商务潜力无限、法力无边,帮助国内外企业交流借鉴、取长补短。

欣逢数字化时代,笔者作为一名热爱并从事电子商务教学研究的学者,愿与各位同行一起努力,探索创新,共同推进电子商务人才培养和电子商务事业的发展。

兰宜生
2018年3月
于上海财经大学

目 录

第一章 电子商务的发展 … 1

- 第一节 电子商务的产生和发展 … 2
- 第二节 电子商务的含义和特点 … 13
- 第三节 电子商务的作用 … 19
- 第四节 案例两则 … 29

第二章 电子商务模式 … 37

- 第一节 电子商务的应用领域 … 38
- 第二节 电子商务的模式 … 55
- 第三节 国际电子商务的实现形式 … 65
- 第四节 案例两则 … 68

第三章 电子商务技术 … 76

- 第一节 电子商务应用技术 … 77
- 第二节 电子数据交换技术 … 81
- 第三节 安全技术与认证技术 … 87
- 第四节 移动电子商务技术 … 106
- 第五节 案例两则 … 113

第四章　电子商务在国际贸易中的应用　120

　第一节　交易磋商的电子化 ················ 121
　第二节　电子订单 ························· 128
　第三节　电子合同及其履行 ················ 130
　第四节　其他交易环节的电子化 ············ 137
　第五节　案例两则 ························· 139

第五章　国际电子支付　148

　第一节　电子商务与金融电子化 ············ 149
　第二节　国内外电子金融的发展 ············ 152
　第三节　国际电子支付手段 ················ 159
　第四节　案例两则 ························· 167

第六章　国际网络营销　174

　第一节　国际市场信息采集 ················ 175
　第二节　网络广告策略 ···················· 179
　第三节　国际网络营销的组织管理 ·········· 186
　第四节　网络客户关系管理 ················ 188
　第五节　案例两则 ························· 192

第七章　电子商务环境下的国际物流　198

　第一节　电子商务与现代物流 ·············· 199
　第二节　物流技术的发展 ·················· 208
　第三节　国际物流与物流国际化 ············ 218
　第四节　案例两则 ························· 228

第八章　电子政府与海关电子化管理　236

- 第一节　电子政府的意义和作用　237
- 第二节　中国海关电子化管理　240
- 第三节　电子商务管理的国际协调与合作　244
- 第四节　案例两则　247

第九章　国际电子商务法律制度　254

- 第一节　国际电子商务法律框架　255
- 第二节　电子商务法与电子签名法　259
- 第三节　网上知识产权和隐私权保护　265
- 第四节　案例两则　272

第十章　电子商务环境下的国际竞争与合作　280

- 第一节　电子商务环境下的国际竞争　281
- 第二节　电子商务与国际供应链　288
- 第三节　案例两则　294

参考文献　301

后记　302

第一章 电子商务的发展

学习要点与要求

通过本章的学习,应掌握电子商务产生与发展的背景,掌握电子商务的定义和特点以及电子商务的功能和作用。

基本了解电子商务的产生和发展历程,熟练掌握电子商务的内容、含义和特点,掌握电子商务的功能,了解电子商务对国民经济的作用。

第一节 电子商务的产生和发展

一、电子商务产生的时代背景

当今世界已进入以数字化、网络化、信息化为特征,以网络通信为核心的信息时代。经济全球化与网络化成为一个强有力的趋势,信息技术革命与信息化建设正在推动社会由资本经济转变为信息经济和知识经济,并强烈地影响着国际经济贸易环境,加快了世界经济结构的调整与重组。电子商务不仅对商务的运作过程和方法产生了巨大的影响,也对人类的思维方式、经济活动方式、工作方式和生活方式发挥着重要的作用。这种影响正逐步显示和增强,同时这种变革也要求社会和企业建立新的与之相适应的管理体制。

(一) 信息化与全球化

目前,与经济全球化潮流相呼应,经济信息化的潮流来势迅猛,两大潮流互相推动,互为因果,呈加速发展之势。这向刚刚与世界经济接轨、尚未完成工业化进程的中国经济提出了新的挑战,要求其必须同时推进国民经济工业化和信息化,只有如此才可能缩小与发达国家的差距。因特网和电子商务环境使国家之间和企业之间的时空距离大为缩小,企业面对着潜力巨大的全球市场,也面对着众多的竞争对手,这无疑是对中国企业界和社会各行各业的新的压力和挑战,当然也包含着新的发展机会。

全球化是指各国、各地区发生的经济活动互相依存、越来越紧密、彼此不可分离的一个不断演变的过程。对国家来说,必须把本国的经济发展目标建立在统一的世界市场的基础上,充分考虑各种可能性和可行性,制定经济社会发展战略;对企业来说,必须善于借助别国企业的优势进行多国企业联合的组合式生产,以迅速将产品销往全球最需要的市场;对个人来说,必须准备迎接世界范围内的更激烈的求生发展的竞争,并且善于捕捉各种各样的商机,以施展个人的才干。

全球化是在新科技革命的推动下加速的,其中,网络技术对它的成长尤其重要。互联网为经济生活的全球化提供了用之不竭的信息资源,灵活方便的交往手段,高速宽敞的活动通道,还提供了统一的表演舞台——无所不包的网络市场。

因特网使国界的限制作用大大降低。国家和疆界作为历史的产物,对维护社会安定与经济发展有积极作用,但同时又可能产生消极影响,主要是封闭会限制竞争,阻碍科技交流与生产力的发展。然而,我们看到,这种负面作用正面临着知识经济及网络经济的决定性打击。因特网的发展使国界的限制作用减弱,电子商务活动完全超出了国界,加速了全球成为"地球村"和各国民众成为"地球村"村民的进程。

据中国互联网络信息中心(CNNIC)2017年8月4日公布的中国第40次互联网络发展状况统计报告,截至2017年6月底,我国网民数量达到7.51亿人,其中,使用手机上网的网民达7.24亿,占比达96.3%。互联网普及率达到54.3%。

根据以上报告的调查数据:截至2017年6月,网络购物用户达到5.14亿,手机网络购物用户达到4.8亿,移动商务应用飞跃发展,手机网上购物、手机支付、手机旅行预定的网民均比上年大幅增长。

(二) 信息时代的竞争规则

1. 动物吃植物——不创新则灭亡

网络经济是一种适者生存的经济。由于存在较高的交易成本与信息成本,旧的传统经济是一种市场相对分隔的经济,结果是具有市场竞争优势的企业并不一定能够完全淘汰相对劣势的企业。但是,存在于新经济中的市场竞争则不同。新经济中的市场竞争属于达尔文式的优胜劣汰,这是因为以网络为生产工具的新经济具有交易成本低和信息成本低的特点,使得市场竞争更为有效,并且优势企业追求市场垄断的努力必将使劣势企业遭到无情的淘汰。

行业门槛的降低使企业面临空前激烈的竞争,成功的概率可能是十分之一甚至百分之一。即使你的企业幸运地取得了成功,你仍会发现周围立即出现了多位竞争者或跟进者,企业必须不断创新才能在市场立足和发展。需要特别指出的是,创新的定义并不只局限在技术层面,它包括每一次市场的创新、每一个商业模式的创新。一个不追求创新或没有创新能力的企业注定要被市场所淘汰,要被创新性企业"吃掉"。

2. 快吃慢、新吃旧

新经济是一种时间竞争占据主导地位的经济。一种知识产品(包括信息产品)在市场中的定价不再取决于花费在其生产过程中的工作时间,而是取决于其在短期内具有的排他性。结果是市场竞争越来越成为争时间、抢速度的竞争,时间价值成为产品价格的决定性因素。

从成立到拥有10亿美元的市场价值,惠普公司用了47年的时间,微软公司用了15年时间,雅虎公司只用了2年时间,而NetZero仅用了9个月的时间。Google公司更是在3年时间内就达到了千亿美元的市值。在网络经济时代,小公司可以战胜大公司,转型快的公司可以战胜转型慢的公司,新公司可以战胜老牌公司。没有一家公司可以永远立于不败之地。要壮大和发展自己,企业必须以更快的速度不断创新。

3. 自己淘汰自己

达维多定律指出,企业在本行业中必须第一个淘汰自己的产品。微软公司和英特尔公司的运营都是达维多定律的生动体现——自己淘汰自己。以英特尔公司副总裁名字命名的这一定律提出:一家企业如要在市场上占据主导地位,就必须第一个开发出新一代产品,与其作为第二或第三家将新产品推向市场的企业,不如作为第一家开发出该产品的企业,尽管你的产品那时还并不完美。英特尔公司的微处理器并不总是性能完善、速度最快,但英特尔公司总是新一代产品的首家推出者,这巩固了英特尔公司的市场领先地位。微软公司不断推出新的 Windows 操作系统,从 Windows95、Windows98 到 Windows2000、WindowsXP、Vista,到 Windows7、Windows10,总在自己淘汰自己。信息时代科技创新加速带来的竞争压力是微软、英特尔和其他高科技企业要不断自我更新产品的重要原因。

二、电子商务的产生

(一) Internet 的产生和发展

电子商务是伴随着 Internet 的发展而产生的。Internet 最早是作为军事通信工具而开发的。1958 年,苏联发射了第一颗人造卫星,美国为了在高技术领域、军事领域与苏联竞争,成立了高级研究计划署(Advanced Research Project Agency),简称 ARPA。20 世纪 60 年代后期,ARPA 承担了开发一个不易遭破坏的试验性的计算机通信网络系统的任务,这个网络叫作 ARPANet,目标是保证通信系统在核战争中仍能发挥作用。因为中央通信系统在战争中是被破坏的主要目标,所以系统的基本设计要求是保证网络上每个节点都具有独立的功能并具有等同的地位,资源共享,异种计算机能实现通信。该网络使用"包交换/分组交换"这种新的信息传输技术,其原理是:一组信息首先被分割为若干个"包",每个包均包含它的目的地址,每个包通过不同线路到达目的地,再组装还原成原来的信息。这个系统最大的优点是:如果核弹击毁了军事网络的一部分,数据仍然能通过未被破坏的网络到达目的地。这一原理成为 Internet 的标准。1969 年 9 月,ARPANet 联通 4 个站点,即加州大学洛杉矶分校 UCLA、加州大学圣巴巴拉分校 UCSB、犹他大学 Utah 和斯坦福研究所 SRI,这是最早的电脑互联网络,由此人们开始利用网络进行信息交换。

1971 年,ARPANet 发展到 15 个站点,23 台主机,新接入的站点包括哈佛大学、斯坦福大学、林肯实验室、麻省理工学院、卡内基·梅隆大学、美国航空航天局等；采用由加州大学洛杉矶分校的斯蒂夫·克洛克(Steve Crocker)设计的网络控制协议NCP(Network Control Protocol)，此协议包括了远程登录以及远程文件传输的协议和电子邮件，从而形成了ARPANet的基本服务；1972年互联网工作组(INWG)宣告成立，其目的在于建立互联网通信协议；1973年ARPANet扩展成为国际互联网，第一批接入的有英国和挪威；1974年，ARPA的鲍勃·凯恩(Kahn)和斯坦福的温登·泽夫(Cerf)合作，提出TCP/IP协议和网关结构，其重要之处在于该协议独立于网络和计算机硬件，并提出网络上的全局连接性；1975年由于ARPANet已由试验性网络发展为实用型网络，其运行管理由ARPA移交给国防通信局DCA。

20世纪80年代，局限在军事领域的ARPANet开始被用于教育、科研。1981年，TCP/IP 4.0版本正式成为ARPANet的标准协议。同年，美国国家科学基金会(NSF, National Science Foundation)成立了计算机科学网，连接科研、教学单位共同开发和改进网络，并运行TCP/IP协议。1982年TCP/IP加入UNIX内核中，商业电子邮件服务在美国25个城市开始启动；1983年，ARPANet分为MILNet和ARPANet两个网络，MILNet成为军用网络，ARPANet则完全用于民用科研，美国国防通信局把ARPANet各站点的通信协议全部转为TCP/IP，这是全球Internet正式诞生的标志。

1985年，NSF在美国建立了6个超级计算机中心，1986年，NSF资助建立NFSNet，连接这6个超级计算机中心。允许研究人员访问NFSNet，共享研究成果。从此，NFSNet逐渐取代了ARPANet，成为免费的Internet的主干网络，对各大学和科研机构开放，用于非营利性教学和研究，成为推动科学研究和教育发展的重要工具；1989年，欧洲核子研究中心(CERN)的物理学家蒂姆·贝纳斯·李(Tim Berners Lee)研制出World Wide Web，推出世界上第一个所见即所得的超文本浏览器/编辑器；1990年，NFSNet已互联3 000多个主要网络和20万台计算机，ARPANet正式被NFSNet代替，并宣布解体；1991年，明尼苏达大学推出Gopher，使用户能十分容易地存取Internet上的各种信息资源；1992年，Internet协会(ISOC)成立；1993年，因特网信息中心(Internet NIC)成立。

1992年，美国政府提出"信息高速公路"计划，公布"国家信息基础设施建设：行动纲领"，简称NII计划，政府进一步加强对Internet的资金支持，在全世界掀起信息高速公路热。从1995年起，Internet主干网转由企业支持，实现商业化运营。1997年，美国开始研究开发速度提高几百倍的第二代Internet，其他国家迅速跟进，在美洲、欧洲、亚洲等许多国家很快投入运营。进入21世纪，以3G为代表的移动互联网络技术应用发展迅速，移动电子商务方兴未艾，移动互联网和移动电子商务有超越固定互联网及其商务活动的态势。目前,世界已进入4G网络时代。

(二) 对 Internet 经济本质的再认识

对于因特网的概念和作用,看来有重新思考和认识的必要。通常人们把因特网视作一种新型通信工具或信息载体,是与电话、传真、电视类似的东西,但仔细思考一下,二者确有根本区别。因特网具备的开放性、互动性、群体参与、成本低廉、全天候运作的特点是任何其他媒体无法同时具备的,因此其能量和作用也是其他媒体无法比拟的。试想,如果搞电话远程教育、电话广告,其费用和效果会是如何呢?

正如纱线织成布后用途和功效发生根本变化一样,网络联系与单线联系也有本质区别,任何事物一旦"触网"往往就会发生质的变化,其能量会成十倍、百倍甚至千倍地放大。因此,因特网不是通常意义上的通信媒介,而是一种新能源——"网能",它拥有巨大的能量,成为推动生产力发展的一种新动力。有如一个世纪前电能的应用带来社会经济面貌的根本变化(电灯取代了油灯,市内电车取代了马车,等等),因特网在社会经济各个领域的应用也正在引发新的经济革命,如同今天对电力的依赖一样,未来人们会发现自己的生活越来越离不开网络。

物质、能源、信息被认为是现代经济的三大资源,而因特网则是把能源与信息结合起来的载体,所以因特网的能量将超过单纯的能源,其社会经济影响深远。一般而言,只有一种新的能源才能成为新的经济时代的特征,如"蒸汽时代""电力时代",因此,"因特网经济""网络社会"这种表述可说是反映了未来社会的本质特点。

因特网为所有企业提供了平等、开放的平台,因特网的技术性能决定了电子商务可以进行空前广泛的数据交换,可以在全球范围形成开放的用户市场,贸易伙伴的形式和数量不受限制。用个形象的比喻,因特网就好像在真实的三维空间以外构建了一个虚拟的第四空间,这个空间可以提供高效率的商务环境,并将几乎全部的传统商业行为"移植"过来并进行改造。因特网在地球上创造了一个新大陆,成为地球的"第八洲"——"虚拟洲",孕育着新的市场和潜在商机;而且因特网在不远的将来会成为"第一洲"——电子商务销售额将超过任何一洲的国民生产总值;最终还会成为"唯一洲"——绝大多数企业和消费者都将通过因特网,以电子商务形式发生业务和交易关系。可以说采用电子商务是网络时代对众多企业的强制性要求,要么做电子商务,要么将无商可务(E-business or No Business),这就是网络时代的抉择。

开展电子商务是一种全球趋势,经济全球化将加速电子商务在各国的推广。

在未来的全球竞争面前,一个企业如果不能适应这种经营环境的变化,就无法生存下去。所有企业都在新的虚拟洲上,企业要发展,必须学会应用新的竞争手段,优胜劣汰的法则在这里同样无情,而且作用会更迅速、更彻底。

三、电子商务的发展

随着 Internet/Intranet 技术的飞速发展,电子商务的规模迅速膨胀。目前,电子商务在全球的企业用户已达上千万。到 2008 年年底,全球 500 家最大企业("Fortune 500")已全部建立网络交易系统。

回溯 20 年,在 20 世纪 90 年代中期,信息高速公路、信息经济、电子商务对我们还是很抽象的概念,即便是在发达国家,许多人也认为那不过是政客们为捞取选票而描绘的海市蜃楼,或者是企业为吸引股民而玩的噱头。如今,不仅欧美发达国家的企业和消费者已实际体会到电子商务带来的效益和各种便利,即使在中国这样的发展中国家,民众也感受到因特网和电子商务对社会经济生活越来越深刻的影响。2016 年中国网络零售市场交易额同比增长 26%,达到 5.16 万亿元,约占全球网络零售市场的 39.2%,连续多年成为全球最大网络零售市场。

电子商务的推广应用经历了一个由初级到高级、由简单到复杂的过程,对社会经济的影响也是由浅入深、从点到面。从网上相互交流需求信息、发布产品广告,到网上采购或接受订单、结算支付账款,企业应用电子商务是从少部分到大部分,直至覆盖全部业务环节。从具体业务领域来看,也是由少到多逐步发展完善,如电子贸易的电子订单、电子发票、电子合同、电子签名;电子金融的网上银行、电子现金、电子钱包、电子资金转账;网上证券交易的电子委托、电子回执、网上查询等。总之,因特网正全面改变着社会生活的面貌,网络学校、电子图书馆、网上书城、电子音乐厅、网络棋牌室、网上医院、电子社区、电子政府、网络幼儿园、虚拟购物城,因特网和电子商务的影响无所不至,日益成为人们生活中不可缺少的内容,"电子社会"(E-society)、"电子生活"(E-life)、"电子城市"(E-city)正逐步成为现实生活。

四、信息社会的内容

(一) 信息产业的内容

1. 波拉特的信息部门划分

美国学者马克·波拉特(Mac Porat)把独立的信息部门称为"一级信息部门",把非独立信息部门中的信息性工作称为"二级信息部门"。他用数量统计方法,从美国"国家产业划分标准"中识别出 116 个行业,将其分为 8 大类,即 8 个一级信息部门,分别是:知识的生产和发明业;信息的分配和传播业;风险管理业;调查和协调业;信息的处理和传输业;信息设备提供业;政府;信息设施建设业。

波拉特又从美国422种职业中,归纳出5大类二级信息部门,由非独立信息部门中的信息工作构成,它们是:①知识的生产和发明者,包括科技人员、金融人员、计算机专家、律师、医生、法官、设计师等;②知识的分配和传播者,包括教育工作者、艺术家、作家、记者、图书馆人员等;③市场调查和咨询人员,包括信息收集、调查、计划管理人员等;④信息处理和传输人员,包括秘书、邮递和收发人员等;⑤信息设备劳动者,包括印刷工人、计算机操作人员、电信工作人员等。

2. 美国的信息产业划分

以美国为代表的西方发达国家一般把信息产业划分为13个行业。

(1)电话、电报、卫星通信、其他无线电通信行业;

(2)纸张、纸浆、纸板和照相器材行业;

(3)邮电服务行业;

(4)广播电视行业;

(5)计算机及其网络、软件服务行业;

(6)电子元器件行业;

(7)电影、体育及影剧院、场馆系统;

(8)报纸、杂志、图书和出版行业;

(9)广告行业;

(10)商业行业;

(11)经纪人、银行、保险和财政部门;

(12)政府机构的情报、治安和顾问部门;

(13)法律服务行业。

这其中,除了第2类、第6类、第10类可能有些疑问外,应当说与我们理解的信息产业概念大致相符。其中既包括提供信息基础设施的部门(如电话、电报、卫星通信),也包括提供信息内容服务的部门(如广播、电视、报刊、出版、广告行业)。重点发展哪些部门,则要看国家的具体需要和经济发展阶段,对发展中国家而言,因信息产业处于起步阶段,基础设施往往是发展的瓶颈。

当今世界,信息产业在社会经济生活中的地位迅速上升,报纸、广播、电视、通信、广告、咨询等信息制作、加工、传输部门在国民经济中的比重也日渐提高。信息产业没有物质产品,只生产数字、文字、图像、声音资料,却创造出千万亿的产值,成为许多国家的支柱产业。应当说,电脑的发明大大加快了信息产业的发展,使各种文字、数字、音像信息的制作加工大为简化,成本显著降低;而因特网又使信息传输的成本大幅度降低,为信息产业的发展插上了翅膀,加快了经济信息化的步伐。这种发展进程带有某种必然性,如同有车就要修路,路通刺激多买车,车多要建高速公路,车快会提高运输效率一样。

信息产业的发展使就业结构和社会人才需求状况发生了重大变化。在当前欧美发达国家失业率居高不下的情况下,与信息产业有关的工程技术人员却远远供不应求。据美国信息技术协会(ITAA)的一项调查,美国的程序编制员、系统分析员、计算机工程师和技术员短缺34万人,缺额占同类人员总数的10%,且这一缺口还有继续扩大的趋势,已成为制约美国经济发展的一个严重问题。

(二) 信息的特点

"信息"在信息科学中的定义是指"事物运动过程中偶然性的消除"。这个定义涵盖极广,我们知道,任何事物的运动和发展都包含不止一个可能的方向,比如天气的变化。由于事物发展的下一步普遍存在多种可能性,当它们真的发展到下一步的时候,就从多种可能性中选取了一种可能性变为现实性,同时排除了其他的可能性。这个消除偶然性的过程就是产生信息的过程。因此,要完整地描述任何事物都需要物质、能量和信息,世界就是由物质、能量和信息构成的,信息是世界三大构成要素之一。有用信息作为一种重要的经济资源,既具有资源的一般特征,也有它自己突出的特性。

1. 共享性

可以共同分享是信息资源的奇妙之处。其他资源往往具有排他性,无论是土地、劳动,还是资本,用在一个地方的同时,意味着它们已不可能用在另外的地方;当一个人占有它们的时候,其他人则不可能同时占有它们。而信息则可以同时向多个消费者出售(检索服务),由多个消费者共享。你和我各有一个苹果,两人交换以后每人还是各有一个苹果;而如果你我各有一条信息,交换以后,每人却都有了两条信息。

2. 时效性

信息资源比其他任何资源更具有明显的时效性。对于工农业产品而言,延误一段时间提供给消费者,可能会因为商品变质而损失部分价值。而迟到的信息已经没有任何价值,甚至产生负效应,根据过时的信息进行决策可能会铸成大错。在信息服务的交易中,不是正品就是废品,没有折价的处理品。

3. 独特性

既然信息是"不确定性的消除",作为经济资源的信息也不能例外,它必须能够消除人们认识上或者行为上的不确定性。信息的独特性是其价值所在,不会有两条一模一样的信息，或者说，两条一样的信息仍然是一条信息。

4. 依附性

任何信息都依附于特定的载体而不能独立存在，由于信息载体的多样性也就形成了信息和信息交流的多态性，如报纸、杂志、广播、电视、电影、录音、E-mail、网络新闻等。信息的依附性决定了信息交流范围和规模受信息载体的制约，因而信息技术开发的一个主要方面就是对信息载体的开发。因特网这一新型信息载体大大扩展了信息交流的规模，降低了信息交流成本。

5. 服务性

信息产品具有服务性，也就是说，信息产品向消费者提供的是服务。要研究信息的服务性特点和相应规则，不要把它简单地看作是由计算机生产出来的某种特定商品。前几年，我国不少城市仿照商品展销的办法修建了许多信息市场，搞信息交易会、信息拍卖会，大都以失败告终，就是忽视信息产品服务性特点的直接结果。信息并不仅仅提供简单的服务功能，它往往具有开发和驾驭其他资源的能力，不论是物质资源还是能量资源，其开发和利用都有赖于信息的支持。

6. 交易不可逆性

在商品交易中，一般允许退换，实行三包。信息及其网络服务，一旦提供便不能退换，只能是一个单向过程。这也是制定信息服务交易规则必须考虑的特殊问题。

7. 价值的不确定性

消费者购买某项信息服务之前，很难判断它的实际效用大小，也估计不出其中凝结多少小时的一般劳动。一条信息给某甲可能是对牛弹琴，给某乙却可能价值连城。信息传递往往是说者无心、听者有意，支付主体和受益主体很容易发生错位。

从价值方面看，信息商品的生产不存在社会必要劳动时间。由于信息具有独特性，信息商品是非重复生产，不存在与之进行比较的同类商品，生产某项信息商品的社会必要劳动时间或劳动消耗平均值，事实上就是生产它所用的个别劳动时间本身。因此，信息商品的价格通常不会由生产它的劳动时间来决定，而主要取决于使用它得到的效用，也就是使用价值。

8. 成本递减性

一般工业产品的成本曲线呈 U 字形，产量超过一个适度规模后，随着产量的继续增加，平均成本和边际成本开始上升。而信息在理论上可允许无限多的人同时共享，软件可以零成本复制，以致形成平均成本和边际成本骤减效应。一个信息库建成以后，一个人检索和一万个人检索，所消耗的成本基本不变，也就是边际成本趋于零。同样,一个电话交换局建成后,不论每天接通100次电话还是10 000次电话,成本也是一个常数。这直接影响网络服务的价格政策和价格理论。目前各国实行的按信息服务次数、信息传输距离、传输速率计费和收费的办法仍是传统工农业产品交易思维方式的延续,而信息服务更适于采用一次付费后在一定时间内不限量使用的契约服务方式。

9. 层次性

信息包括四方面的内容,或者说四个层次。

(1)数据,指未经整理的、处于原始状态的信息,包括实验的原始记录、对事物的零星观察、调查问卷等。

(2)资讯,指对数据加以整理而得到的有序信息,包括课堂教学笔记、数据库、科技文献、软件、调查报告、新闻报道等。

(3)知识,指通过对数据和资讯的分析而得出的对事物本质和规律性的认识。知识可以表达出来,但一经表达就变为资讯甚至成为数据。知识是人的一种主观状态,需要通过实践、学习和理解才能得到。

(4)智慧,指通过对知识的融会贯通和经验积累所产生的认识问题与解决问题的能力。智慧建立在数据、资讯和知识之上,但不能归结于它们。

(三)国民经济信息化

2005年国务院制定的《2006—2020年国家信息化发展战略》指出:"信息化是充分利用信息技术,开发利用信息资源,促进信息交流和知识共享,提高经济增长质量,推动经济社会发展转型的历史进程。"所谓国民经济信息化,就是要在国民经济与社会各个领域广泛而普遍地采用现代信息技术,从而大大提高社会劳动生产率,推动社会物质文明和精神文明不断发展。信息化将根本改变人们的生产劳动方式,发展生产将不再是主要依靠体力劳动,而是靠知识,或者说是靠信息,人类的知识将变成生产力。当信息产业得到高度发展并成为国民经济的重要组成部分,信息成为科技发展的重要资源和工农业发展的重要动力,信息技术和设备在社会经济生活中得到普遍应用,全社会建成了发达通畅的信息交流网络,能够充分地交换和利用信息时,我们就可以认为是进入了信息社会。

在国民经济信息化的进程中,关键是要处理好信息化四要素之间的关系,即信息市场要素(货主)、网络要素(公路)、公用软件和硬件要素(汽车)、数据库资源要素(货物)之间的相互关系,形成相互带动、相互促进的良性循环。通过四要素的发展提高全社会的经济效率,刺激、促进和带动国民经济的持续、稳定增长。为此,政府在信息化进程中必须担负起"交警"的作用。"公路""汽车""货物""货主"

"交警"这五个要素和角色在国民经济信息化过程中缺一不可。

（四）信息社会的重要标志——"3A"

1. FA(工厂自动化)

早先的工厂自动化限于单纯的机械加工领域，20世纪80年代开始从电子、汽车、钢铁、石化向食品加工、建材生产和其他行业延伸。通过数控机床、机器人和电脑的相互连接，建立起多种自动生产系统和柔性生产系统。柔性生产系统即能根据客户需求精确生产多品种、中小批量的灵活系统。

2. OA(办公室自动化)

20世纪70年代以来，人们越来越多地通过文字处理机、电脑、复印机和传真机等办公设备处理日常事务，称为办公室自动化或办公自动化。办公室自动化提高了企业的现代化管理水平，提高了业务效率，拉动了现代信息技术需求，也提高了政府机构和整个国民经济的运行效率。

3. FA(家庭自动化)

家庭自动化不是指彩电、冰箱、计算机，而是指更高级的自动化系统。首先，大量的"环境控制机器"陆续进入发达国家的居民家庭，这类装有微电脑和传感器的机器主要用于家庭的防灾、防盗和节省能源；其次，各种"教育和游戏机器"大量上市，从幼儿园到中学、大学的各种家用学习软件正在普及，有些公司还开发出了家庭教育系统；最后，各种应用性很强的"家庭生活信息系统"被应用，例如，电话机装上自动翻译系统后不懂外语的人也可以同外国人交谈，再如网上家庭购物、在家医疗等。

网络技术不是一项单独的技术，而是所有现代信息技术的综合，因特网是这种高度综合技术最集中的体现，3A革命成了网络化的开路先锋。

其一，3A革命创造了一些网络形式。例如，工厂自动化过程中建立的柔性生产系统，是由电脑数控机床与机器人构成的网络系统，其作用与功能有如电脑控制的雷达网络一般。又如，办公室自动化中出现的单位内部各种机器的联机系统，企业建立的传真系统、书店、银行、证券公司的联机系统，就是内部网的雏形与专业网络的一些初步形式。

其二，3A革命提出了建立大范围的社会性网络的迫切要求。例如，家庭自动化过程中出现的建立家庭教育系统及在家医疗、在家购物等系统，是一个家庭自身的自动化无法解决的，而有赖于社会化大规模网络的建立，从而为互联网形成并广泛开发这些功能提供了市场，并进行了一些可贵的探索。

其三，3A革命为建立形成多媒体综合功能网络打下了一定的基础。例如，办公室自动化中研制成功的"电视会议系统",即可视电话系统,为虚拟化的互联网络成为一种兼有音像实感的可动界面奠定了基础。

第二节　电子商务的含义和特点

一、电子商务的含义

（一）对电子商务的多种理解

对于电子商务,不同的国家和组织往往有不同的认识角度与理解,有些理解甚至存在较大的差异。

经济合作与发展组织(OECD)对电子商务的定义是:电子商务是发生在开放网络上的包含企业之间(Business to Business)、企业和消费者之间(Business to Consumer)的商业交易。

美国政府"全球电子商务纲要"的定义是:电子商务是通过Internet进行的各项商务活动,包括广告、交易、支付、服务等。

加拿大电子商务协会给出的电子商务定义是:电子商务是通过数字通信进行商品和服务的买卖以及资金的转账,包括公司间和公司内利用E-mail、EDI、文件传输、传真、电视会议、远程计算机联网所能实现的全部功能(如市场营销、金融结算、销售以及商务谈判)。

全球信息基础设施委员会(GIIC)电子商务工作委员会的定义是:电子商务是以电子通信作为手段的经济活动,通过这种方式,人们可以对带有经济价值的产品和服务进行宣传、购买和结算;这种交易的方式不受地理位置、资金多少或零售渠道的所有权影响,公有或私有企业、公司、政府组织、各种社会团体、一般公民、企业家都能自由地参加广泛的经济活动,其中包括农业、林业、渔业、工业、私营和政府的服务业。

联合国国际贸易程序简化工作组对电子商务的定义是:采用电子形式开展商务活动,它包括在供应商、客户及其他参与方之间通过任何电子工具,如EDI、Web技术、E-mail等共享非结构化或结构化商务信息,并管理和完成在商务活动、管理活动和消费活动中的各种交易。

IBM公司的电子商务(E-business)概念包括三个部分:企业内部网(Intranet)、企业外部网(Extranet)、电子商务(E-commerce)。它所强调的是在网络计算环境下的商业化应用,不仅仅是硬件和软件的结合,也不仅是通常强调交易的电子商务

(E-commerce)，而是把买方、卖方、厂商及其合作伙伴在因特网、企业内部网和企业外部网结合起来的应用。它同时强调这三部分是有层次的：只有先建立良好的Intranet，建立好比较完善的标准和各种信息基础设施，才能顺利扩展到Extranet，最后扩展到E-commerce。

惠普公司提出了电子商务（E-commerce）、电子业务（E-business）、电子消费者（E-consumer）和电子化世界（E-world）的概念。它对电子商务的定义是：通过电子化手段来完成商业贸易活动的一种方式，使人们能够以电子交易为手段完成物品和服务等的交换，是商家和客户之间的联系纽带。它包括两种基本形式：商家之间的电子商务及商家与消费者之间的电子商务。对电子业务的定义是：一种新型的业务开展手段，通过基于Internet的信息结构，使得公司、供应商、合作伙伴和客户之间，利用电子业务共享信息；电子业务不仅能够增强现有业务的实施，而且能够对市场做出快速反应并及时调整业务进程，并且为企业创造出更多、更新的业务运作模式。对电子消费者的定义是：人们使用信息技术进行娱乐、学习、工作、购物等一系列活动，使家庭的娱乐方式越来越多地向Internet转变。在电子商务、电子业务和电子消费者广泛应用和充分互动的基础上就形成了一个电子化世界。

通用电气公司（GE）对电子商务的定义是：电子商务是通过电子方式进行商业交易，具体分为企业与企业间的电子商务和企业与消费者之间的电子商务。企业与企业间的电子商务指：以EDI为核心技术，增值网（VAN）和互联网（Internet）为主要手段，实现企业间业务流程的电子化，配合企业内部的电子化生产管理系统，提高企业从生产、库存到流通各个环节的效率。企业与消费者之间的电子商务指：以Internet为主要服务提供手段，实现公众消费和服务提供方式以及相关的付款方式的电子化。

方美琪教授认为：从宏观上讲，电子商务是通过电子手段建立的一种新经济秩序，它不仅涉及电子技术和商业交易本身，而且涉及诸如金融、税务、教育等其他社会层面；从微观角度说，电子商务是指各种具有商业活动能力的实体（生产企业、商贸企业、金融机构、政府机构、个人消费者等）利用网络和先进的数字化传媒技术进行的各项商业贸易活动，这里特别强调两点，一是活动要有商业背景，二是网络化和数字化。

李琪教授认为：电子商务是在商务活动的全过程中，通过人与电子工具的紧密结合，极大地提高商务活动的效率，降低人、财、物的消耗，提高商务活动的经济效益和社会效益的新型生产力。

上述定义虽各有差别，但多数定义还是将电子商务限制在使用计算机网络进行的商业活动上。这是有一定道理的,因为只有在 Internet 出现并迅速普及的条件下,才形成了电子商务概念并使其得到如此广泛的重视,同时也使商业模式发生了根本性的转变。

(二) 从 EC 到 EB

一般的,从广义上讲,电子商务是指以电子装置为媒介进行的各种商务活动,包括利用电脑、电话、传真等各种电子媒介所从事的商务活动;从狭义上讲,电子商务特指以电脑互联网络为依托进行的各种商务活动,包括网上商品或服务的提供者、消费者、广告商、中间商等有关各方的行为总和,其基本特征是以电脑网络为商务媒介,如企业利用因特网(Internet)发出或接收购货订单,网上支付商品或服务的价款等。

再仔细思考一下电子商务这个概念的含义:电子商务是从英文翻译过来的,但应当指出,中文的"电子商务"是把英文的两个概念合二为一了。电子商务原是英文 Electronic Commerce(EC)的意译,后来美国又出现 Electronic Business(EB)的概念,中文也多译作"电子商务"(少数译作"电子业务")。实际上 Commerce 与 Business 二者原意有很大差别:Commerce 多指商业贸易方面的活动,如批发零售业务,往往涉及商品的买进、卖出等实物运动,而纯粹劳务智力服务如法律咨询、医疗服务等,即使是有偿服务,一般也不称 Commerce,因此 Electronic Commerce 在香港被译为"电子商贸";而 Business 作为商务的含义则广泛得多,凡是以赢利为目的的经营性活动,不论是商品买卖还是劳务交易都属于其范畴,此外,Business 也有"业务"的含义,各种非营利性活动也包含在内,如政府部门收税和发放社会福利、学校教育等。Electronic Business 在香港被译为"电子商业",显然比"电子商贸"的范围更广,但仍不能包含非营利性的电子化业务往来。

Electronic Commerce 强调的是网络环境下的商业化应用,是把买家、卖家、厂商和合作伙伴在因特网(Internet)、企业内部网(Intranet)和外部网(Extranet)上结合起来的应用,特别是网上电子贸易;而 Electronic Business 不仅仅是网上贸易,也不限于商业化应用,而是电脑网络在社会各个领域的全面应用。所以,从 Electronic Commerce 到 Electronic Business,反映了因特网应用领域的拓宽和对社会经济影响的加深。因此,对电子商务的理解应当宽泛一些,以利于社会各方面对因特网应用的探索;对电子商务的影响考虑要充分一些,以利于合理制定区域经济规划和企业发展战略,减少重复决策的成本。

综合上述分析和思考,我们认为电子商务可分为狭义的电子商务和广义的电子商务两层。狭义的电子商务是指以现代网络技术为依托进行物品和服务的交换,是商家和客户之间的联系纽带,这一概念包含英文中 Electronic Commerce 的全部和 Electronic Business 中的有偿服务部分。广义的电子商务是指以现代网络技术为依托进行的一切有偿商业活动和非营利性业务交往或服务活动的总和,这一概念包含英文 Electronic Business 的全部内容,包括电子政务和企业内部业务联系的电子化、网络化。狭义与广义电子商务的区别在于前者是有偿的、交易性质的,后者则在前者的基础上又增加了无偿的、服务性质的业务。狭义的电子商务是我们研究的主要内容,但也必须在广义电子商务的框架内、结合电子商务在社会各方面的应用才能把握其运行规律和发展方向。

(三) 移动电子商务

网络经济时代是新事物层出不穷的时代,当人们刚刚熟悉了"在线销售""在线图书馆"等新名词,惊叹人类进入"在线经济"时代时,移动电子商务(M-business)又成为新的应用热点。随着无线通信技术创新和成本的快速下降,无线因特网(Wireless Internet)可以更方便、及时地把世界联为一体,移动通信正成为电子商务的主要媒体。第四代移动通信(4G)网络更加灵活快捷,人们可以在手机屏幕上观看电影、下载音乐、上网浏览、订购商品和服务、使用卫星定位导航服务。同时,4G 技术也刺激了各种新型手机的开发,手机已成为人们随身必备的支付工具、娱乐手段和通讯终端。

根据工信部的数据,到 2014 年 5 月底,我国手机用户已显著超过固定电话用户,达到 12.56 亿,国内手机普及率达到 90.8%。中国不仅是手机用户最多的国家,而且是全球最重要的手机制造和出口基地。2013 年,中国出口手机 11.9 亿部,出口金额达到 950 亿美元。

"固定+移动"的电子商务将为我们开辟一个新天地。企业和个人对电子商务的应用将从点对点的直线式向多点智能式发展,对消费者来说,个人数字设备、家庭数字电器会加速进入家庭并实现低成本上网,移动电话网络和各种无线网络应用将进一步拓展电子商务的发展空间。

二、电子商务的内容

电子商务融合了因特网能达到的广阔领域和信息技术系统的巨大资源,它是动态的和交互式的,范围相当广泛,包括从企业网、共享的外部网络到公用的因特网。它利用网络节点将客户、卖主、供应商和雇员以一种前所未有的、规模空前的方式联系起来。简而言之,电子商务利用电脑网络非常有效地把有价值的信息和需要这些信息的人联系起来,形成了价值增值链和服务网。

从企业来看,电子商务就是将企业的核心商务过程通过网络节点的实现,以便改善客户服务,减少流通时间,降低流通费用,从有限的资源中得到更多的收获,最终卖出商品。它提供了与传统经营方式不同的一种新的机会、一组新的需求、一套新的规则、一次新的挑战。对一般企业经营而言,电子商务包括的内容有:业务信息交换、售前售后服务(提供产品和服务的介绍、产品使用指南)、销售、电子支付(电子资金转账、信用卡、电子支票、电子现金)、运输(依托条形码和密码技术对实物商品发送和运输实行网上跟踪以及对可电子化传送的多媒体产品的实际发送)、组建虚拟企业、厂商和贸易伙伴共享商业信息等。

电子商务包括一系列以电脑网络为基础的现代化电子工具在商务过程中的应用,如电子数据交换(EDI)、电子邮件(E-mail)、电子资金转账(EFT)、数字现金(Digit Cash)、电子密码(Electronic Cryptography)、电子签名(Electronic Signature)、条形码(Bar-code)、图像处理(Image Processing)、智能卡(IC)等。电子商务可以实现商务过程中的商品询价、合同签订、供货、发运、投保、通关、结算、批发、零售、库存管理等环节的自动化处理。

三、电子商务的特点

(一)无须远行,无须久等

时间、空间限制是人们从事社会经济活动的主要障碍,也是构成企业经营成本的重要因素,电子商务把商业活动的时空限制大大弱化了,从而降低了企业经营成本和国民经济运行成本。利用因特网,人们足不出户就可以达成交易、支付款项,完成各种业务手续,同城交易与异地甚至跨国交易所需时间相差无几。随着全球信息高速公路的发展,宽带通信技术的普及,电子商务打破时空限制的优越性会进一步展现。

经济全球化和网络化是当今世界的两大潮流,各国城市、乡村的人们正在有意识或无意识地被纳入世界经济分工体系,因特网和电子商务加速了这一变革的进程。即使人们身处荒山僻壤,一部全球通上网手机就可以与世界各地的客户建立联系,收集订单,采购货物,通过网络银行收付货款。

(二)迅速扩展的市场和庞大的消费者群

由于电脑技术和通信技术发展迅速,以及各国政府建设信息高速公路和其他信息基础设施的努力,目前已初步建成全球信息高速公路的雏形——Internet。如果说 20 世纪 80 年代世界信息产业界的重大事件是微型计算机的出现和迅速普及,那么 90 年代信息产业界最重要的事件恐怕莫过于 Internet 的迅速扩展了。到 2017 年,已有 200 多个国家和地区与 Internet 联通,网上有数亿个数据库和 35 亿多网民,且这一数字仍在快速增长。可以设想:即使其中一小部分用作商业性开发,也是十分诱人的市场。事实上,85%以上的网站已经商业化,这正是电子商务和网络营销吸引众多企业注意的主要原因。

(三) 高度自主、自立、自由的市场环境

由于 Internet 是一个国际性网络,不受任何一国法律的约束和管辖,且作为成长迅速的最新信息技术产物,国际尚未达成有关公约或协议来规范其形式和内容。任何区域性电脑网络,只要在技术上执行互联网协议(Internet Protocol,IP),就可以联入 Internet;任何企业缴纳数额不多的注册费后,即可获得自己专用的域名(Domain),在网上自主从事商务活动和信息交流,因此,电子商务目前仍是自由度相对较高、约束较少的一类经营活动领域。这一特点虽有利于企业探索新的经营方式,降低营业成本,但也不易查处一些不良分子欺骗消费者、侵犯他人知识产权的行为。对网上交易活动有必要制定和执行一些基本规范,通过国际协调,以一定的法律形式来保障网上企业和消费者的合法权益。

(四) 虚拟与现实相结合

网络世界是虚拟世界,网上交易双方可能从未见面,甚至终生也不会见面,但这种虚拟不是虚幻或虚构,而是现实世界的再创造。因此,网络市场的运行机制必然是既虚拟又现实,以虚带实,虚实结合,从而能够合理运转。

(五) 直接与间接相结合

网络市场既是一种直接的交易市场,又是一种间接的交易市场。直接性减少了中间环节,可以加速商品流通;间接性指买卖双方不见面,心理上会有一点疑问和隔阂,可能影响消费者上网购物。因此,网络市场机制运行的关键在于消除不见面所产生的戒心,以充分的信息交流促进间接与直接的有效合作。

(六) 大众化与个性化相结合

因特网是一个最为大众化的市场,但要求针对性极强的个性化服务。为大众服务是要提供使每个用户都满意的服务,必须是符合个性特点的服务,因此,电子商务服务机制要求将大众化与个性化统一起来。

(七) 动态与静态相结合

网络市场处于一种不断变化的状态之中,变化是常态,但变化必须有节奏,有相对稳定性,才能正常运行。企业要充分理解网络市场的这种特点,制定出"运动战"策略,因变而变,才能随电子商务发展而获得自身的更快发展。

第三节 电子商务的作用

电子商务有许多现实或潜在的优点,可使企业的经营活动更为经济、简便、高效、可靠,更好地满足消费者的需求;也可以提高整个国民经济的运行效率和效益,提高社会生活质量。

一、电子商务的基本作用

(一) 节约社会劳动和经济资源

电子商务使以销定产更为简便易行,可以更密切地衔接商品生产和消费,减少盲目生产和库存积压,从而节约社会劳动和经济资源。企业通过电脑网络展示自己产品的质量、性能、价格、售前售后服务及付款条件等,客户各取所需,发出订单,企业生产部门根据电脑网络传递的订购信息及时安排或调整生产规模和品种,从而实现小批量、多品种、零库存、即时制造和交货的理想模式,适应现代社会的消费潮流。

(二) 节省时间

现代经济生活日趋复杂紧张,工作节奏加快,时间就是金钱,时间就是市场,时间成为第一竞争要素。与此同时,业务人员的劳动强度提高,精神高度紧张,但生理的局限使工作效率的提高受到一定限制,也难以避免工作中的差错。电子商务设施不但可以大大提高交易速度,加快订单处理和货款结算支付,而且可以减少人为的疏忽,一些计算机程序甚至能发现业务人员输入的错误信息而提出警告或自动予以纠正,避免可能发生的损失和浪费。计算机管理和电子数据交换使贸易过程标准化,减少销售和结算过程中的延搁和错误,这对严格要求单证一致的信用证结算贸易业务显得尤为重要。

(三) 加快科技知识传播,促进知识经济的发展

因特网和电子商务环境为科技知识传播提供了快捷、高效的手段,为教育的普

及发展创造了良好条件和新式途径,并且电子商务发展会直接带动信息产业的发展,而信息产业又是知识经济的核心和主要推动力,因此,电子商务的发展,必将直接或间接地推动知识经济的更快发展。

(四) 弱化地理限制,合理配置社会资源

电脑互联网络似乎把企业间的距离突然缩短了,与外地的伙伴开展生产协作和发展贸易关系变得十分容易,信息传递方便快捷,通信费用大为降低。此时,企业选择合作伙伴将更重视技术的匹配、经济资源的互补,而不是距离的远近。许多原来由于地理限制或市场信息限制而不能出现的合作现在已成为可能,因此可以更合理地利用全部社会资源。电子商务环境所提供的大量、及时、准确的市场信息,有利于企业做出正确的投资决策,减少开发新产品、更新老产品的盲目性;高效率的电子销售渠道可以缩短企业的投资回收周期,推动技术进步和产品升级换代。电子商务的发展会使企业投资更为活跃、更为合理,有利于优化经济资源配置,使整个国民经济效益更高。

(五) 促进社会分工和新行业的产生

在电子商务条件下,原来的业务模式发生了变化,许多不同类型的业务过程由原来的集中管理变为分散管理,社会分工逐步变细,因而产生了大量新兴行业,以配合电子商务的顺利运转。比如,由于商业企业的销售方式和最终消费者的购买方式的转变,送货上门等业务成为一项极为重要的服务业务,也就是配送服务公司的出现。因此,市场的存在必然导致新行业的出现,从而创造出更多的就业机会。同时,电子商务、互联网本身的发展也需要新型电子产品、新型服务业与之匹配,这将促进社会分工深化,提高劳动生产率,繁荣国民经济。

二、电子商务的功能

电子商务可以提供网上交易和管理等全过程的服务,因此,它具有广告宣传、咨询洽谈、网上订购、网上支付、电子账户、服务传递、意见征询、业务管理等各项功能。

(一) 网上订购

借助 Web 中的邮件或表单交互传送可实现网上订购。企业可以在产品介绍的页面上提供友好的订购提示信息和订购交互格式框,当客户填完订单后,通常系统会回复确认来保证订购信息收悉和处理。订购信息也可采用加密的方式使客户

和商家信息不被泄漏。

（二）服务传递

对于已付款客户,应将其订购的货物尽快传递到他们手中。若有些货物在本地,有些货物在异地,电子邮件和其他电子工具可以通过网络进行物流的调配。而适合在网上直接传递的信息产品,如软件、电子读物、信息服务等,则可以直接从电子仓库发到用户端。

（三）咨询洽谈

借助电子邮件、微信和实时的讨论组可了解市场和商品信息,洽谈交易事务,如有进一步的需求,还可用网上的白板会议互动交流有关图形信息。网上的咨询和洽谈能降低交易成本,而且往往能突破人们面对面洽谈所受的一些局限,网络能提供多种方便的异地交谈形式,如三地、四地参加的多方洽谈。

（四）网上支付

电子商务要成为一个完整的过程,网上支付是重要的环节。客户和商家之间可采用多种支付方式,保证交易的可靠性,节省费用,加快资金周转。网上支付需要更可靠的信息传输安全性控制,以防止诈骗、窃听、冒用等非法行为。网上支付往往有电子金融中介的支持,如网络银行、信用卡公司等提供网上操作的金融服务。

（五）广告宣传

企业可在Internet上发布各类商业信息,利用微信公众号和电子邮件在全球范围内进行广告宣传,客户也可借助网上的检索工具迅速找到所需的商品信息。与以往的各类广告方式相比,网上广告成本最为低廉,给顾客的信息量却相当丰富,时效性极强。

（六）意见征询

电子商务中企业能十分方便地采用网页上的"选择""填空"等格式文件来收集用户对销售商品或服务的反馈意见,使企业的市场运营能形成一个快速有效的信息回路。客户的反馈意见不仅能提高售后服务的水平,更能使企业获得改进产品的宝贵信息,发现新的商业机会。

（七）业务管理

企业或政府机构的业务管理包括人、财、物等多个方面,涉及与之相关的部门、单位及个人的复杂关系,如企业和企业、企业和消费者及企业内部等各方面的协调和管理。电子商务技术为提高各项业务管理的效率创造了重要的基础条件。

三、电子商务对国民经济的影响

电子商务带来了一场经济革命,将对社会的生产和管理、人们的生活和就业、政府职能、法律制度以及文化教育的各个领域带来巨大的影响,并且从多方面改变人们的观念、思维和相互交往的方式。在电子商务环境下,企业的商品生产从以前的小品种、大批量变为多品种、少批量;消费者对商品的需求从大众化变为个性化;商品的表现形式从单一的实物形式变为兼有实物和文化信息的形式;企业的营销手段从单纯商业方面增加了高技术手段;企业的竞争范围从区域性扩大到全球性竞争。电子商务正把人类带入崭新的信息社会。

（一）电子商务为企业创造第四利润源

1. 第四利润源的形成

从工业革命开始现代意义的生产经营活动以来,企业界最初把增加利润的着眼点集中在生产领域,把降低物质资源消耗从而增加利润称为"第一利润源";把通过提高劳动效率、节约活劳动消耗从而增加利润称为"第二利润源";随着生产工艺的逐步标准化和市场竞争的日渐深化,人们又把增加利润的目光投向了流通领域,把通过合理组织运输、减少装卸次数、缩短储存时间等方式节约流通费用、提高赢利水平称为"第三利润源"。

如今,随着世界进入信息时代,信息占有量及其获取速度已成为决定企业竞争能力强弱乃至经营成败的重要因素,信息获取成本也成为企业经营成本的重要组成部分,直接影响到企业的赢利水平。因此,一种新的利润增长源泉已经形成,即企业在生产经营过程中通过降低信息获取成本和充分有效地利用信息而增加利润,我们称之为企业的"第四利润源"。第四利润源的产生,是经济信息化的必然结果,也是社会生产力发展到更高水平的一个标志,对企业经营管理模式以致管理思想理念必将产生深刻的影响。

随着因特网的快速普及和网络技术的成熟,电子商务正日益成为企业经营运作的重要模式。由于具有信息传递效率高和成本低的特点,电子商务可以说是第四利润源的最有效工具,二者似乎成为一对孪生兄弟。电子商务带来经营节奏加快,突出了企业内外部信息沟通的重要性,从而加强了人们对于第四利润源的认识和理解;而企业对第四利润源的追求,无疑也加快了电子商务的推广应用。

一般来说,经济系统活动过程中都有三股流:由生产资料和产品等组成的物流;由劳动力和其他能源组成的能量流;由组织、计划、指导、协调、控制等组成的为实现一定目标的信息流。信息流可以驾驭经济系统中的人和物进行合乎其目的的、有规则的活动,人们可以通过反馈信息来调节物流和能量流的数量、方向和速度,在同样的物质和能量输入的情况下,不同的信息输入会引起不同的经济效果,创造出不同的价值。因此,经济系统中的信息可以真正转变为价值增值的一种手段。

由于其潜在性、可塑性和共享性等特征,信息作为生产要素也具有显著区别于其他生产要素的特点:首先,由于信息具有潜在的生产力,如果能充分挖掘和运用,这种潜能即可以转化成强大的生产力;其次,由于其可塑性,信息可以重复使用而不会影响它的价值,因此信息可以在不同部门通过不同形式发挥作用,使信息资源得到充分合理的运用,提高企业的生产运营效率;最后,由于其共享性,信息以低成本的方式迅速传播,可以产生连锁反应,带动社会生产力的迅速提高。基于以上原因,第四利润源也有显著区别于其他三种利润源的特点:传统的三种利润源都着眼于节约以增加利润,如降低能耗、物耗,节省工时,降低物流费用水平,而第四利润源则既强调节约信息收集和传输成本,又强调充分合理地使用信息,通过这两种途径都可以增加企业赢利。正如一些有眼光的企业家所言,能够提高企业内部信息共享水平的设备和资金投入,不应视作成本开支,而应视为新的赢利点。

2. 信息成本的构成

随着信息经济时代的到来,信息的经济功能将通过市场得到最充分的体现。如果说在工业经济中,产品与信息同时被生产出来,信息联系服务于市场联系,那么,在信息经济社会中,高效的信息联系将是企业发展的先导,市场联系将依赖于信息联系。随着经济全球化的发展,企业对国内外市场信息的依赖程度也逐步加深,企业必须对市场现实和潜在的需求敏锐察觉、及时应对,才能在市场中立足和发展。因此,现代企业势必要增加对信息的投入,信息成本也成为企业总成本的重要部分。一般来说,企业的信息成本主要产生于以下三个方面。

(1) 企业获取市场信息的过程。随着经济信息化浪潮的到来,国内外市场瞬息万变,当各种信息向企业铺天盖地地涌来时,只有对成千上万的信息进行有效筛选,去粗取精,去伪存真,对其中有价值的信息进行处理、分析、利用,才能做出正确的决策。这一信息的收集和分析过程要求企业建立反应迅速、分析科学的信息处理系统，同时还要配备训练有素的专门人才，有些企业还要定期或不定期地派人深入市场进行调查研究，走访客户，了解市场动向，这些都会形成企业的信息成本。

（2）企业内部信息交流的过程。企业内部信息交流，包括产量、库存、订单、利润等生产经营信息的传递，也包括企业员工普遍关心的公司重要新闻和其他信息的交流，是保证企业内部各部门之间、员工与员工之间密切合作的桥梁和纽带，也是增加企业凝聚力和员工认同感的重要途径。在传统企业中，这种信息的交流往往是通过电传、电话、函件、口头传递等方式完成的，效率较低，费用较高，对于跨地区或跨国的企业来说，这种内部的信息交换就更为复杂、缓慢，成本也更加高昂。而现今内联网技术的应用，大大提高了企业内部信息交流的效率，也降低了信息交流的成本。

（3）企业与外部业务联系的过程。企业作为由各种各样的契约组合而成的社会系统的一员，不可能是孤立的，必须不断与其他成员进行信息交流。企业与供应商要交流产品生产、原材料供应等方面的信息；企业与客户要交流产品质量性能、使用方法、售后服务等方面的信息；企业与合作伙伴要交流资金、技术合作等方面的信息；企业与政府部门、金融部门、储运部门等要交流经营环境、资金流、物流等方面的信息。总之，企业只有不断与周围的部门保持信息的沟通，才能使其内部能量不断得到更新与补充，获得外部支持。当然，在这一连续复杂的过程中，企业也要支付信息成本。

采用传统的信息传递和交流方式，以上各种信息流会产生大量成本，而且往往传递速度慢、信息失真率高；而以因特网为代表的现代信息技术以及电子商务的出现，使这种信息交流成本大幅度降低。因此，现代信息技术是电子商务的基础，也是第四利润源的重要来源。

3. 降低信息成本与提高企业竞争力

电子商务融合了因特网能达到的广阔领域和现代信息技术系统的巨大能量，形成一种动态的、交互式的、形式多样、内容广泛的商务过程，包括了企业内部网（Intranet）、共享的外部网（Extranet）以及公用的因特网（Internet），利用网络节点将客户、卖主、供应商和雇员以一种前所未有的规模联系起来，形成价值增值链和增值网。随着网络技术的不断发展，电子商务主要通过 VAN（增值网）、EDI（电子数据交换）、EOS（电子订货系统）、POS（销售点系统）、Internet、Intranet、Extranet 技术实现交易的电子化和信息传递的无纸化，从而降低了企业的信息成本，提高了企业竞争力。

电子商务使企业的经营活动更为经济、简便、高效、可靠，尤其是节约了信息成本，从而使增加企业利润的作用更为突出。如前所述，企业主要在三方面产生信息成本，而电子商务的核心则是信息的快速高效交流，由此带来企业经营管理模式的变革，以降低这三方面的信息成本。

（1）企业获取市场信息的成本节约。对于企业来说，获取外部信息是获取商业机会的第一步。电子商务以 Internet 为基础，企业可以通过 Internet 获得丰富的市场信息，及时了解市场动向，抓住瞬息即逝的机遇，开发性能可靠的新产品。同时，电子商务使生产企业与消费者容易进行交流，消费者可以访问企业的网站，浏览企业的各种产品，在线描述自己的要求，订购个性化的产品。因此，企业可以对不同消费者的个性化选择信息做出快速反应，生产由大批量、标准化转向小批量、个性化、快速化、柔性化。对于商业企业来说，Internet 降低了信息传播成本，由于 EOS、POS 等系统的应用，企业可以得到商品销售的实时资料，只需要保持较少量的存货就可以满足需求，减少了存货中积压的资金。例如，在美国，传统书店须保持 160 天的库存量，而网上书店 Amazon 只需要保持 15 天的库存量，却实现了全美书店中最高的人均销售量。

（2）企业内部信息交流成本的节约。传统的企业组织结构因为个人的信息传递能力有限，管理层次较多，因而形成了一种高耸的、非人格化的单一纵向的信息联系格局，导致信息在企业内部传递较慢，信息失真的可能性较大。电子商务通过 EDI、VAN、Intranet 等内部信息网络把企业运行的各环节融于一体，使企业内部信息交流顺畅、快速，实现信息传递的扁平化和开放化，从而实现了信息的低成本共享，既降低了信息成本，又增强了企业的应变能力和适应性。高层决策者可以与基层执行者直接联系，中层组织原来上传下达的重要性逐渐消失，使企业可以打破部门的界限，任命跨职能的任务团队，建立整个企业的扁平式网络，使每个员工都成为网络上的一个节点。

（3）企业与外部联系过程的信息交流成本节约。在传统的企业运营模式下，企业与供应商、客户、合作伙伴、服务部门等外部部门取得联系，往往需要消耗大量的人力、物力和时间来完成、修改、传递纸面文件。电子商务使信息交流更为便捷，大大降低了双方的通信费用，简化了业务流程，提高了经济效率，从而降低了社会交易成本，提高了企业的利润率。另外，由于世界各地存在时差，传统企业每天提供 24 小时服务的费用是相当高昂的，而电子商务企业可以通过网上数据库实现 24 小时在线服务。任何人可以在任何时候向网上企业查询信息，浏览企业产品信息，发出 E-mail 询问。电子商务的全球运作，还使企业易于把业务发展到传统销售人员和广告促销难以达到的市场，不仅在国内而且面向全球开发具有赢利潜力的新市场。

到21世纪初,可以说企业节约资金和劳动成本,挖掘第一、第二、第三利润源潜力的招数几乎用尽,只有时间成本、信息成本还被大量占用,并被许多企业所忽视。然而,现代市场环境中的企业竞争实质上是时间的竞争,是信息获取和利用能力的竞争,表现为市场反应速度和决策水平高低的竞赛。信息是正确决策的基础,是提高企业经济效率和竞争力的重要资源。对于企业家而言,他的经营艺术表现在能够敏捷地掌握信息资源,最有效地利用信息资源。在电子商务逐渐代替传统商业模式之际,要增强企业竞争力,最重要的就是要增强企业的信息竞争力。开辟企业的第四利润源,节约企业的信息成本,从占有的市场信息中获得最大的商业利益,要看企业采用现代信息技术对内外部信息进行处理和利用的水平,"谁先获取未来的秘密,谁就拥有未来"。企业不仅用信息资源来辅助内部管理和决策,而且用它来了解竞争环境的变化、掌握竞争对手的动向、制定出奇制胜的竞争对策。网络技术和电子商务的发展,可以促使企业加速实现信息化,重视和突出第四利润源的作用,以在全球市场的激烈竞争中赢得竞争优势。

(二) 电子商务对企业管理的影响

电子商务的引入将对企业内外部的管理和联系机制带来很大影响,把生产、推销、广告、消费、洽谈、成交、支付、税收等所有过程都集中在一个完善的电子商务系统之中。

1. 内部信息管理系统的集成

企业原有的内部信息管理系统(MIS)和EDI系统必须集成到全球性、开放性的公共网络中去,于是,企业内部的MIS变成了企业内部网Intranet,企业间的EDI系统及其他专线连接系统发展成为企业外部网Extranet或其他符合Internet标准的企业外部信息系统。这样,企业的一切管理和联系都转变成依托Internet的方式,从任何一个部分都可以顺利进入公共网络,而在公共网络的任何角落也都可以看到权限允许范围内的企业信息。

2. 企业间联系电子化

在企业间的联系方面,由于企业的电子商务系统建立在开放的公共网络之上,使企业大大降低了企业间的业务信息处理成本,使企业的即时生产(JIT)策略有可能实现,大大压缩了库存。同时,电子商务使得小企业能平等和方便地加入到大企业的贸易联盟中,进一步扩大企业的合作范围,形成了新的贸易组合。

3. 企业与消费者的联系直接化

企业与消费者的联系方面,企业通过开放的公共网络可以与消费者进行直接对话,消费者通过访问企业主页了解企业的贸易状况,与企业进行信息交流或直接进行交易;而企业也可以通过零售的快速反应和为不同消费者定制不同风格的信息内容,更好地满足或引导消费者需求。由于电子商务将最终消费者直接带到企业面前,将生产商驱动的市场模型变为以消费者为中心的消费者驱动的新型市场模型,从而大大提高了企业的反应速度,市场中的需求开始真正对生产发出指令,从而促进资源的合理配置和有效利用。

4. 企业组织结构变化

电子商务以信息管理为主的特点从根本上打破了企业传统的职能部门的组成与分工,使企业内部信息的传递方式由单向的"一对多"变成双向的"多对多",传统的"金字塔"式的垂直集权制组织结构转变成水平式的组织结构,使企业利用内部网、数据库,可以在所有部门和有关各方之间直接快捷地交流,企业的中间管理人员可以获得更多的直接信息,加强他们在企业决策中的作用,提高整个企业的决策水平。

5. 业务转型

变换企业的业务运作模式、改变企业的竞争策略、提升企业间的业务合作伙伴关系,是企业在电子商务领域获得成功的关键。电子商务使企业能从事在物理环境中所不能从事的业务,产生新的收入;运用注册业务或媒介组织买方和卖方;使用智能代理,使业务交往个人化,具有动态特征。电子商务对企业过程的影响体现在随信息技术发展而产生的企业内部管理机制的不断变化之中。

电子商务带来了新的贸易组合模型,它将贸易社会视为一个有机体:视野从单个企业扩展到整个行业,并延伸到整个社会的所有企业组织(供应商、运输商、分销商、银行等),当电子商务在整个贸易过程所有的个体中实现时,经济将作为一个联合的、高效的实体而运行。当一个行业的主导企业已经将电子商务变成商业运作的基本标准时,如果一个小企业想与大企业合作,就必须使用电子商务。

6. 电子商务对企业投资方式的影响

企业投资方式本身即与可以实现企业资金投放的各种金融资产状况息息相关。当金融资产的种类趋于丰富时,企业的具体投资方式也将随之发展。由于网络环境的产生对于金融衍生工具的发展有着相应的促进作用,因此可以肯定,在网络环境下,企业可能采取的具体投资方式将随着各种金融资产和金融投资品的丰富而逐渐发展,从而为企业投资方式的选择提供更大的空间。

在网络经济环境下,寻找企业核心能力成为一个关乎企业生存状态的核心问题。企业应当围绕其核心能力去开展相应的活动,至于其余问题则应该交由其他企业去解决。在这种思路下,企业的分工协作关系被赋予了新的内涵,在新型的分工协作关系指导下,企业之间的战略联盟及战略伙伴关系将被提升到前所未有的高度,而要实现这种战略联盟及战略伙伴关系,企业相互之间的持股则是一种非常自然的选择。因此,在网络环境下,金融资产投资,尤其是股票投资将更多地为企业所关注。

(三)电子商务对消费者的影响

过去一提到购物,人们联想到的往往是商场的人声嘈杂和费时费神,如今在计算机或手机屏幕上就可以看见"琳琅满目"的商品,不仅能浏览、购买有形产品,更能试听、试用、购买数字产品,还可以获得在线服务,如法律咨询、安排游程、远程医疗诊断等。

电子商务对消费者最明显的影响莫过于消费者在网络上直接面对所有的相关商家,使得他们能最大限度地进行比较和挑选,大大提高了购买效率。通过电脑和手机,消费者可以足不出户看遍世界,网上搜索功能可方便地带顾客货比多家,身临其境地浏览各类产品,可以购买书籍、食品、电视机等实物商品,也能买到信息、录像、录音、数据库、软件等知识产品,还能获得网上诊疗和远程教育等服务商品。消费者将能以轻松自由的自我服务方式完成交易,对服务的满意程度得到提高。

(四)电子商务对政府机构的影响

政府对电子商务的支持态度将直接影响电子商务的发展,而另一方面,电子商务的发展也会在一定程度上影响政府机构的发展。这具体表现在以下几个方面。

1. 政府机构的业务转型

电子商务的发展使一些相关的政府部门因为其职能需要而作为贸易过程的一个环节加入到电子商务当中来,政府部门在这个加入过程中存在着相应的业务转型。

2. 政府的政策导向

电子商务是面向全世界的,一切商务活动均发生在因特网上,其结果必然带来贸易环境的开放。一个国家要发展电子商务,必须坚持执行开放政策,而在对外开放市场和发展民族工业之间往往存在一定的矛盾,因此,如何保持平衡、趋利避害,就需要国家采取合理的政策措施予以引导。

3. 政府机构担任认证中心

电子商务中十分重要的技术就是安全和信任机制。因为网上交易中双方都无法确认对方的身份,而这一问题一方面需要通过技术手段来解决,同时也需要一个权威机构负责其中的仲裁和信誉保证。这一角色可以由政府出面或指定相关机构来担当,这就是所谓的认证中心(CA,Certificate Authority)。认证中心必须具有一定的权威性和市场中立性,而政府机构恰好具有这种特性和能力。

第四节　案例两则

一、Google 的迅速崛起[①]

2005 年 12 月,由美国 Harris Interactive(哈里斯交互研究公司)和 Reputation Institute(声誉研究所)共同主办了一次评选活动,依据公司的产品和服务、金融表现、工作环境、社会责任感、领导能力和亲和力,对公众最常提到的 60 家公司进行排名。这份基于对 2 万名成年人调查结果的排行榜上,科技公司尤为引人注目,而 Google 公司更是在科技公司中一马当先,在各类公司中排名仅次于强生公司和可口可乐公司,占据第三位。索尼、微软和英特尔公司也进入了前 10 名。作为一家历史不足 10 年,而且公司规模远小于排行榜中多数公司的新兴公司,Google 公司取得这样的声誉令其他公司刮目相看。

(一) Google 公司的简况

Google 网站(中文名为"谷歌")于 1998 年由谢尔盖·布林(Sergey Brin)和拉里·佩吉(Larry Page)创立,当时他们还是加州斯坦福大学攻读计算机理学博士学位的学生。布林和佩吉发明了一个搜索引擎,可以选出与用户搜寻的词或词组非常相近的网页,这后来发展成为 Google 的前身。这两位学生当初拿着自己的技术找到雅虎公司但没被采用,而今天雅虎已经深刻体会到搜索门户的威力了。

1998 年,布林和佩吉决定自己创业。创业之初,公司仅有 3 个人,除了两个合伙人外,只有一个雇员。1999 年 6 月,公司获得了 2 500 万美元的风险投资,Google 如虎添翼,迅速发展壮大。布林和佩吉是两个技术天才,公司也一直以技术为核心。公司成立后,他们请来曾任 SUN,NOVELL 公司 CEO 的埃瑞克·施米特(Eric Schmidt)担任 CEO,掌管公司的经营战略,组成了 Google 的领导"铁三角"。

英文里原本没有 Google 这个词,佩吉和布林为公司取名时,取的其实是数学名词"googol"(10 的 100 次方,常指巨大数字)的谐音。"我们的任务就是要对世界上的信息编组"——佩吉的解释在当时被认为是一个笑话。而今天的 Google,没有花过一分钱做广告,却已成为流行文化的一部分,每天回答全世界网民超过 9 亿个搜

[①] 本案例由宗毅君收集资料编写。

索请求,平均每秒钟超过1万个,而且这一数字还在不断增长。

(二) Google 的成功之道

在很多行家看来,搜索引擎是一种赢家通吃的行业。因为搜索作为互联网工具,一旦网民使用一种产品形成习惯,就不会主动去改变,更不会频繁更换。换言之,搜索服务提供商要么成功,要么死亡,而决定生死的,仅仅是响应时间、检索结果数量、排序等几个指标。

1. Google 立足于高品质、创新性的技术

联入互联网的电脑用户可以利用 Google 寻找任何词组、名字或观念。Google 开发出了世界上最大的搜索引擎,提供了便捷的网上信息查询方法,通过对 30 多亿网页进行整理,Google 可为世界各地的用户提供适需的搜索结果,而且搜索时间通常不到半秒。

Google 数据库存有 30 多亿个 Web 文件,属于全文(Full Text)搜索引擎。Google 的自动搜索方法可以避免任何人为感情因素。与其他搜索引擎不同,Google 的结构设计确保了诚实公正,任何人都无法用金钱换取较高的排名。作为用户的忠实助手,Google 可以诚实、客观并且方便地帮用户在网上找到有价值的资料。Google 的"蜘蛛"程序名为"Google bot",是非常活跃的网站扫描工具,Google 一般每隔 28 天派出"蜘蛛"程序来检索新网站。

Google 的搜索服务是免费的,但 Google 网站也提供某些出售商品和服务的公司网页的链接,用户每点击链接一次,这些公司均需向 Google 网站付费,付费总量由点击次数决定。Google 公司的业务量增长很快,2013 年,Google 的营业收入为 598 亿美元,比 2012 年增长 19%,净利润 129 亿美元,增幅达 20%。

Google 还开启了邮箱 G 时代——G-mail。G-mail 是 Google 多样化尝试中重要的一招。G-mail 可能不是最好的免费邮箱,却是受关注程度最高的邮箱服务。G-mail一出,各网站都开始升级旗下的免费邮箱,无论是国际巨头(如微软、雅虎),还是中国知名门户(如新浪、TOM、网易)都纷纷跟进。

现在 Google 已经成为全球用户最多、使用最广泛的专业搜索引擎,并向Yahoo、美国在线(AOL)等其他目录索引和搜索引擎提供后台网页查询服务。Google 提供常规及高级搜索功能,在高级搜索中,用户可限制某一搜索必须包含或排除特定的关键词或短语。该引擎允许用户定制搜索结果页面所含信息的条目数量,可从 10 到 100 条任选。提供网站内部查询和横向相关查询。Google 还提供特别主题搜索,如:Apple Macintosh, BSD Unix, Linux 和大学院校搜索等。此外,Google 允许以多种语言进行搜索,在操作界面中提供多达 30 余种语言选择,并在多达 40 多个国

别专属引擎中进行选择。

2. 巨大的广告价值

正是因为 Google 有巨大的搜索用户群,所以在 Google.com 上投放关键词定位推广服务,对企业来说是通过互联网做全球推广必不可少的重要一环。

不做通常形式的网络广告,Google 的巨额收入主要来源于为综合门户提供搜索支持,但更重要的是中小企业客户的搜索排名费用。虽然 Google 的页面没有大幅广告,但它通过排名的方式,给企业提供营销自己的渠道,从而争取到广大的中小企业群体。如果一个传统媒体有 1 000 家广告客户,那它在同行中已经可以非常骄傲了。但搜索引擎就大不一样了,比如原来的 3721 的客户达到 40 万家企业,而他们当中选择用较高的成本做网络广告推销自己的只有很少一部分,所以,搜索引擎提供的竞价排名就为中小企业的日常营销提供了高性价比的渠道。这就是 Google 所代表的搜索引擎企业的商业价值。Google 推出了专门面向中小企业客户的"Ad Sense for Search"软件。它使网站的运营商能够在它们的网站上放置一个 Google 搜索框。此前,Google 公司只向大型网站和 AOL 等门户网站提供这一服务,现在也提供给中小企业用户,进一步挖掘了中小企业用户的需求。

3. 独特的管理与用人之道

Google 公司 CEO 施米特认为,与大多数技术公司一样,Google 的许多员工都是工程师,抓住这些知识型员工将是未来 25 年企业成功的关键,是保证未来竞争优势的唯一且最大的因素。下面是 Google 在提高知识型员工效率方面采取的做法。

(1)严格招聘。每个参加 Google 面试的人至少要与 6 位面试官交谈,后者由公司管理层或潜在同事组成,每个人的观点都算数,从而使招聘程序更加公平、标准更高。

(2)满足员工的所有需要。正如德鲁克所说,管理目标是"排除任何影响他们工作的障碍"。Google 为员工提供一整套标准的服务设施,一流的餐饮设施、体育馆、洗衣房、按摩室、理发厅、洗车房、干洗房、接送班车等,这些几乎是一位勤奋工作的工程师所需要的一切。

(3)拉近员工距离。Google 的每个项目都是小组项目,每个小组之间都必须进行交流合作。让交流变得简单的最好方式是让小组成员都近在咫尺。因此,Google 的所有员工分享一间办公室,这样,当某位程序师需要与一位同事协商时,就能马上找到对方。当然,Google 还有很多会议室供人进行详细讨论,不会打扰其他人办公。和各个学识丰富的员工毗邻而居,委实是一种高效的培训方式。

由于小组的所有成员都近在咫尺,因此在协调项目开展方面相对容易。每位

Google员工每周还要向其所在工作组发送电子邮件汇报上周的工作成绩,让每个人都能跟踪其他成员的工作进度,使工作流程同步,合作简单协调。

(4) 身体力行,使用自己的产品。Google员工都频繁地使用公司开发的各种工具。最常见的就是为所有项目和任务而建的内部网页组成的网络,这些网页都被索引并以按需访问的策略向项目参与者开放。譬如G-mail成功的原因之一就是它曾在公司内部测试数月之久。

(5) 鼓励创新。Google的工程师们可把20%的工作时间放在自选项目开发上,当然需要一个批准过程,公司希望让所有富有创意的人们发挥创意。Google有一个公开的秘密武器,就是创意邮件目录——一个全公司共用的建议箱。任何人都可以把自己的创意发送到这里,从停车程序到下一代应用程序等。在这里,所有人都可以对创意进行评价,促使最佳创意浮出水面。

(6) 尽可能统一意见。Google坚信"群众的智慧"这一理念,并希望在确定任何决议之前收集广泛的观点作为分析基础。在Google,管理者的角色是一个观点的收集者,而不是决策的独裁者。统一大多数人的意见有时要花费较长时间,但通常可以形成更加忠诚的工作团队和更明智的决策。

在Google,几乎所有决策都是基于大量分析后得出的。Google公司创建了多种管理信息的系统,有很多分析师专门研究数据,总结出发展趋势,使Google跟上时代的步伐。

(三) Google的多元化经营和全球扩张脚步

2004年8月中旬,Google公司在美国纳斯达克股市正式挂牌交易,筹资16.7亿美元。Google上市成为当年互联网行业中最重要的事件,人们认为非常需要像Google这样重量级的IPO来提升科技投资信心。

2005年8月,Google宣布再次募集40亿美元的巨额资金。这一消息在美国硅谷以及华尔街掀起巨大涟漪,业内人士指出,此举预示着Google正加快全球扩张的脚步。2005年末,在第三季度财报利好的带动下,Google的股价大幅上升,市值达到1 300多亿美元。上市14个月市值已超过千亿美元,2014年年中市值更是超过了4 000亿美元。这种财富积累的高速度前所未见。

Google上市后已经完成数次收购,包括一家帮助手机用户定位的Dodgeball.com网站、网络广告技术开发公司Urchin软件公司、地图搜索服务商Keyhole等专业公司。

Google树立了良好的Web搜索服务声誉,这种服务的广告收入也让Google积累了大量财富,但Google已明确表示,不想只做搜索引擎服务提供商。

Google 的 Blogger 目前是最流行的博客服务之一,越来越多的人接受了这种在线写作方式。Google earth 是人们使用越来越多的地图和地理信息服务工具。

Google 拥有 G-mail、即时传信服务 Google Talk 以及社会网络服务 Orkut。Google 还拥有 Picasa,这是一种整理、编辑和共享照片的应用服务。

2005 年 12 月,Google 击败雅虎、微软,与时代华纳旗下的网络门户公司 AOL 之间的股份交易取得成功,以超过估价一倍的 10 亿美元现金换得了 AOL 5%的股份。Google 的目的很明确,如果 AOL 牵手雅虎或微软,势必会对 Google 的广告业务构成威胁,交易的目的在于自卫也在于封杀。

有着"网络新贵"和"科技章鱼"双重头衔的 Google 给微软树起了一个高门槛,就如同 20 多年前冲力十足的微软给 IBM 树起的门槛一样,微软靠的是创新的卖授权的商业模式,而 Google 的创新模式则是免费,搜索可以免费、邮箱可以免费、软件可以免费,除了广告什么都可以免费,靠免费聚集起的巨大人气铸起了一个新的商业帝国。

多数人不知道 Google 的触角下一步会伸向哪儿,也无法评估其影响有多大。Google 通过与 AOL 的战略合作,获得了丰富内容,很有可能进军多媒体硬件市场,即推出可连接计算机、音响及录像机的硬件设备,有了 AOL 丰富内容的支持,Google 的发展道路会更加宽广。

案例思考题

1. 试分析搜索引擎网站在网络企业中的地位和作用。
2. 你认为 Google 的成功经验之中有哪些是其他行业公司可以借鉴的?

二、上海南都公司的网上贸易[①]

(一)公司背景

上海南都能源科技有限公司(以下简称南都公司)是专业生产经营聚合物锂离子电池产品以及提供相关电源系统解决方案的供应商。公司成立于 2001 年 10 月,2003 年 3 月通过 ISO9001 质量体系认证。公司主要股东包括南都电源集团、浙江耀江集团、杉杉集团和杭州东海房地产公司等。

南都公司拥有较强的研发技术团队,在引进国外先进技术的基础上,经过自己

---

① 本案例由汪丽霞收集资料编写。

的研发创新,构建了国内领先的聚合物锂离子电池产品技术和研究、设计、开发平台,拥有多项聚合物锂离子电池的相关专利。公司产品已经通过了美国 UL、欧洲 CE 和国内信息产业部等的安全检测和认证。

(二)产品特点

南都公司主要生产常规系列聚合物锂离子电池、高倍率系列聚合物锂离子电池、超低温系列聚合物锂离子电池和动力型聚合物锂离子电池四大系列产品。聚合物锂离子电池适合电池的发展方向,其突出优势表现在:质量轻、加工性强(可以加工成任意形状,甚至可弯曲变形)、安全性能更高,因而更加适合在各种便携式通信和娱乐电子产品中使用。公司也生产一些便携式器械的电池。该公司坚持走高端路线,自己设计,自己生产,可以保证市场需求相对稳定,不会陷入与其他厂家的低价竞争;公司也有一定的经营灵活性,可以根据客户要求,提出不同的设计方案,经客户确认后生产,这种量体裁衣式的订单生产发展很快。

(三)产品营销

由于国内市场竞争日趋饱和,南都公司开始寻求国外客户。该公司原来是没有任何出口的生产内销型企业,通过阿里巴巴开始做网上贸易,进入国际市场。该公司的国外市场开发主要依托阿里巴巴网站做宣传,公司对产品内容进行定期维护和更新。该公司也有自己的网站,中英文版本的公司、产品介绍可以满足国内外不同潜在客户的需求。

2005 年 8 月,南都公司开始在阿里巴巴网站上做销售,不到半年时间就成交了 5 个欧美买家。2005 年 9 月,一个美国买家需要一种遥控器电池,当时南都尚不能生产,但公司技术部门不断研发改进,满足了客户需要,得到 5 万美元的订单;2006 年春节,又收到 50 万美元的第二笔订单;2006 年 3 月,客户参观工厂后,要求与其进一步合作。这个客户在半年时间里签下了近 100 万美元的订单,而且这个美国买家也是成立不久的公司,自己的实力也不是很强大,但双方合作下来之后,这个美国买家逐渐发展壮大,几乎包揽了整个美国市场的业务,成交量逐步上升,达到 300 万美元。南都公司因为出口发展速度很快,扭转了整个公司的发展重心,大力发展海外市场,并根据这个美国客户所需要的遥控器电池这一产品专门设立了生产流水线,不到一年时间,这个产品已经更新到第 5 代。公司和客户一起成长,客户在美国市场开发得好,南都公司订单也不断增加。由于南都公司的产品技术含量较高,具有较强的竞争力,因而替代性也相对较小。

南都公司也在环球资源上做宣传,原因是环球资源上有很多大客户和优质的客户询价,而阿里巴巴的客户多是中小型企业。公司要想不断壮大,就要有新的优质客户资源。环球资源有一些大客户的展览洽谈会,为买卖双方建立交易提供机会。南都公司也参加此类展会,2005 年 6 月和 10 月参加了新加坡和香港的两个展会,发展了几个新客户,收效不错。

南都公司一般通过 E-mail 和客户进行交流。对询问公司产品的大量 E-mail,处理方式是对一些有公司后缀的 E-mail 做重点回复,将其视为比较重要的潜在客户;对只是泛泛询问产品的,一般是略过,但对邮件中提到公司某几项产品的,要做重点回复;对要求提供样品,且对方支付航空邮费的 E-mail,则十分重视,因为对方很可能成为公司的客户。

(四) 重视诚信待客,着眼长期合作

在国际贸易领域诚信最重要。有一次,公司给客户发的第二批货出现了点问题,对方提出后,南都公司决定把产品降价 25% 卖给客户,和客户建立起信任关系。到第三次发货时,客户不验货,就同意公司包装、发货,直接运往美国销售。这个客户目前是南都公司最大的客户,在美国不断参加展会,扩大产品销路和知名度,已经形成代理网络,市场不断扩大,对公司扩大产品出口发挥了重要作用。

网络是一个大家都可以利用的交易工具,关键在于机动灵活地处理贸易中出现的问题。通过网络做贸易一定要全心投入,有耐心和毅力,善于抓住稍纵即逝的商业机会。对客户的询盘一定要有耐心,因为网络贸易中双方信任度不高,所以一定要有毅力不断跟进,不断询问对方,才会有更多机会达成交易。

(五) 注意收款安全

南都公司很重视收款的安全,要求客户预付一定比例的货款,付款方式采用 T/T,不用 L/C(因为手续比较烦琐)。一般做一单要对一单结汇,每单要求预付货款的 60%,收到货后支付剩余的 40%,可以在下第二次订单时支付上一单的 40% 余款,以保证收款安全。

案例思考题

1. 南都公司的技术研发力量对其拓展国际市场有何作用?
2. 南都公司如何实现与客户共同成长?

本章思考题

1. 狭义电子商务与广义电子商务的区别在哪里？
2. 电子商务有何特点？
3. 电子商务有哪些基本作用？
4. 电子商务可实现哪些功能？
5. 信息时代的竞争规则有哪些？
6. 信息的特点是什么？
7. 什么是 M-business？
8. 电子商务市场的特点是什么？
9. 你如何看待"第四利润源"？
10. 电子商务应用对企业和消费者有什么影响？

相关内容网站

1. 中国互联网络信息中心　www.cnnic.cn
2. 中华人民共和国工业和信息化部　www.miit.gov.cn
3. 百度公司　www.baidu.com
4. 华泰证券公司　www.htsc.com.cn
5. 计算机世界报　www.ccw.com.cn
6. 互联网周刊　www.ciweek.com
7. 美国在线　www.aol.com
8. eCommerce Corporation　www.ecommerce.com

第二章 电子商务模式

学习要点与要求

通过本章的学习,应掌握电子商务的应用领域、电子商务的模式和国际电子商务的实现形式。

了解电子商务在工业、金融和信息产业中的应用,掌握电子商务的六种基本模式以及创新模式,熟记国际电子商务的含义和各种实现形式。

第一节　电子商务的应用领域

电子商务可以应用于贸易、金融、咨询、运输、旅游、广告、新闻出版、加工制造等各个领域，发展潜力巨大。在各国政府的支持和众多企业的积极参与下，新的电子商务应用技术成果不断涌现。电子商务除了可以提高生产效率、降低生产成本和流通费用外，还能节约能源和其他社会经济资源，有利于自然环境保护和提高环境质量，促进教育事业广泛发展，加快科技知识的传播和推广应用，促进社会进步。

电脑网络技术有助于众多产业的发展。重型工矿企业可以通过内部网络管理生产、库存、销售和产品开发，降低生产成本，提高决策水平；轻工企业可以及时掌握市场信息和消费动态，生产适销对路的商品供应市场；农业部门可以通过网络指导农场、农民选择生产市场热销品种，合理安排种植面积，调整养殖家禽、水产品种等。

一、商务信息采集和交换

（一）网上信息服务内容

Internet 作为一种信息工具，不但成为信息服务机构服务客户的有效载体，也成为社会各界、各种机构（包括政府部门、社会团体）发布自身信息的一种极为方便、快捷、直观的途径。Internet 上的信息资源极其丰富，信息服务内容多姿多彩，新闻、科技、金融、商品供求、价格、运输、天气、旅游等包罗万象。许多站点的信息内容特色突出，网页内容更新快，充分发挥了形象、快捷、实时的特点。

美国的信息服务企业追求对用户服务的高满意度，其中一个衡量标志是对用户要求做出反应的"零时间"和服务提供的"任何地点/任何时间"（Any where/Any time）。如果没有网络支持，这是不可能实现的。对外服务的网络化程度决定了用户获取信息的方便程度，是各信息服务公司扩大市场占有率、提高销售额的有力工具。

（二）网上信息服务成为信息产业的新增长点

伴随 Internet 的蓬勃发展，一些为客户提供信息上网和信息查询的服务机构应运而生，增长很快。各种网络服务提供商（ISP）的服务内容大致为：①Internet 导航，为上网查询信息的用户提供帮助，查找有关的站点及地址；②为客户信息的上网提供全方位服务，从办理有关注册手续，到域名申请、主页设计、信息内容的组织和包装等一应俱全。同时,一些 ISP 还注重开发 Internet 的新的服务领域,如 IP 国际长途电话,其成本低廉,且可接入视频信号。

为满足整个社会信息化的要求,各主要信息产业厂商加快开发并推出新的信息技术和网络产品,社会各界对信息化和网络化的认识也趋于一致,那就是要尽快采用最新信息技术和通信手段,充分利用电脑互联网络所提供的便利条件,占领获取信息的制高点。可以说,企业的日常经营和个人的社会生活都离不开信息的快速获取。

(三) 信息服务公司

信息服务公司一般均设有专门机构和人员(往往占公司员工总数的一半以上)从事信息资源的开发、收集和整理。信息服务公司集中大量的人力物力从事信息资源的开发,一方面可避免"巧妇难为无米之炊"的窘境,为用户提供优质、及时的信息服务;另一方面也是信息商品生产的客观要求。信息资源的一个重要特点是它可被多用户、多次利用的共享性。信息服务公司对信息资源集中开发、集中管理,就可在公司内部促成对资源的最大限度的共享,从而可避免各部门各自为政、分头开发自己的信息资源,也能大大降低资源的开发成本。

美国是信息化程度很高的国家,信息获得相对比较容易。各信息服务公司信息收集的渠道和方法广泛多样。信息来源和收集渠道主要有:上市公司的财务报告、法庭公告、公共信息、政府机构、银行、行业协会、各种新闻媒体,还有问卷邮寄、登门拜访等。通过各种渠道和方法收集到的这些"信息素材",不一定是能立即使用的"信息资源",而要经过专业人员的分析、加工、整理,提高信息的附加值,最后存储于数据库中,真正成为可以重复使用的信息资源。

信息服务公司也采取广泛联网、广泛选购其他信息服务公司产品的做法,丰富自己的信息资源。市场经济越发达,信息在时间和空间上就越呈现出加速扩展的趋势,即使是专业的信息服务公司,也难以拥有所有信息,而购买其他信息公司的资源为我所用,则不失为丰富自身资源、提高专业化服务水平的一条捷径。

信息服务公司可以为企业提供以下几方面的服务。

1. 市场动态预测

市场动态预测包括:对某类产品或服务的现有市场及驱动市场发展的关键因素的分析;重要的市场趋势分析和评估;市场规模的现状和预测;市场范围的横向和纵向划分;市场份额的分析以及现有的和潜在的竞争者;市场规划、市场支持手段和市场占有的实现;市场参与企业的等级评定;新兴市场的地域分析和占有策略等。

2. 企业研究

企业研究包括：对某一领域内主要企业的概况分析(这又包括其产品、服务、覆盖地区、有关的统计数据、财务分析、产业重点、竞争实力、电子商务技术的利用、知识管理系统等各个方面)；该企业与同一领域内相似企业的异同比较分析；该企业的优势和劣势、组织结构和业务发展战略等。

3. 竞争性分析

竞争性分析包括：按照市场(客户)对产品和服务的需求，对同一领域内的各个企业进行分析和竞争性比较(包括产品、技术及手段等)；对某一产业领域未来的竞争性进行结构分析，预测现有企业竞争能力可能发生的变化；评估企业在管理和支持其产品和服务方面的策略，分析与该企业产品纵向相关的关键产业的发展计划和资金投入对本企业产品的可能影响；考察企业产品销售及服务的渠道、客户的满意程度；赢得和保住客户的战略，成功的市场开发和销售服务策略；树立企业形象、创造产品和服务名牌的策略。

4. 商业机会的评估

商业机会的评估包括：对市场规模、市场分割、客户消费支出、供应商的财务能力、全球范围内成长较快的重要产业的分析；企业面临的机遇和最大风险；建立制造商、批发商与零售商之间稳定可靠的关系的策略；销售策略与销售渠道的分析；产品与服务的定价策略和包装技术；建立业务伙伴关系的策略等。

5. 客户分析和信用分析

客户分析包括：客户意识和价值分析；客户对某一产品的需求、预算大小、实际支出以及此产品市场的发展趋势分析；客户对产品需求的优先次序、消费模式、购买意向以及选择产品的准则分析；客户选用某类产品和技术的发展趋势，对企业造成的机会和构成的威胁分析；客户对新出现的某类技术的反应的分析等。信用分析包括：对企业或个人的信用记录进行跟踪和分析；对金融机构进行准确的、综合性的信用等级评定；对股票、债券等有价证券的信用评估以及金融风险进行分析等。

6. 企业管理与发展分析

企业管理与发展分析包括：对目前的技术热点和新出现的替代技术，这种技术应用发展的障碍，利用新开发技术的策略进行分析；跟踪技术、市场和产品的发展，详细分析可能会发生的重大变化；帮助企业发现在市场中占据领先地位的机会，寻找有可能将新技术带进市场的企业；重要技术的近期和远期展望；协助企业制定业务发展战略，调整产品开发和定价策略，评估企业的合资和并购计划；帮助企业辨识所需要的决策者和专门人才，分析相关企业的成功经验和新出现的经营模式；对企业活动的成功或失败进行诊断并寻求解决问题的途径。

（四）网络广告

网络广告是指在因特网站点上发布的以数字代码为载体的各种经营性广告，企业把有关商品和服务信息送到网络上，让网民有机会访问了解，其形式有企业自己设立的网页和由专门的信息商家集中发布相关企业信息（网上黄页）等。

网络广告对传统的广告媒介如报纸、电视、广播等形成冲击，广告商的经营手法、制作技术面临考验，必须适应这种新媒介的特点来开发广告资源、发展广告客户，广告商才能在市场竞争中立足和发展。

二、电子商务在工业领域中的应用

（一）制造商面临的挑战和机遇

互联网、内联网以及电子商务的开展，给制造业的发展提供了便利条件和有效工具。现在发达国家的大型制造企业普遍建立起了以电脑网络为纽带和依托的5大系统，即管理信息系统（MIS）、计算机辅助设计系统（CAD）、计算机辅助制造系统（CAM）、智能化仓库系统（IWS）、电子订单处理系统（EOS）。每个大系统又包括若干子系统，比如MIS由人力资源管理、财务管理、物资管理、生产管理、办公自动化、决策支持子系统组成；CAD由设计标准、几何设计、仿真设计、质量控制等子系统组成。这样可以加强企业内部协作，提高反应应变能力，缩短产品设计、制作周期，降低生产成本。

1. 成本降低

（1）节省单证和通信费用。电子商务可使企业节省各种纸单证制作成本，降低人工费用，提高员工工作效率和企业经济效益。各种纸单证，如订单、发票、汇票、装箱单、重量单、产地证等的制作和管理，是企业成本的一个重要组成部分，占到企业总成本的4%—10%，电子商务技术把这部分成本大大压缩。对于大型企业来说，成本降低1%就意味着节省几百万甚至几千万元。电子商务环境还使企业的通信费用水平下降，并减少因人为过失延误而造成的经济损失。电子商务伙伴关系作为重要的经济资源，使企业能更及时、准确地掌握市场信息，按时、按质、按量地提供客户需要的商品，加强了企业的市场地位。

（2）降低时间成本。企业成本包括资本成本、劳动成本、效率成本、质量成本、时间成本、机会成本等多种分析角度，而时间成本是信息化时代最受重视的概念。企业的经营目标之一是取得经济效益，利润是衡量企业效益的一个主要量化指标，但效益是比利润更广的概念。利润是一个短期指标,效益是利润、市场份额和企业市场价值三个量化指标的综合,需要考虑实现利润和预期利润两方面,从某种程度上讲,预期利润更重要。这就引入了时间因素,在生产要素中,时间是唯一不会带来增值的成本。根据美国对服装业的一次抽样调查,劳动成本只占10%,而时间成本占30%,时间成本发生在市场—企业、企业内部的各个环节,例如,原料和制成品库存占用都是时间成本。时间成本并非时间本身的消耗,而是这段时间内资源和信息闲置而带来的它们在这段时间内向其他能取得更大效益方面投入的机会成本的消耗。效率概念意味着产出不但要更多、更好,而且要更快。快可以节省时间成本,加快资金周转和尽快回收资金,从而提高产出收益。

电脑网络化管理和电子商务大大压缩了企业与市场的空间和时间,能够实现产品设计开发快、生产快、销售快、结算快、反馈快、决策快。例如,自动供货系统可节省时间成本70%—80%。并行工程和适时库存系统压缩了生产过程中的时间成本,组织机构"扁平化",实行"横向组织"和"横向管理",大大压缩了决策过程中的时间成本。

2. 信息处理和决策过程加快

Internet 和 Intranet 可以加快企业处理信息和做出决策的过程。不同层次的企业管理者需要不同的信息:企业的高层领导需要更多的战略信息,中层管理人员需要的是战术信息,而基层管理人员需要的则是业务信息和作业信息。战略信息大部分来自外部,战术信息内外部兼而有之,业务和作业信息基本来自内部。一般而言,战略信息寿命长、更新慢,业务和作业信息寿命短、更新快,而战术信息居中。战略信息加工灵活,战术信息次之,而业务和作业信息则比较规范。战略信息的使用频度和准确度低,战术信息居中,业务和作业信息则最高。

信息是正确经营决策的基础,企业经营者要做出适应市场环境和内部条件的正确决策,尤其是战略决策,除了凭借个人经验和判断外,更重要的是掌握足够的外部环境信息和企业内部信息。这些信息必须可靠、及时、全面,而错误的、过时的信息将导致错误的判断和决策。从企业经营管理角度看,信息就是企业的生命。Internet 的优点在于它可以迅速、及时、充分地提供给企业经营者所需要的信息。

信息是提高企业经济效益和竞争力的手段。对于企业家而言,他的经营艺术在于能够最敏捷地掌握信息资源,最有效地利用信息资源。企业竞争力中最重要的是信息竞争力,企业经营者应该有高度的信息意识,提高信息加工、处理和利用的效能。例如,日本不惜花巨资建立全国和全世界的经济信息网,收集分析每天世界各地金融市场及进出口贸易等信息,了解国内外企业经营情况,从而准确地分析企业外部环境,做出适当的决策,保证了日本企业的国际竞争力。

信息是企业统一思想、统一行动的工具。企业的一切活动均表现为物质流、资金流和信息流。信息不仅表现在外部环境预测、经营决策、市场营销、生产管理、计划与控制、原材料供应等业务流程中,而且还表现在企业内的生产、销售、技术开发、财务、人事等职能部门之间。只有通过信息的传递和交流才能将企业内各部门、各环节、各种人员的思想和行动协调统一起来,为企业的总目标服务。

企业信息的沟通渠道还影响企业的组织机构、权力分配和工作方式。企业的组织结构也是一种信息收集、传递、加工、处理、利用的结构,企业内各种岗位的权力和相互关系、工作方式都受到其收集掌握信息量、信息内容和利用信息能力的影响,从某种意义上讲,谁掌握了信息,谁能处理信息,谁就有了参与经营决策的权力。

以往,管理先进的公司都设有庞大的计划部门,产生数不清的年度和中长期计划,并不停地对这些计划进行修订。通用电气公司曾经有一个350人的计划班子,提交许多详细的计划报告。现在,这些工作分解到经营单位,计划本身只需很短时间,只考虑可行的选择,计划班子减至20人左右,原因是电脑网络需要并支持分散决策和快速决策。

工业时代的企业是依照物质流的程序组织的,专业化分工是物质流的基础,而职能部门是物质流的程序。信息化的根本特征是信息的开放性、系统性、共享性、实时性,信息化也要标准化,计算机网络对标准化的信息进行实时处理和共享,对非标准化的信息由人进行分析和决策,因此,信息流将分成标准化和非标准化两类。所有标准化的信息都可实现计算机处理,实现无人操作,而管理人员只是利用计算机加工后的信息进行决策。因此,现代企业应该是业务部门实现信息的自动处理和传递,决策部门将现有的财务、生产、市场开发结合起来,拆除人为设在市场、设计、生产、销售、财务、人事部门之间的围墙,按照事物的内在规律和本来面目组合成一个有机的整体,加快决策过程。

3. 减少投资盲目性,加快产品销售和资金回收

通过互联网络掌握经济发展脉搏和市场走向,可以减少投资的盲目性,缩短产品开发及投资回收周期。电子商务环境所提供的大量、及时、准确的市场信息,有利于企业领导人做出正确的投资决策,减少企业开发新产品、更新老产品的盲目性;高效率的电子网络销售渠道可以缩短企业的投资回收周期,推动技术进步和产品升级换代,提高社会生活质量。电子商务的发展会使企业投资更为活跃,更为合理,优化经济资源配置,使整个国民经济效益更高。

传统的金字塔式的管理结构是将信息集中于一点,由最高层中心人物决策,而现在通过电脑网络,不再需要逐级汇总信息。百事可乐公司在网络信息系

统安装前，公司总裁往往需要1个月才能发现经营中发生的问题，而现在使用信息系统每天都能从生产线和超级市场采集当天数据，了解供应40多万家商店的100多条生产线的生产销售信息，从数据中分析趋势和线索。现代企业把市场信息看作最宝贵的资源，把时间成本看作最昂贵的成本，以市场为中心，用信息换时间，用时间换效率，用效率换效益，因特网和内联网是省时高效的最好工具。

（二）设计无纸化和网络化

波音公司面向21世纪的产品——波音777型飞机的设计，从头到尾几乎都没有图纸，而是完全依靠电脑网络，把用户、原材料和零部件供应商的意见都收集起来，有关设计和生产部门通过电脑网络交流反馈来合作完成各项设计，形成整体设计方案。从1990年开始，包括美国联合航空公司、香港国泰航空公司、日本航空公司等在内的多家订户全程参与了飞机的设计过程，提出了1 000多条意见，大到机身宽度，小到操作按钮的尺寸，许多意见得到采用。波音公司还改变了整个设计流程，打破以往各部门单独设计的传统，把各方面的专家组合成一个个综合设计组，不再画大量草稿图纸，而直接在电脑上完成各种部件的设计、修改、组装、模拟操作试验等工作，这样各相关部门可以通过电脑网络在1 700个电脑工作站之间及时传递进展情况，反馈意见，既保证了设计的合理可靠性，也大大加快了设计进程，波音777型飞机成为波音公司历史上从设计到生产用时最短的飞机。整个设计、生产过程基本实现了"无纸化"，最后交给客户的飞机操作保养手册，3万多页的内容也只存在了一张光盘里。因为充分考虑到了航空公司的需要，这种机型很受用户欢迎，到交付首架飞机时，波音公司已接到15家航空公司144架飞机的订单，这种价值1.25亿—1.45亿美元的机型目前仍是波音公司的主力赢利产品。

随着网络的发展，多媒体将在Internet上获得更多发展和应用，生产厂家可以充分依赖这种媒体提高自己的设计水平。面向使用对象的技术，统一的用户端，交叉的平台能力，广为接受采用的标准，一致的连接，这些都为企业打开了无纸产品设计的大门。供应商和消费者通过其所在的交易圈，可以更好地了解哪些程序能通过直接联系而进行集成，图形设计师和生产部门的工程师及管理专家也需要通过这种交互式媒体来收集和交换信息，简单的数字信息已不复使用，现在需要的是复杂的多维信息。设计生产协作越来越需要Internet，电子商务也将促进工业的轻型化和效益提高。

电脑网络的发展也使以需定产、按照消费者的特殊要求设计生产变得简便易行。比如，美国著名牛仔裤Levis厂商就通过互联网让顾客参与设计自己的牛仔裤，顾客在网上选择尺寸、式样、颜色、面料，甚至可以用公司提供的多媒体软件把裤子全部设计好,公司按样生产出来交货。著名的芭比娃娃制造商,可以让买主在网上选择娃娃的肤色、眼睛颜色、口型、脸型、头发式样和颜色、服装款式等,公司按买主的口味生产,送货上门。

(三) 电子采购网络

工商界奉为信条的"顾客就是上帝""时间就是金钱"在网络时代有了新的含义,那就是开展全方位的网上服务。在人们能从网上方便地查找各种商品的价格时,谁还愿意用电报询盘呢?当越来越多企业接受电子订单和电子付款时,还有多少客户愿意多花半个月用书面订单订货呢?要保住和扩大企业的客户网,推出在线销售是必须走的一步。

(四) 业务外部化

1. 企业技术来源改变

企业生产所需要的技术,总是部分来源于企业自身的研究和开发,部分来源于企业外部。两个来源的比例,对于不同的企业而言可能相差很大。但不可能完全没有外部的技术来源。输入企业的技术,有两种基本形态,即通过购买现成的技术和委托开发所需要的技术(所谓的技术外化)。

从外部来源的视角看:电子商务改变着技术交易的形态,大大拓宽了企业搜索所需技术的视野,拓宽了企业委托开发的视野,改变了企业从外部获取所需技术的管理方式。

从内部来源的视角看:企业生产所需技术的两个来源是一个有机的体系,外部来源的改变,必然导致企业自身 R&D 任务、开发投入与开发组织的变化。另外,企业自身的 R&D 必然要有技术信息与市场信息的输入,特别是需求信息的输入,这会改变企业 R&D 的组织形态。例如,消费者可以基于软件设计出自己喜爱的轿车车型,生产厂家在网上与消费者协商好价格之后,必须在足够短的时间内完成设计、生产、送货的工作。企业的开发管理必须与此相适应。

2. 业务外包

随着市场竞争的加剧,越来越多的企业采取保留核心业务而把大量非核心业务委托外加工的办法,以提高企业竞争力。福特汽车公司正在从"汽车制造企业"向"汽车设计企业""汽车概念企业"转变。企业在强化设计开发功能的同时,相对弱化了制造加工功能,许多加工环节交由配套合作企业完成,这一趋势在大型企业中更为明显,"大而全"的企业已越来越少。电子商务环境为企业协作和业务外包创造出更便利、更快捷的条件,加速了这种发展趋势。

网上虚拟企业通常是不同企业核心能力的集合体,各独立企业均具有专门的功能,在完成某一项目时,各独立企业根据其核心能力只完成全部活动的一部分,其余活动对其来讲均属互补性活动,因此,虚拟企业在运行时,各独立企业之间的关系应是组织间协调的关系。与虚拟企业这种关系相匹配的业务外包形式,也应采用组织间协调的方式。业务外包服务可划分为四种类型:第一种是公共服务,即"市场规制方式",其表现特征为需求是临时性的,供给则是面对公共开放的,交易条件通过讨价还价达成;第二种是共同业务服务,即"三方规制"方式,交易的特征是资产具有混合性和高度异质性且交易频率较高,通常是双方事先选定一个共同接受的第三者,授予这个第三者以决策的权利;第三种是设立专项业务子公司的"统一规制"方式,即一体化方式;第四种则是"双边规制"外包业务方式,交易双方保持各自的独立地位,但相互之间形成相对稳定的业务合作和委托服务机制。

三、电子商务在商贸服务领域中的应用

电子商务的发展为商贸企业提供了许多机会,同时,对于传统商业来说也面临着一场新的革命,原有商业格局将重组,商品流通形式会出现重大变革,这一变革过程会打破旧的市场格局和企业间原有的差距,使大家站在同一起跑线上。

(一)批发商业

电子商务环境对批发企业来说是一次严峻的挑战,因为许多厂商都在尝试利用Internet与零售商场建立直接供货关系,以降低流通费用,增强市场竞争力,甚至对消费者网上直销。零售企业也考虑跨过批发环节是否能进一步降低进货成本,许多消费者对便捷的网上直销有浓厚兴趣。全球成千上万的批发商正在寻找电子商务环境下批发企业的立足点和应对方案。与此同时,电子商务也给批发商提供了新的营销手段和市场机会。欧洲批发商 Supervox Group 在其网站上将 8 000 种产品目录列出,并建立了自动订货系统,结果公司每年增加了 800 万美元的收入,这个例子对其他批发商不无示范意义。

(二)零售商业

批发商、零售商都希望借助电子商务手段降低商品流通费用,提高贸易效率。在制造商、批发商、零售商、消费者组成的整个流通链上,由于竞争加剧和电子商务技术的出现,不仅零售商想撇开批发商,直接面向厂家进货;制造商也想去掉中间环节,直接面对消费者。每个环节的企业都面临挑战,都得重新考虑自己的市场地位,以保留自己存在的价值并扩大市场份额。

在大型零售商场、连锁商店、超级市场,作为商业自动化的重要方面,电子工具被广泛应用于商业购、销、调、存的全过程。首先,在商场前台服务中电子收款机 ECR(Electronic Cash Register)和销售点实时信息管理系统 POS(Point of Sales)已被大量采用;其次,在商品进、存、调和财务管理中大量采用统一的管理信息系统,将前台销售与后台管理有机地联系起来。有些企业在前两步的基础上开发出决策支持系统(DSS),辅助企业高层领导进行管理决策,使经营成本下降,效率提高,取得了显著的经济效益,也为发展网上销售和订货准备了良好条件。

美国沃尔玛公司(Wal-Mart)靠领先应用信息技术而成为世界最大的零售企业,位居 2017 年全球五百强之首,2016 年销售额达到 4 859 亿美元,比排名第二的零售企业好市多高两倍,它的计算机化销售系统现在仍是零售业的标准。从 20 世纪 80 年代后期开始,沃尔玛增加投资 6 亿美元用于库存管理设备和计算机网络建设,建立了全球最大的私人企业卫星通信系统,使它能够随时跟踪库存变化,也可向供货商下达电子采购订单,实现电子支付转账。沃尔玛的各家零售商店能够通过公司的内部电脑网络传输汇总其商品销售情况,按适时库存原则及时进货。它与主要供应商实现电脑联网后,直接把各种商品的销售情况传送给供应商,供应商立即补充商品到各商场,省去了往返中央仓库这一环节,改变了零售商品流程,进一步节省了仓储费用和运输成本。目前其 4 000 多家供货商可以直接从系统获得每天的销售数据,大多数能够接受电子订单,相应调整生产供货规模。采用电子商务系统是沃尔玛在零售行业中保持低成本运行和市场领先地位的重要因素。

电子贸易可以扩展企业的市场范围,扩展客户数据库,提供潜力更大的市场机会。商家可以记录网上的访问、销售、购买模式、变动趋势和产品需求参数,所有这些资料都是从客户的实际采购行为和意向记录的。根据这些详细资料,可以及时给客户提供最需要的产品,如果工作做得够细的话,商品的采购和供应可以针对每一个具体客户,这是任何市场调查工具都无法实现的理想目标。

(三) 网上书店

享誉全球的美国亚马逊网上书店(http://www.amazon.com),没有一间门市部,但经营的图书达到 250 多万种,2016 年销售收入达到 1 360 亿美元,利润为 42 亿美元。Amazon 网络书店有地球上最大书店之称,是由杰弗里·贝佐斯于 1994 年筹划建立的。当时,Internet 大潮正在涌向美国和全世界,它所显现出来的无限商机,吸引了许许多多精明的经商人士,杰弗里就是其中之一。他带领 4 名助手,仔细深入地进行了市场调查研究,先后设想过 20 多种主营商品,最后选定的品种是图书。事实证明,杰弗里的决策是正确的,Amazon 书店于 1995 年 7 月在网上正式开张后,立即受到消费者的欢迎,销售额以 30% 的幅度逐月增长,1996 年超过 1 000 万美元,1997 年突破 1 亿美元,仅两年时间就发展成一家特大型书店。

Amazon 经常被作为电子商务的成功典型在各种媒体中广为介绍。许多人把书价低廉说成是 Amazon 书店最吸引顾客的地方。Amazon 经销的图书确实比市价低不少,其网页上就有让顾客"节省 30%"的承诺,有些图书甚至可比普通书店低 4—5 成。Amazon 成功的另两个要素是书籍挑选范围广和网页操作简便,这使得 Amazon 能为消费者提供专卖服务。Amazon 网络书店经营的图书有数百万种,而普通书店绝对不可能陈列如此多书籍,美国最大的传统书店只经营 17 万种图书,图书邮购公司的经营范围也不过 20 万种。

Amazon 书店的崛起,成为网上专卖店的典型业务样板,其经营模式充分利用了 Internet 广泛连通的优势,通过多种渠道实施 Show 策略。所谓 Show 策略,就是广告企业同网上其他的知名网站达成协议,由这些网站向在自己网页上浏览的用户显示广告企业的商品信息。提供 Show 服务的网站根据用户在自己的站点浏览时所提供的搜索关键词显示广告企业相应商品的广告内容,从而提高了广告的针对性。

Amazon 的竞争优势还在于拥有众多出版商的支持,Amazon 合作的出版商多达 5 万家。网上书店的出现对小出版商而言无疑是福音,Amazon 对所有的小出版商,都提供和大出版商同样的 24 小时速递服务和免费的搜索引擎。这意味着在网上书店,小出版商有机会和大出版商一起,直接向读者提供书评、摘要等宣传材料,促进书籍销售。可以说,电子商务拉近了大小出版商的距离,使它们在同等的条件上展开竞争。

Amazon 现在已大大扩充了自己经营的产品范围,除图书外,还包括 CD 影碟、玩具、礼品、服装、电脑、家用电器等,建立了规模庞大的配送中心系统;并提供网上专卖店的目录管理服务,凭借自己的品牌优势,输出自己的网上专卖业务管理模式,为网上的其他专卖店提供广告和指引服务。这种服务被称为 Place 服务,即网上的其他专卖店在 Amazon 的网站上扮演专有内容提供商的角色。分工的精细有利于效率和质量的提高,因而越来越多的企业开始采用分工合作的方式。Place 服务企业专心经营好自己网站的基础建设,以丰富的栏目内容提高访问量,而网上专卖店独占 Place 服务企业的某个栏目的内容建设,从而提高内容品质和减少重复投资。

(四)国际贸易电子化

无纸化电子贸易的最大优势在于对大量重复单据的快速、准确处理,外贸业务中单证的处理量相当大,有70%的信息将重复出现,有30%的信息重复达到20次以上,如果靠手工逐份处理,劳动强度很大。使用EDI等电子技术传递单证,通过网络上专门的翻译软件,可将输入的内容自动翻译成所要求的单证形式、语言形式,而且可以根据需要做成不同份数及组合,并保证自动传递到有关部门,同时追踪结果,这一过程在极短的时间内就可完成。

货运监管、征收关税、查缉走私、进出口统计是海关的四项基本职能任务。关税税则有数千个号列,每种商品税率多少,是否需要进口或出口许可证,是否有配额限制,是否是法定检验商品,这些靠人脑记忆、由人翻阅法规文件来审查核实的效率极低,要处理每天上万笔的进出口报关货物几乎是不可能的。现在我国的进出口规模比改革开放前大大增加,年进出口额从1978年的206亿美元增长到2013年的41 600亿美元,增长200倍,海关的业务量每年增长20%,而海关的人员编制却不可能每年增加20%。解决的办法只能是提高工作效率,实现作业电脑化、网络化,既减轻了劳动强度,又缩短了货物通关时间。

对海关来说,开展电子商务的作用主要有两个:一是适应海关业务量扩大的形势需要,提高自身的管理效率;二是促进企业的进出口,给企业提供方便,同时杜绝逃税现象。关税是国库的一大收入,确保关税足额征缴是海关的基本职责之一。传统的做法是分区管理,每个区只管自己范围内的申报,这样,逃税就有很多手段。比如进口汽车,可以把汽车拆散,将拆散的机壳、发动机、底盘等从不同的口岸进口,再发往同一地点组装成整车,因为整车和部件的关税率相差很大,可以偷逃大笔关税。要对此进行管理,就必须利用电脑网络,查出多种零部件的收货单位是否相同,海关电脑系统能从一个管区查到全国范围,可以发现和制止这种逃税行为。

在报关过程中还存在瞒报价格逃税现象。各种进口商品的汇率是确定的,税款多少与货物的价格有关,报关时须凭发票,如果海关和银行联网,想逃税的人就无法用假发票欺骗海关,因为银行掌握着真实的价格。如果海关和外汇管理部门联网,就会知道企业是否在商品进出口时做假,如出口报高、进口报低等。通过海关与相关部门联网,可以规范企业的行为,更好地维护国家和人民的利益。

(五)旅游电子商务系统

相对于传统的旅游业来说,旅游电子商务不仅可以提高工作效率,降低边际成本,而且旅游产品本身具有个性化、信息化、时令化等特性,也非常适合网上销售,更何况旅游产品还具有无形性和不可贮藏的特点,其生产和销售的过程是在服务的过程中完成的,不需要配送环节,只需考虑网上支付的问题,而目前许多银行已提出一系列网上支付手段,因此,发展旅游电子商务的条件已经成熟。我国有

3 000多家旅行社,现已出现1 000多家旅游网站,如携程旅行网、驴妈妈、去哪儿网、同程网等。

四、电子商务在金融领域的应用

(一) 电子金融

对于通过电子商务手段完成交易的双方来说,银行的作用是对货款对流原则的保障和支持服务,通过信用卡、智能卡、光卡、数字现金、电子支票、电子资金传输(EFT)等各种方式来完成交易支付。因此,金融电子化既是银行业本身提高效率、降低成本的需要,也是电子商务在其他领域推广应用的基本前提。此外,网上保险、网上证券交易等也是电子商务的重要应用领域(详见本书第四章)。

(二) 网上账务代理

大型公共服务公司通过网上账务代理商,可以让客户每月在网站上查看账单并进行网上付费,从而节省账单邮寄费和企业处理账单的费用。对于记账销售的企业来说,Internet账单降低成本的作用十分诱人。美国有关调查显示,每一份寄给客户的账单的成本为1—2.5美元,其中包括即时打印、信封、邮资和人工费等。美国最大的记账销售企业AT&T的管理人员指出,采用联网账单提示方式,每份账单的成本可节约40%—50%,而且有机会推销额外服务,并大大减少客户服务的电话费用。

网上账务代理商从多个销售商那里提取账单,并以一次作业的方式把用户的绝大多数账单加以汇总。"账单提示"的账单支付系统可以有不同的服务模式:

其一,直接模式。这种模式是网上账务代理CyberCash首先提出的,它可使诸如有线电视公司一类的记账企业的客户在网站上看到账单。CyberCash认为,账单提示的数据是一种有价值的资源,可加强公司与其客户的关系。不过,直接模式也迫使客户要就每个公司的账单访问不同的网站。

其二,"瘦汇总器"和"胖汇总器"模式。在这两种模式中,客户可从一个网站上查看和支付多个公司的账单构成。这种担负账单汇总作业的网站包括诸如Yahoo这样的门户网站和诸如Quicken.com这样的个人金融站点;"瘦"和"胖"模式之间的区别在于"汇总器"站点能够提供多少账单提示的数据。每个公司提示的数据都要传送到"胖汇总器",由后者在自己的站点上和客户所在的银行站点上发布这种账单数据;"瘦汇总器"只在其站点上发布如总账单一类的摘要信息,对于像某用户某月的长途电话次数和费用之类的详细情况,则转到客户所在的电话营运公司的网站。

作为拥有 8 000 万用户的美国最大的记账企业,AT&T 通过网上账务代理商 CheckFree,在 AT&T 的网站上为客户提供他们的账单信息,住宅用户任何时候都能查看和支付 AT&T 账单,客户联机查看和支付账单时,AT&T 还给予客户长途电话费的打折优惠。CheckFree 的 E-bill 服务的用户还能通过数百家联机银行(包括 BankOne 银行、大通曼哈顿银行和 WellsFargo 银行)支付 AT&T 账单。AOL 和 CyberCash 也建立了账单提示联盟,可以把 AOL 的用户引导到记账企业的网站,查看他们的账单。AT&T、Intuit 和 Just in Time Solutions 公司共同宣布支持 Open Internet Billing 协议,该协议是 Microsoft、Intuit 和 CheckFree 设计的,是联机个人金融数据交换协议 Open Financial Exchange 的组成部分。

五、电子商务在信息产业中的应用

电子商务对信息产业来说更是机不可失。一般来说,电子商务的发展往往需要经历四个阶段:第一阶段,人们互发电子邮件来传递信息;第二阶段,在 Internet 上开发主页,把企业的内容和形象发布到网上;第三阶段,在网上可以互动式交换信息;第四阶段,实现在线交易。发展电子商务需要建立良好的银行清算系统,需要通过计算机软件实现商品目录化和信息服务网络化,需要先进技术确保网上交易的安全和商务信息传递的准确迅速。这些需要为信息产业发展提供了大好商机和巨大的潜在市场。信息产业的发展给电子商务创造了条件,电子商务的发展反过来又推动了信息产业的发展,大大增加了对信息产品的需求,二者互相推动,互为因果,形成良性循环。

(一) 日新月异的通信业

通信行业是信息时代的主角之一,社会经济的发展步伐受电信业发展速度的制约。在信息时代,受社会需要的推动,电信业内部的技术和制度创新也日益加快,新技术不断涌现,行业垄断逐步被打破,市场竞争机制使世界范围内通信业服务的价格水平大为降低,同时也降低了国民经济运营成本。

1. 新的技术手段

电脑网络及其通信技术的发展,一方面是对传统通信方式的挑战和竞争,另一方面也为其发展提供了动力和新的技术。瑞典爱瑞克森公司开发的一项技术可使电话用户使用一条线路同时接收电话和连接 Internet,且速度比原有网络传输速度提高许多倍,电话用户通过新型的 Modem 可方便地连通或切断与 Internet 的联系。

网络电话使计算机充当起电话和传真机的角色,三星公司推出的网络视听电话(Web Video Phone)外形如同一部普通电话机,实际却是一台网络通信专用的计算机,打电话只是其功能之一。高科技还创造出具备联网功能的便携式、手持式计算机终端,开发出具备网络浏览、电子邮件和数据处理功能的无线网络电话。

IP电话大大降低了通话费用,最早研究电话与Internet网关技术的以色列Vocal Tec公司开发的一个通信软件,可以利用Internet在一条通信线路上同步传输480个电话。这类发明大幅度降低了电话资费,缩小以致消除国际、国内通话费的差距。

2. 三大社会公共系统

目前,因特网与电话网、有线电视网一起被称为三大社会公共系统,已成为社会经济生活正常运转和人们日常生活必不可少的信息传输系统。Internet在短短的十几年的时间内,已发展成为全球仅次于电话网的第二大通信网络,已从最初的科研网络发展成为教育、科研、商业多领域应用的综合性网络。

因为矩阵式、多渠道沟通的特点,Internet作为信息传输媒体更为可靠,在发生重大事故时更能显示出其这一优点。1994年1月美国洛杉矶大地震后,各种通信媒体都陷于瘫痪,Internet成为许多人即时了解震情的唯一工具。

(二) 新闻传播业的新面貌

1. 第四媒体的兴起

集报刊、广播和电视三大媒体的优势于一身,Internet作为汇全球各种媒体信息于一网的新型大众传播工具正在迅速崛起,被称为第四大传媒。Internet具有传播信息容量极大、形态多样、迅速方便、全球覆盖、自由和交互的特点。三大传媒所具有的一切表现形式和特点Internet可以兼备,而三大传媒所不具备的特点Internet也具备,它是知识经济时代最具传播发展潜力的大众传媒。按美国学者的看法,一种媒体使用的人数要达到全国人口总数的20%以上才能被称为大众传媒。美国有2.6亿人口,在美国按受众达到5 000万才算标准大众传媒的话,广播成为大众传媒用了38年,电视用了13年,有线电视用了10年,而Internet则仅用了5年。1998年美国网络用户突破5 000万,因特网作为大众传播媒体的概念被广泛接受。一种新型大众传媒的迅速兴起和发展,必备的要素是传播信息快、范围广、成本低,而Internet恰恰具备了这些超过以往传媒的优点。在因特网的冲击和压力下,国内外的报刊社、广播电台、电视台纷纷建立网站,希望借力巩固和扩大自己的市场。

2. 传统报刊面临的挑战

为了应对第四媒体带来的市场压力,现今各国主要报纸、杂志几乎都出版了电子版,此外,还有许多专门的网上刊物,从定期的日报、周刊到不定期的专辑、特辑,应有尽有。由于网络传媒的交互式特点,读者有机会发表自己的见解,与他人讨论交换意见,而不再是单纯被动地接受信息,因而吸引了大量热心的中青年读者。目前网上已有不计其数的"新闻组"和"兴趣组",从足球、健美到围棋、拳击,应有尽有,一些热门网站吸引的读者群和作者群,足以让《纽约时报》这样的报界巨人俯首称臣。仅 Usenet 的新闻组就有 15 000 个分门别类的公告牌(BBS)供人们发布新闻信息、讨论和发表意见,任何人在此都可以找到自己感兴趣的领域。

一份出版两个月的电子杂志已拥有十倍于有百年历史的传统杂志的读者群,一个受欢迎的"博客""微博"能有几百万、上千万拥趸。原因是 Internet 对信息传播产生了革命性的影响。媒体信息一旦数字化,就具有交互性,传统新闻理论的基础也就被动摇了。因为,新闻界向来把自己当作主体,把接受信息者当作客体,把听众、观众、读者叫"受众",我传播,你接受,受众是完全被动的。而信息一旦上网后,马上就变为实时互动的内容,读者不是被动地接受别人的观点,而可以自由发表自己的见解,这对于许多人有极大的吸引力。以往报刊受篇幅限制,其作者只限于一个小团体,绝大多数人被排除在外,现在情况变了,谁都可以在 Internet 的各类网站上发表高见,如果你的文章写得好,有独到的见解和分析角度,自然有人替你转贴推介,读者又岂止一般刊物的区区万余人。

(三) 电子邮件的发展

1. E-mail 的作用

现在每年通过 Internet 传递的电子邮件达 10 万多亿份,这些邮件如果通过常规邮递则要花费上万亿美元邮资。利用 E-mail 资金和能源的节省巨大,时间的节约所产生的效益更是难以估量。

E-mail 的发展已经过四代:第一代是单主机范围的 E-mail,只限于本主机系统内的通信;第二代是同机种多主机之间的 E-mail,可以开展不同局域网之间的通信,但必须使用同样型号的计算机主机;第三代是异机种之间的 E-mail,它通过网关(Geteway)实现了不同种类主机之间的通信;第四代是开放式文电作业系统(Message Handling System, MHS),它是根据国际标准化组织(ISO)的 7 层通信模型和国际电报电话咨询委员会(CCITT)的电子邮件标准系列设计和开发的,是包括数据、传真、语音、图像在内的多媒体综合信息传输系统。

2. 邮件管理办法

电子邮件也是网络营销的重要工具,一些国际著名咨询公司的研究报告表明,E-mail 是廉价高效的网络营销工具,甚至估计 E-mail 营销的反馈率高达 5%,不仅远远高于标准 BANNER 网络广告的点击率,而且也高于传统直邮广告的回应率,网络营销人员对此也深信不疑,E-mail 营销已成为最常用的网络营销手段之一。

随着电子邮件营销受到普遍重视,垃圾邮件泛滥的问题也日趋严重,对垃圾邮件的管理是网络营销成功的重要保障。2000 年 8 月,中国电信出台了垃圾邮件处理的具体办法,将垃圾邮件定义为:向未主动请求的用户发送的电子邮件广告、刊物或其他资料;没有明确的退信方法、发信人、回信地址等的邮件;利用中国电信的网络从事违反其他 ISP 的安全策略或服务条款的行为;其他预计会导致投诉的邮件。

3. 电子信箱业务的特点

通过电子邮件与朋友、客户进行沟通,非常便宜、快捷、方便。电子邮件是连入 Internet 的唯一非在线工具,也就是说,使用电子邮件时,用户不必一直留在网上等待响应。人们常说的以时间换空间,在这里变成了以时间换金钱。充分利用电子邮件的这一特点,可以用更少的钱干更多的事。

电子信箱业务是公用数据网和电话上的一种增值业务,该业务的提供与信箱所设地点无关。它与分组交换数据网(PSDN)、公用电话网(PSTN)及用户电报网(TELEX)连接。电子信箱业务具有以下几个特点。

(1)可利用存储转发方式为用户提供多种信息交换方式,如普通文件、信件、传真、电报等的改善和接收功能;

(2)用户可在不同地点、任意时间打开信箱,迅速、方便地处理信息;

(3)通信过程不要求收发信双方同时在场,消除了时间和空间对人们获取信息的限制,使他们不必中断紧张的工作;

(4)可以实现异种计算机之间的通信和数据库共享,从而扩大了数据通信网的服务范围和服务内容;

(5)允许不同的终端设备之间互通;

(6)可以点对点或同时为多个用户改善信息质量,实现同文改善;

(7)提供脱机服务功能,减少用户联机时间,节省费用;

(8)随时可获得联机帮助,无须对用户进行特殊培训;

(9)提供多语言环境,用户可选用适合自己的语言,电子邮件也可以传递语音,而且传输速度大大高于电话,不需要有人接听,受话人事后打开邮箱可以听到"邮件";

(10)具有很强的安全保密措施。

4. 电子信箱业务的适用范围

(1)信件的定时发送。用户可以避开忙时,利用空闲时间发送消息。另外还可以协调收发双方时间上的差异,不像电话通信受两地时差的制约。

(2)回信及转发。用户读完信后立即回信,可以自动产生回信的地址,免去用户许多麻烦。用户也可把收到的信件直接转发给第三方或加上自己的编辑批语再转发。

(3)信件投送表(同文发送)。信件投送表最适于上级对下级各点的广播式发送,用户只需发送一次就可将信件发送到其他多个地点。这个功能适合于行政办公使用,也是电子信箱系统与传统通信系统相比的主要优点之一。

(4)联机用户号码簿。用户可以随时得到系统上的用户以及其他信箱地址信息,为用户提供号码簿功能,类似于电话号码簿。用户也可以把自己亲友、客户的地址一次性输入,多次调出使用。

(5)信件的归档与查阅。用户可将需要保留的信件按类归档,以备过后查阅,类似于文件夹功能,既可以存入邮箱或硬盘,也可以复制在软盘上长期保存。

(6)异种媒体投送。用户可将信件直接投送到非电子信箱用户,与非电子信箱用户,如传真机、打印机及电传机终端用户进行通信。

5. 订阅邮件列表和电子杂志

电子邮件的另一个重要用处是,可以订阅感兴趣的邮件列表和电子杂志,然后就能定期收到电子杂志邮件。在 Internet 上,除了像 Usenet 这样的大型讨论组,还有另一种对专题进行讨论的方式,那就是邮件列表(Mailing List),用邮件分发讨论内容。使用邮件列表时,用户需要先向讨论组的管理员发一个电子邮件进行订阅,此后,该讨论组的所有文章都会通过电子邮件发到用户信箱中,用户也可以把自己的文章发给管理员,通过管理员发到所有订阅该讨论组的人的信箱中。这种方式讨论问题快捷有效,人们很容易找到自己的知音。

和 Usenet 的新闻组一样,邮件列表也不计其数,而且仍在不断增长,因此,找到适合自己的邮件列表就非常重要。Internet 网上有许多站点提供邮件列表的清单,只要发个电子邮件就可以得到这个清单。通过电子邮件也可以方便地订阅电子杂志。这些电子杂志的内容主要是一些文章的文摘,而文章内容并未发给你,你需要浏览器才能上网查看文章的实际内容。如果对某个文章感兴趣,点一下与该文章关联的网址就可以看到全文了。电子杂志的内容是经过专人编辑的,有许多专栏作家为它写稿,所以实用价值比邮件列表更高。

第二节　电子商务的模式

经济活动的参与者可以分为政府(Government,G)、企业(Business,B)、消费者(Consumer,C)三种角色,相应地电子商务应用就有六种基本类型,即企业—企业,企业—消费者,企业—政府,消费者—政府,消费者—消费者,政府—政府。

一、企业对企业(BtoB)

(一) BtoB 的含义

企业对企业(Business to Business,BtoB)的电子商务指的是企业与企业之间依托因特网等现代信息技术手段进行的商务活动。例如,工商企业利用因特网等向供应商采购或利用网络付款等。企业对企业的电子商务是电子商务的主流,因为商业机构之间的交易和合作总是社会商业活动的主要方面。

企业间的电子商务具体包括以下功能。

第一,供应商管理。具体体现为减少供应商或供应环节,减少订货成本及周转时间,用更少的人员完成更多的订货工作。

第二,库存管理。即缩短"订货—运输—付款"(Order – Ship – Bill)环节,从而降低存货、促进存货周转、消除存货不足和存货不当。

第三,销售管理。即网上订货、客户档案管理等。

第四,信息传递、交易文档管理。即安全及时地传递订单、发票等所有商务文件信息。

第五,支付管理。即网上电子支付。

(二) 企业类型

1. 生产型企业

就生产企业来说,它的商务过程大致可以描述为:需求调查→材料采购→生产→商品销售→收款→货币结算→商品交付。引入电子商务技术后,这个过程可以描述为:以电子查询的形式来进行需求调查→网上调查原材料信息并确定采购方案→CAM 生产→通过电子广告促进商品销售→以电子化形式收款→同电子银行进行货币结算→商品交付。具体来说,电子商务可在以下几个方面提高生产企业的效率。

(1) 供货体系。电子商务使得企业能够通过减少订单处理费用,缩短交易时间,减少人力占用来加强同供货商的合作关系,可以集中精力同较少的供货商进行业务联系和深度合作。

(2) 库存。电子商务缩短了从发出订单到货物装船的时间,企业可以保持较低的库存数量,甚至实现零库存(Just in Time,JIT),库存需要在很大程度上被信息所替代。

（3）安全性。企业每一笔交易都可以由专门的网上中介机构记录在案，认证中心或银行可以提供交易对方身份和信誉的证明，从而保证交易的安全性。

（4）运输。电子商务使得运输过程所需的各种单证，如订单、货物清单、装船通知等能够快速准确地到达有关交易各方，从而加快了运输过程。由于单证是标准化电子单证，因而也保证了所含信息的准确性。

（5）信息流通。在电子商务的环境中，信息能够以更快、更大量、更精确、更便宜的方式流动，并且能够被监控和跟踪。

2．商贸型企业

对于商贸型企业来说，由于它没有生产环节，电子商务活动几乎覆盖了整个企业的经营管理活动，是利用电子商务最多的企业。通过电子商务，商贸企业可以更及时、准确地获取消费者信息，从而准确进货、减少库存，并通过网络扩展销售，以提高效率、降低成本，获取更大的利益。

（三）BtoB 的手段

对于多数企业来说，企业和企业之间的业务占其业务的较大比重，电子数据交换（Electronic Data Interchange，EDI）是企业和企业之间进行电子商务的一种规范方式，即企业之间通过电子方式，按照标准格式，实现从计算机到计算机的商业单证的传输。

Internet 的出现将 EDI 从专用网扩大到 Internet，通过 Internet 同 EDI 技术的结合，可以提供成本大大降低的服务环境来满足大量中小企业对 EDI 的需求。商业交易 EDI 的应用领域很广泛，包括税务、国际贸易、供应商与客户的文件交换、运输文件交换、报关、订货、电子竞标等。EDI 的主要用户有进出口公司、运输公司、银行、制造商、零售商、供应链相关企业、跨国公司及其他大中型企业等。

（四）BtoB 的阶段

企业间电子商务通用的交易过程可以分为以下四个阶段。

1．交易前的准备

交易前的准备阶段主要是指买卖双方和参加交易各方在签约前的准备活动。

（1）买方根据自己要买的商品，准备购货款，制定购货计划，进行货源市场调查和市场分析，反复进行市场查询，了解各个卖方国家的贸易政策，反复修改购货计划和进货计划，确定和审批购货计划。再按计划确定购买商品的种类、数量、规格、价格、购货地点和交易方式等，尤其要利用 Internet 和各种电子商务网络寻找自己满意的商品和商家。

（2）卖方根据自己所销售的商品，召开商品新闻发布会，制作广告进行宣传，全面进行市场调查和市场分析，制定各种销售策略和销售方式，了解各个买方国家的贸易政策，利用 Internet 和各种电子商务网络发布商品广告，寻找贸易伙伴和交易机会，扩大贸易范围和商品所占市场的份额。其他参加交易各方如银行金融机构、信用卡公司、海关系统、商检系统、保险公司、税务系统、运输公司也都需要为电子商务交易做好准备。

2. 交易谈判和签订合同

交易谈判和签订合同阶段主要是指买卖双方对所有交易细节进行谈判，将双方磋商的结果以文件的形式确定下来，即以书面文件形式和电子文件形式签订贸易合同。电子商务的特点是可以签订电子商务贸易合同。交易双方可以利用现代电子通信设备和通信方法，经过认真谈判和磋商后，将双方在交易中的权利和所承担的义务，对所购买商品的种类、数量、价格、交货地点、交货期、交易方式和运输方式、违约和索赔等合同条款，全部以电子交易合同做出全面详细的规定，合同双方可以利用 EDI 进行签约，也可以通过数字签名等方式签名。

3. 办理交易进行前的手续

办理交易进行前的手续阶段主要是指买卖双方签订合同后到合同开始履行之前办理各种手续的过程，也是双方贸易前的交易准备过程。交易中要涉及有关各方，即可能要涉及中介方、银行等金融机构、信用卡公司、海关系统、商检系统、保险公司、税务系统、运输公司等，买卖双方要利用 EDI 与有关各方进行各种电子票据和电子单证的交换，直到办理完可以将所购商品从卖方按合同规定开始向买方发货的一切手续为止。

4. 交易合同的履行和索赔

交易合同的履行和索赔阶段是从买卖双方办完所有各种手续之后开始的，卖方要备货、组货，同时进行报关、投保、取证等，卖方将所购商品交付给运输公司包装、起运、发货，买卖双方可以通过电子商务服务器跟踪发出的货物，银行和金融机构也按照合同，处理双方收付款、进行结算，出具相应的银行单据等，直到买方收到自己所购商品，完成了整个交易过程。索赔是在买卖双方交易过程中出现违约时需要进行的违约处理工作，受损方要向违约方索赔。

现在有一些 BtoB 网上市场往往可以为入场交易的企业提供从信息检索到货款支付的全方位服务，有的大型市场是把多个 BtoB 网上市场以虚拟形式组合成的巨型市场，可以为买主提供广泛的商品选择和充分的价格比较，也为卖主提供充分展示商品的机会，使双方都能获得相当满意的交易条件。CommerceOne 就是全球最大的 BtoB 网上市场之一。

（五）BtoB 的程序

参加交易的买卖双方在做好交易前的准备之后，通常都是根据电子商务标准的规定开展电子商务交易活动的。电子商务标准规定了电子商务交易应遵循的基本程序如下。

第一，客户方向供货方提出商品报价请求（REQOTE），说明想购买的商品信息。

第二，供货方向客户方回答该商品的报价（QUOTES），说明该商品的价格信息。

第三，客户方向供货方提出商品订购单（ORDERS），说明初步确定购买的商品信息。

第四，供货方向客户方对提出的商品订购单做出应答（ORDESP），说明有无此商品并提供规格型号、品种、质量等信息。

第五，客户方根据应答提出是否对订购单有变更请求（ORDCHG），最后确定购买商品信息。

第六，客户方向供货方提出商品运输说明（IFTMIN），说明运输工具、交货地点等信息。

第七，供货方向客户方发出发货通知（BESADN），说明运输公司、发货地点、运输设备、包装等信息。

第八，客户方向供货方发回收货通知（RECADV），报告收货信息。

第九，交易双方收发汇款通知（REMADV），买方发出汇款通知，卖方报告收款信息。

第十，供货方向客户方发送电子发票（INVOIC），买方收到商品，卖方收到货款并出具电子发票，完成全部交易。

（六）BtoE——企业内部的电子商务

鉴于企业内联网作用的加强以及整合内部资源、挖掘员工工作潜能对提高企业竞争力的重要性，一些企业新提出了"企业对雇员"——BtoE（Business to Employee）的电子商务概念，即企业内部利用电子商务技术增加沟通，建立共识，加强协作，减少浪费，提高效率，降低成本。这方面内联网有着不可替代的重要作用。

企业内部网是一种有效的商务工具，它可以用来自动处理商务操作与工作流，增加对重要系统和关键数据的存取，有利于信息共享，共同解决客户问题，保持组织内部的密切联系。具体来说，通过内部网实现电子商务的功能如下。

其一,信息通信。即用电子邮件、电子公告板、视频会议加强员工之间的通信,达到信息快速传递。

其二,电子信息发布。即采用电子化工具起草、管理、发布和传递人力资源手册、产品详细说明、内部新闻等文件,降低文档印刷、传递的成本,使信息快速传递,提高响应和反应速度,为企业的战略决策提供支持。

其三,以销定产。提供生产部门与销售部门之间的信息交流,更好地掌握市场需求动向和竞争对手的信息,为决策提供帮助。

其四,企业内部的各项管理活动。

目前企业内联网上主要发布以下信息:人力资源信息、员工交流信息、产品开发和项目管理数据、内部产品目录、销售支持数据、设备跟踪管理、运输跟踪信息等。通过防火墙,企业将自己的内联网与Internet隔离开,形成一个"许出不许进"的相对安全的内部信息交流环境,当然有关客户根据授权等级也可以访问内联网的部分非核心机密内容。

二、企业对消费者(BtoC)

(一) BtoC 的含义

企业对消费者(Business to Consumer,BtoC)的电子商务指的是企业与消费者之间依托因特网等进行的商务活动。BtoC模式是一种电子化零售,主要采取在线销售形式,要以网络手段实现公众消费或向公众提供服务,并保证与其相关的付款方式的电子化。目前有各种类型的网上商店或虚拟商业中心向消费者提供从鲜花、书籍、食品、饮料、玩具到计算机、汽车等各种商品和服务,几乎包括了所有的消费品。

网上商店(或称在线零售商店)是人们最熟悉的一种商务类型。网上商店为消费者提供以下功能:售前售后服务,包括提供产品和服务的详细说明、产品的使用技术指南、回答顾客意见和要求;销售,包括询价、下订单;使用各种电子支付完成网上支付。企业对消费者电子商务是近年来各类电子商务中发展较快的,其主要原因是因特网的快速发展为企业和消费者之间开辟了新的交易平台。

从技术角度看,企业上网面对广大的消费者,并不要求双方使用统一标准的单据传输,在线零售和支付行为通常只涉及信用卡或其他电子货币。另外,因特网所提供的搜索浏览功能和多媒体界面使消费者更容易查找适合自己需要的产品,并能够对产品有更深入的了解。因此,开展商业机构对消费者的电子商务,应用潜力巨大,这类电子商务会成为推动其他类型电子商务活动的主要动力之一。

（二）BtoC 的交易成本分析

网站与消费者之间可以用"两个人"的交易来比拟,用两人间的竞争/合作及需求多样性的互动过程去满足对方的需求。在这里,交换的不仅仅是商品与金钱,还有许多看不见的隐含成本。

1. 产品的价值

从交易的角度看,产品的价值是建立在用户"需求"基础上的,有了需求,产品才有"市场价值"。这个需求可能是生理上、生活上所迫切需要的,也可能是精神上的需要。当然,厂商可以借助营销的手法创造或拉动需求,借以提高产品的市场价值,实现利润最大化。用户购物之前所接收到的这些信息,或者说网站与用户所产生的信息不对称性,就可能影响交易前的交易成本。

2. 交易前的交易成本

交易前的交易成本是在用户想上网购物之前,搜索信息时,根据脑海里出现的相关线索进行分析,并试着从这些资料中提取出最合适的信息。这个由过去的经验所形成的基础,可能来自亲友的告知或电视的广告,也可能来自用户的使用经验。然而这个信息量可能很大,有时也可能掺杂着情感因素,所以人们无法以最有效的方式去判读这些信息,而必须借助其他的辅助工具。

许多门户网站所提供的搜索引擎,就是在降低用户寻找信息的成本。提供信息分类功能,使用户迅速找到所要的内容。有些网站还提供减少比价时间的功能,将搜索器与寻找网络最低价相结合,将所需信息寄回用户的电子信箱。有些网站还提供专家、网友的评价供用户参考。

3. 交易中的交易成本

在交易期间,交易的安全性可以降低用户因为网络所产生的不确定感。安全性可能包含银行的安全性、用户资料的安全性、用户隐私的保护,以及产品的保修期限。而网站自身所提供的界面亲和性、便利性、功能的完整性,以及交易时间的长短也会影响交易的成功率。

4. 交易后的交易成本

货物能否准时、完好地送到,是用户所关心的,这也就是用户验货的成本,其中还包含了后端物流系统的建立。为了减少消费者验货成本的不确定性,Amazon 提供的不满意马上退货、免付邮资等服务,获得了很多用户的青睐。

当然,客户服务可以是同步的或非同步的,可以是专属的,也可以是大众化的。很多网站已提供了客户服务信箱,开辟客户服务人员的网上聊天室,提供网上的即时对话,这样不仅可以将东西卖出,还有助于建立彼此间的信任关系,提高下次交易的成功率。

三、企业对政府(BtoG)

企业对政府（Business to Government，BtoG）的电子商务指的是企业与政府机构之间依托因特网等现代信息技术手段进行的商务或业务活动。政府与企业之间的各项事务都可以涵盖在其中，包括政府采购、税收、商检、政策条例发布等。例如，政府的采购清单可以通过 Internet 发布，通过网上竞价方式进行招标，企业也要通过电子的方式进行投标。政府可以通过这种方式促进电子商务的发展。除此之外，政府还可以通过这类电子商务实施对企业的行政事务管理，如政府用电子商务方式发放进出口许可证、开展统计工作；在公司营业税和所得税的征收上，企业可以网上报税，政府可以通过网络核实企业的营业额和利润，通知税额和纳税期限，用电子资金转账方式来完成税款收缴。我国的"金关工程"就是要通过政府与企业的电子商务，如发放进出口许可证、办理出口退税、电子报关等，建立我国以外贸为龙头的电子商务框架，并促进我国各类电子商务活动的开展。

政府在电子商务方面扮演着两重角色：它既是电子商务的使用者，可以进行购买活动，属商业行为，又是电子商务的宏观管理者，对电子商务起着扶持和规范的作用。在发达国家，发展电子商务主要依靠私营企业的参与和投资，政府只起引导作用；在发展中国家，则可能需要政府的较多参与和帮助，因为发展中国家的信息基础设施落后，资金不足或资金动员能力弱，政府的参与有助于引进和推广先进信息技术，提供一部分信息基础设施建设资金。

四、消费者对政府(CtoG)

消费者对政府（Consumer to Government，CtoG）的电子商务指的是政府对个人的电子商务和业务活动。这类电子商务活动已越来越多，且应用前景广阔。居民的登记、统计和户籍管理以及征收个人所得税和其他契税，发放养老金、失业救济和其他社会福利是政府部门与社会公众个人日常关系的主要内容，随着我国社会保障体制的逐步完善和税制改革，政府和个人之间的直接经济往来会持续增加，这方面业务的电子化、网络化处理也可以提高政府部门的办事效率，增加国民福利。

美国加利福尼亚州图拉尔县有 1/4 的居民接受政府生活补助，政府社会服务局每年要根据多达 4 500 种的规定，处理大批申请表格，一份申请可能长达 32 页，出现一点差错就又得重新来过，申请审批过程相当费时、费力、费钱。现在通过网上申报，申请人在电脑程序的指导下完成申请过程，差错很少，政府人员审批归档也相当简便。当初建立这套电脑系统时投资了 320 万美元，但每年可以节省政府开支1.08亿美元。

五、消费者对消费者（CtoC）

因特网为个人经商提供了便利，各种个人拍卖网站层出不穷，形式类似于西方的"跳蚤市场"。最早的成功范例是"电子湾"或称"伊贝"（eBay），它是1995年由美国加州一名28岁的年轻人奥米迪尔创办的，是Internet上最热门的网站之一，每周接待6 000多万人次访问。用户主要在美国，也有加拿大、墨西哥、日本、澳大利亚、欧洲、南美国家的买主和卖主。eBay上交易的商品，从古董、邮票到宝石、首饰，从玩具、书刊到电脑、电器，应有尽有。eBay网上目录中开列几百种、上百万件交易商品，2016年美国业务交易额达到840亿美元，超过任何一家特大百货商场。

eBay的交易做法并不复杂。人们首先在网上注册成为其成员，输入自己的姓名、住址、电话和电子邮件地址，然后就可以做卖主或买主了。作为买主不需向eBay缴纳任何费用，作为卖主则要缴纳少量物品上网手续费，若货物成交再交相当于成交金额1.25%—5%的交易佣金，在4周之内结清。为方便交易，卖主可以在eBay上开立自己的结算账户。卖主通过互联网把自己物品的名称、底价输入eBay的网页，做一些宣传性介绍甚至附上图片，在一定时间内供人们竞价购买，到期限截止时与出价最高的买主成交，按照双方商定的方式付款、交货。

eBay的经营成功，原因在于找到了一个很好的市场切入点，充分利用Internet联系广泛、不受地域和国界限制的特点，可以在非常广阔的地区为物品寻找潜在用户从而使物品增值，同时又考虑到买主和卖主的需要，为他们提供了诸多方便和一定的交易安全保障，因而很受人们青睐。同样，淘宝也在中国取得了巨大成功。

2006年春，26岁的加拿大青年麦克唐纳在网上用一个曲别针换得一套住房的故事传遍世界各地，小伙子用一枚30厘米长的红色曲别针先后换取鱼形笔、陶瓷门把手、烤炉、发电机、啤酒、雪地摩托，最后用一份唱片合约换来美国亚利桑那州一套大房子的一年居住权。由此催发了我国易物网站如雨后春笋般产生，出现了"易物网"（www.comhuan.com）、"易贝网"（www.myebe.com）、"换物网"（www.feo.com.cn）、"换吧"（www.huanba.net）、"换啦"（www.8huan.com）等十几个易物网站，交换的物品从库存积压物资到个人特色服务，内容丰富多彩。

六、政府部门对政府部门（GtoG）

世界各国都维持着一个庞大的政府部门以行使社会综合管理职能，效率却常遭人诟病，因此，削减人员和经费开支被各国政府列为工作重点，但人员越裁越多，开支越来越大。从客观方面讲，随着社会经济生活越来越复杂、规模越来越大，如果没有现代化的手段,就是有三头六臂也难以管理。以我国财税收入为例,2016年全国税收总额已达 115 878 亿元,即使按每张税单收税 1 万元,也要处理 11 亿多张税单,不搞电子化实在难以应付。

政府的工作并非征税一项,从国防、外交、公安、海关、统计,到邮电、铁路、航空,管理内容庞杂,靠手工根本无法适应经济发展的要求。因此,近年来许多国家致力于电脑网络的建立完善,以提高政府部门的工作效率。继加拿大政府 1994 年首先制定出《应用信息技术更新政府服务的规划》后,欧美发达国家纷纷提出"电子政府"的口号,内容是实现政府内部管理工作程序的电脑化和通信联络的网络化,并与社会经济各部门、各行业的电脑网络互联,可用于办理各种申请审批手续,从而提高工作效率,降低开支,减轻社会负担。

七、电子商务模式的拓展创新

由于电子商务本身是快速发展的新生事物,电子商务模式也就不会是一成不变的。随着电子商务应用领域的日益扩大,应用方式不断创新,人们对电子商务模式的理解也在不断深化。比如,同样是企业与消费者两个参与方,如果转变为以消费者为主导,就演变成另一种模式——CtoB。下面就此做一些分析。

(一) BtoC 与 CtoB

近年来,一些消费者通过网络沟通组织起来、集体压价与商家谈判成交的例子越来越多,即所谓的"网上团购"或消费者价格联盟。比如,市面上某种型号汽车的最低价格为 20 万元,而 40 位消费者组成一个采购联盟却可以提出 19 万元的最高出价而迫使商家接受成交。团购参加的人数越多,得到的折扣越大,一些团购网站已拥有几万甚至几十万注册会员,涉及的特约商户和商品种类众多,市场影响力日益增强。同样的情况也出现在旅行社旅游线路报价、培训班招生、住房装修、婚庆典礼、家电购买等领域。这种由消费者主导达成的交易与人们通常理解的 BtoC 电子商务有根本区别,因此,由商家主导的电子商务零售可以称为 BtoC,由消费者主导完成的电子商务零售可以称为 CtoB。

(二) CtoBtoC 与 PtoP

我们前面分析的 CtoC 模式(如 eBay),由于两个人买卖成交必须通过 eBay 这个商家的交易平台,并非两个人直接联系成交,因此有人认为这种模式是 CtoBtoC,而不是 CtoC,中间商家往往还要收取交易费用,从中获利。一些人通过个人主页等发布信息吸引买主并直接成交的交易,才能算真正的 CtoC,或者为了避免混淆,也可以称 PtoP(Person to Person, Peer to Peer),即两个平等的个人之间直接联系完成交易。

(三) BtoG 与 GtoB 等

当我们对政府与企业这两个主体通过网络发生的业务活动进行详细分析时,就会发现由政府采取主动的业务活动(如政府采购招标)与企业采取主动的业务活动(如申请营业执照、报关等)也有不同,前者可以称为 GtoB,后者可以称为 BtoG。同样道理,政府与消费者之间的电子业务活动也可以细分为 CtoG 与 GtoC 两种情况。总之,我们对电子商务模式的理解认识要有灵活性,对 IT 技术推动的商务模式创新也要有心理准备,观念要与时俱进。

第三节 国际电子商务的实现形式

电子商务不仅具有交易虚拟化、成本低、效率高等现实优越性,还具有改善商贸模式、增加贸易机会等潜在优越性。作为一种全新的商品经营和交易方式,电子商务也代表着国际贸易的发展方向,对经济全球化的深化产生着深远的影响,对国际贸易企业来说也是一个重要机遇。因此,积极探索符合企业自身特点的电子商务模式,对国际贸易企业的发展有着极为重要的意义。

一、国际电子商务的含义

国际电子商务是电子商务在国际贸易领域的应用,即利用现代通信技术、计算机技术和网络技术,以电子数据传输方式完成从建立贸易关系、商业谈判、电子合同签订,到租船、订舱、报关、报检、申请许可证、配额及货款结算全过程的交易方式。简单地讲,国际电子商务是指利用电子商务运作的各种手段部分或全部地完成国际贸易的整个过程。

在国际电子商务交易中,首先,参与交易的各方应来自不同国家,即交易是跨越国界的。其次,交易各方改变传统的交易方式,利用方便快捷、低成本、开放性、全球性的现代信息技术和通信手段进行交易,洽谈、签约、付款乃至交货,整个交易过程的部分或全部以电子化的手段完成。再次,从参与国际电子商务的交易各方来看,除了传统国际贸易中公司之间的批发交易(即 BtoB)之外,也有一定量的 BtoC 交易,即个人消费者也可直接参与国际贸易,甚至还有少量的 CtoC 交易,即个人消费者之间的跨国交易。最后,从国际电子商务的交易标的来看,一类是有形产品的交易,对此类产品的贸易而言,通过电子商务可以完成产品介绍推广、洽谈、订货、开具票据、收款等相关的交易步骤,但商品的配送仍需以传统的方式进行;另一类是无形产品的贸易,包括电脑软件、影视产品、咨询报告等数字产品,对于无形产品贸易而言,利用电子商务可以完成包括商品配送在内的所有国际贸易交易步骤。

电子商务是 21 世纪的主要经济增长点,触角范围广泛而敏锐的国际贸易领域是最早感受电子商务影响和冲击的领域之一。国际电子商务在改造贸易流程、节省交易成本、增加收益、提高贸易效率、增加贸易机会以及提高企业的市场应变力和竞争力等方面具有传统的国际贸易方式无可比拟的优势,是未来国际贸易的必然趋势。

二、国际电子商务的形式

虽然国际电子商务也有 BtoB、BtoC、CtoC 等多种模式,但由于国家间贸易的特点,使得 BtoB 交易占绝大部分,所以我们主要分析 BtoB 国际电子商务的实现形式。除了企业之间一对一通过 E-mail、电子订单、电子合同等工具完成的大量常见的交易之外,BtoB 国际电子商务还有以下一些特殊实现形式。

(一) 网上贸易博览会

类似于广交会的网上贸易博览会往往是由政府、商会、行业协会或其他第三方机构搭建的网上交易平台,为进口商与出口商创造交易机会,提供交易的各种便利条件。网上贸易博览会有定期的,也有不定期的,即永久性的博览会。

与网上贸易博览会相似,还有一些按产业或大类商品(例如农产品)设立的国际交易市场,专门提供某类商品的需求信息,为专业进口商与出口商创造交易机会。通过交易市场提供的价格信息,卖方可及时削减过量存货;买方也可通过快捷、方便、规范化的交易,满足专业物资购买的需求。

(二) 电子采购网站(E-procurement)

BtoB 国际电子商务也包括大量的电子采购业务。网上采购一般是针对企业上游供应商而言的,常常是指大规模和经常性的原材料采购。由于互联网是基于全球的,在网上寻求供应商的余地大大增加,这有助于压低采购成本,寻找质量更为优良的产品,并且在运输环节上可能大大节省开支。一些同业竞争对手也可能在采购环节上联合起来,以大批量采购来降低采购成本,增强与供应商讨价还价的实力。比如,美国三大汽车公司联合建立的汽车零配件采购网站(http:// www.covisint.com),对于降低各公司的汽车生产成本都产生了积极作用,这也充分证明在商场上没有永远的敌人,只有永远的利益。

由于在电子采购的过程中,网上协商和电子合同应用都可以进一步降低成本,而且供应商的产品可以接触更多的潜在客户,因而整个交易匹配成交过程的成本变得很低,只要供应商有质优价廉的产品,就不愁拿不到大订单,批量采购带来的产品销量增加往往可以成为供应商的新的收入来源。

(三) 跨境电子商务

跨境电子商务是指分属不同关境的交易主体,通过网上平台达成交易,进行支付结算并通过跨境物流送达商品,完成交易的商务活动。2013年年底设立在上海自贸区的"跨境通"电商平台就是一例,主要经营服装、服饰、婴幼儿用品、3C电子产品、化妆品、箱包六大类进口产品,有多个外国品牌备案入住,可确保是正品,且价格比国内实体店低三成左右。2014年8月,亚马逊宣布在上海自贸区开展跨境电子商务业务,并建立自己的仓库。根据我国商务部的统计数据,我国跨境电子商务交易额2011年为1.6万亿元,2012年为2万亿元,2016年为6.7万亿元,远高于同期外贸增速。

(四) 拍卖网站

国际贸易中的一些特殊商品往往习惯于采用拍卖成交的方式,如难于标准化的农副土特产品。近年来出现了一些提供网上竞价机制的拍卖网站,电子拍卖可以用多媒体手段向潜在客户展示拍卖货物的方方面面,还可以为用户提供一整套的服务,比如签订合同、支付、运输等,国际上比较著名的电子拍卖网站有FastParts等。目前拍卖网站已从传统的拍卖商品向其他类型商品延伸,比如:企业快速处理更新下来的固定资产设备、多余的存货等。通过拍卖,卖方希望吸引更多的竞价者,获取更高的设备转让价,加快存货周转速度;买方也可以按照自己的心理价位找到适合自己需要的特殊产品。

(五) 国际招投标

一些国际组织、政府机构和大型企业等,在采购大型设备和大宗货物时,往往采用国内外公开招标的方法,利用卖家之间的竞争以降低采购成本。现在这种招标已越来越多地采用网上招投标的方式。我国在办公设备、家具、电器、船舶制造、纺织品等诸多方面拥有相当大的成本优势,应当积极参与有关国际投标竞争,特别是联合国等国际组织的招标采购项目,以扩大我国产品的国际销售渠道和市场影响力。

三、国际电子商务反映的企业关系

虽然同是国际交易,但 BtoB 国际电子商务可以反映和折射出不同紧密程度的企业商务关系,它们主要包括以下几方面。

(一)以交易为中心的企业关系

企业之间以在线交易为主,关注的重点是商品交易本身及其赢利,而不是买卖双方的关系。其主要形式为在线产品交易和信息提供,一般以一次性的买卖活动为中心,交易对象可以是原材料、中间产品、制成品等。买卖双方也偶尔提供价格以外的生产和需求信息,以调节供需平衡。

(二)以供需为中心的企业关系

企业之间以供需关系为主,关注的重点是生产过程与供应链,而不仅仅是商品交易。制造商与供应商组成 BtoB 供应和采购市场,以制造商和供应商的供需活动为中心,以企业之间的合作关系为重点,通过 Internet 将合作企业的供应链管理(SCM)、企业资源计划(ERP)、产品数据管理(PDM)和客户关系管理(CRM)等有机地结合起来,从而实现产品生产过程中企业与企业之间跨国供应链的无缝连接。

(三)以协作为中心的企业关系

企业之间以虚拟协作为主,不仅重视生产过程与供应链,而且更加关注协作企业虚拟组织中价值链的整体优化。企业之间建立网络协作平台,业务活动涉及围绕协作而形成的虚拟组织内的各个环节,对产品的规划、设计、生产、销售和服务的整个过程,在世界范围内产生相关企业间最佳协作的组合,并且通过企业协作平台对整个产品生命周期中的业务活动提供有效的管理环境。这种方式集成了并行设计、敏捷制造、大量定制、精益生产、精益物流等现代化的生产和管理方法。

第四节　案例两则

一、芝麻开门——阿里巴巴的成功之路[①]

阿里巴巴(Alibaba.com)的快速发展引起了全球电子商务和因特网研究人士

---

① 本案例由孔炯炯收集整理资料编写。

的高度关注,其 BtoB 发展模式与 Yahoo 的门户网站模式、Amazon 的 BtoC 模式和 eBay 的 CtoC 模式并列,被称为"互联网的第四模式"。作为全球企业间(BtoB)电子商务的著名品牌,阿里巴巴也是目前全球最大的网上贸易市场,曾两次被哈佛大学商学院选为 MBA 案例,在美国学术界掀起研究热潮;五次被美国权威财经杂志《福布斯》(Forbes)选为全球最佳 BtoB 站点之一,它不仅是中国唯一的入选网站,而且是全球唯一连续五年被选为最佳的网站;多次被相关机构评为全球最受欢迎的 BtoB 网站、中国商务类优秀网站、中国百家优秀网站、中国最佳贸易网;被国内外媒体、硅谷和国外风险投资家称为与 Yahoo、Amazon、eBay、AOL 比肩的五大互联网商务流派代表之一。

(一) 困难中成长壮大

1999 年 2 月 21 日,阿里巴巴的 18 个首创者齐聚在如今的 CEO 马云家里,商讨成立阿里巴巴网络公司的事宜。马云勾勒的"阿里巴巴"类似于乌托邦的景象:以虚无的"阿里巴巴"为平台,逐步将中小企业的销售中心、人事中心、技术中心、支付中心和财务中心都放在上面,把 BtoB、BtoC 及 CtoC 之间的一切环节都打通。阿里巴巴将成为一个虚拟的电子商务王国,拥有自己的货币、自己的游戏规则、自己的运行体系,他坚信,只要阿里巴巴这种模式被人们接受,它就会以裂变的速度不断膨胀。凭着一股创业激情,大家凑了 50 万元,开始了艰苦的创业历程,立志要做一个服务于中小企业的互联网交易平台。阿里巴巴成立后,总部设在香港,之后的一年多时间里,主要是开拓海外市场。2000 年年底,互联网进入低潮,马云带领他的团队将战线拉回内地,总部也迁到了浙江杭州。

2001 年,阿里巴巴提出"活着"就好,以乐观的心态面对互联网的冬天。2002 年,提出年度赢利 1 元钱,而最后的结果却超过年初计划 15 万倍。2003 年,阿里巴巴不但没在 SARS 中倒下,反而因此壮大了自己,全年平均销售收入是一天 100 万元。2004 年,阿里巴巴实现每天利润 100 万元的目标。2005 年,在 220 个国家和地区拥有 550 万家会员的阿里巴巴已实现每天税收 100 万元,成为不争的全球业界老大,用马云的话来说,就是"拿着望远镜也找不到对手"。

阿里巴巴今天的辉煌与其每一步审慎的决策密切相关,然而,这每一步却并非轻松易行。

2003 年 7 月,在一片质疑声中,阿里巴巴突然抢入被 eBay 中国垄断了 90% 份额的中国 CtoC 市场,推出以免费为号召的淘宝网。当时,许多人认为,任何企业在 CtoC 领域都无法与 eBay 抗衡。但在短短的半年时间里,淘宝网冲进了全球网站排名前 70 名,搅起了中国个人网上购物的风暴。

2004年9月,阿里巴巴作为中国电子商务的重要服务商,携手英特尔丰富的无线资源,将无线技术、平台和个人终端三者结合,在无线电子商务的应用和推广方面开辟新天地,实现"随时随地电子商务"的整合新模式。无线电子商务无疑是中国电子商务新的发展趋势之一,它消除了距离和地域的限制,通过无线技术,用户无论何时何地都能轻松实现电子商务。

为了让用户的交流更加充分,阿里巴巴推出了建立在阿里巴巴网站基础之上的商务信息交流工具——贸易通,为中小企业发展贸易提供一个服务平台。贸易通使用户能轻松方便地完成日常沟通、商务谈判、信息交换等多项任务,不仅能大大降低用户在电话、传真、邮递等传统沟通方式上的成本,更增加了发现商业伙伴的机会。无线模块的引入,使用户的商务活动更加便捷,贸易成功机会相应增加。阿里巴巴与英特尔合作,是典型的双赢战略,阿里巴巴通过无线商务实现了跨越式发展。

2005年10月,阿里巴巴公司顺利完成对雅虎中国全部资产的收购,同时,雅虎公司注入10亿美元,成为阿里巴巴最重要的战略投资者之一,这也是中国互联网史上最大的一起并购案。阿里巴巴收购雅虎中国的所有资产,包括雅虎的门户、雅虎的"一搜"以及3721网络实名服务。阿里巴巴公司还获得全球互联网品牌"雅虎"在中国的无限期独家使用权。从股份情况看,雅虎在阿里巴巴的经济利益是40%,拥有35%的投票权,阿里巴巴占2席,雅虎1席,软银1席。收购完成之后,阿里巴巴公司进一步加强自身在BtoB领域、CtoC领域以及电子商务支付领域的实力,并将运用雅虎搜索技术,打造强有力的互联网搜索公司。

2014年9月,阿里巴巴在美国NASOAQ上市,成为全球第二大互联网公司。

随着阿里巴巴的发展强大,它已成为美国商务部、英国中小型企业联合会、世界贸易组织、日本贸易振兴会等在中国的重要合作伙伴,拥有了重要的国际影响力。

(二) 成功的钥匙

阿里巴巴的成功应当说有一定的必然性,因为阿里巴巴人拥有了开启成功之门的钥匙。

1. 公司文化——水文化

阿里巴巴的核心竞争力被归结为企业文化——水文化。《孔子集语》所引《说苑·杂言》中,子贡问孔子:君子看到大水必定观看,不知有何讲究? 孔子答:君子用水比喻自己的德行。水遍及天下,没有偏私,好比君子的道德;水所到之处,滋养万物,好比君子的仁爱;水性向下,随物赋形,好比君子的高义;水浅则流行,深则不测,好比君子的智慧;水奔赴万丈深渊,毫不迟疑,好比君子的勇敢;水性柔弱灵活,无微不至,好比君子的明察;水遭到恶浊,默不推让,好比君子的包容;水承受不法,终至澄清,好比君子的善化;水入量器,保持水平,好比君子的正直;水过满即止,并不贪得,好比君子的适度;水历尽曲折,终究东流,好比君子的意向。老子说"智者乐水",又说"上善若水"。或许马云正是认识到了水的深邃含义,才将其企业文化归结为水文化。

2. 公司运营——全球化

对于阿里巴巴而言,全球化的真正含义是创造那些当地企业无法创造的价值,给当地创造就业机会,改善当地民众的生活,带去自己独特的东西。阿里巴巴把中国的企业带给欧洲,把印度的企业带给美国,把美国的企业带给阿根廷……阿里巴巴带去的价值是当地企业没有的,而这正是阿里巴巴独特的价值。"创办中国人创办的全世界最好的公司",这是阿里巴巴的企业理念。但中国人创办的并非仅仅是中国人的公司,而是一个世界各国人都可以加入的公司。在这种全球化理念的引领下,阿里巴巴在伦敦、日内瓦、香港、纽约等地都设立了办事处。

同时,阿里巴巴公司有个上下认同的管理理念,就是"东方的智慧,西方的运作"。东方人有深厚的智慧积淀,但在商业运作能力上有欠缺,而西方企业经营是用制度来保证的,富有效率。因此,阿里巴巴在公司管理、资本运作、全球化操作上,合理接纳采用了现代西方的管理理念和做法。

3. 公司团队——"一体化"

阿里巴巴强调团队凝聚力,实现全员目标"一体化",信守员工彼此之间的坦诚相待,尤其是管理人员不能欺骗员工,有时可以不告诉他们一些事情,但绝对不能欺骗,欺骗必定瓦解团队信任的基础。另外,领导对下级员工、同事之间应经常鼓励。马云曾对员工说:"不要为我工作"。的确,如果仅仅是为某一位老板工作,那一定是被动消极的;而当整个团队是为大家共同的理想和奋斗目标工作时,就会爆发出高涨的热情。员工取得成绩时,主动予以鼓励;员工有错时,及时进行指导,这样才能形成轻松融洽的企业氛围和乐观向上的团队精神。阿里巴巴人信奉永不放弃、不断创新,并把这种精神贯彻到整个公司的运营中,渗透到每个员工的思想和行动中。

案例思考题

1. 我们可以从阿里巴巴的成功经验中获得哪些启示?
2. 举例谈谈你对水文化的理解。

二、电气国际的网上贸易[①]

(一) 公司背景

上海电气国际经济贸易有限公司(简称电气国际)始建于 1995 年 3 月,于 2004 年 9 月完成资产重组。重组后的公司注册资本为人民币 3.5 亿元,净资产达到 5 亿元。股东有两家:上海电气集团股份有限公司(简称电气集团),占 99%;上海机床厂有限公司,占 1%。整体地看,该公司的赢利能力很好,净资产增长很快。

电气国际是电气集团旗下主营国际贸易、国际投资和合资合作的核心企业。电气国际具有完备的进出口贸易功能,从事以机电产品为主的进出口、加工贸易、转口贸易和服务贸易,年进出口额在 2 亿美元以上。

电气国际是电气集团贯彻"走出去"战略的操作平台,在海外建有多家子公司。为迅速达到和赶超世界一流水平,电气国际大力开展海外投资扩张,通过跨国购并,将拥有一流核心技术的国外企业纳入电气集团旗下,并取得了一定成效。

电气国际利用广泛的国际合作渠道和卓越的开拓能力,积极引进外资,开展合资合作,创建中外合资企业,并代表电气集团经营和管理着一批优质的中外合资子公司。电气国际拥有一大批熟悉机械加工、外贸实务和外语的复合型人才,又有 400 多家长三角地区机械加工企业的支撑,公司与欧美、日本等发达国家的业务与日俱增,得到了普遍的好评。

(二) 电气国际对阿里巴巴平台的应用

从 2003 年 7 月开始,电气国际的业务五部首先开始与阿里巴巴合作,到现在合作的规模显著扩大,开始时仅涉及 30 多种产品,现在则有 100 多种产品,升到了 F 级,是阿里巴巴用户中的最高级别。而后,双方的合作范围从业务部门逐步扩大,现在公司有 6 个业务部门在使用阿里巴巴交易平台。

在促进产品出口方面,公司参加国际展览会和推销团组,也在类似阿里巴巴的网站上做宣传。相对来说,阿里巴巴比较对口,在阿里巴巴上宣传图片的限制数量是 104 张,但公司的图片不断更换,所以累计宣传的产品数量更多。

公司最成功的出口商品是空调的智能配件。最初的信息是从阿里巴巴网站的询盘中得到的,后来与客户联络成交,经过努力,该产品已成为公司的拳头产品。

[①] 本案例由汪丽霞收集整理资料编写。

(三）从长期战略着眼，开发公司自己的网站

电气装备制造业的技术含量高，附加值也高，因此，实现贸易服务与IT的良好结合对发展贸易非常重要。总公司电气集团在全国装备制造业中首屈一指，每年的销售收入上千亿元。在生产的过程中有40%—50%的对外采购，以前采购是分散的，每个企业都有自己的采购部门，因为采购量分散，很难得到优惠价格。

借鉴阿里巴巴的经验，在2006年3月，电气国际注册成立上海电气网络科技有限公司（简称电气科技）。它起初是为集团内部服务，从采购方面着手，通过网上竞标方式进行原材料、零部件等的采购，产品主要涉及电站设备方面。

电子采购可以降低成本，幅度高达15%，最小也不低于5%。具体的电子采购过程是：首先对供应商进行认证，合格后吸纳为会员，之后对这些供应商进行培训，使其了解如何使用公司的竞标网站。电气集团要购买产品时，向这些供应商发布采购信息，在固定的时间内，由合格的供应商进行竞价。在竞价之前，这些供应商要预交一定的保证金，最后公司选择最合适的前三家供应商提供给电气集团的采购部门。

电气国际的第一次网上采购规定在两个小时内进行，在刚开始的一个半小时内，没有一家供应商参与竞价，都在观望，在最后的半小时内，随着第一家供应商的试探性报价，很多供应商开始参与报价。公司的网站可以准确反映供应商的竞价时间和给出的价格，并用曲线反映出来。在竞价的最后半小时内，可以看到竞价曲线不断下降，到最后成交价格就很有竞争力了。

现在该公司网站上合格的供应商在不断增多，大部分是以前熟悉的供货厂家，也有一些新的供应商。竞价结束后，一般提供前三名的供应商，他们的供货能力都有保证，因而价格成为主要的竞争因素。

与阿里巴巴不同的是，电气科技可以为公司提供更纵深的服务，也可以提供支付方面的服务，电气集团有财务部门，可以对工厂等进行融资，也可以及时付款给工厂，买断工厂的产品，提高其信誉等。电气科技主要从事机电行业的产品网上交易，着重提供更深层次的电子商务服务，适合网上竞标的产品都可充分利用网络的优势。

电气国际除了经营本集团内的产品外，也经营其他产品，其中80%的货源在集团外采购，一年的进出口量将近2亿美元。

（四）利用联合国的电子商务形式，开拓国际市场

通过技术引进、合资合作和收购企业等，电气集团的技术达到了世界先进水

平。其电站产品的赢利能力很好,在全国的市场占有率达到40%以上。但就全国来说,电站的产品市场已趋于饱和,所以把富裕的产能推向国际市场是很重要的。

拓展外销渠道,阿里巴巴是一个平台,但它在装备业上的优势不是很大。于是,公司开始利用联合国工发组织的国际分包与合作组织推销产品。国际分包与合作组织推销的是产能而不是产品,合作的一方是国际主流的发包商,分包一部分部件的生产,而公司能否承包则要看自己的生产能力。通过网络展示企业的生产能力,把公司的产能建立在该组织的产能数据库中,一旦有项目,就会找到合适的匹配,提供给合作双方。例如,要建设一个电站,主承包商要分包给一些国家的不同公司分别做不同的部件,就可以通过联合国的数据库进行配对,选择合适的供应商。又如,福特汽车的冷却系统要分包,也可在联合国的系统数据库中进行配对,建议双方合作。外方如果认为对方的某些条件达不到要求,会投入资金进行改进;若认为产能不够,也会设一个分厂,由双方合作,专门为外方服务。双方的合作是长期的,后续服务可以由本公司负责。此外,通过成功合作,还可以为集团公司引进技术和资本等。

案例思考题

1. 上海电气国际经济贸易有限公司为何要建设自己的网站?
2. 通过以上案例,你认为外贸公司应如何把贸易服务与IT技术应用合理整合起来?

本章思考题

1. 电子商务对信息采集有怎样的影响?
2. 电子商务模式有哪些?
3. 国际电子商务有哪些实现形式?
4. 电子采购网站的构成和作用如何?
5. 第四媒体对传统媒体有怎样的影响?
6. 简述BtoB的含义及其技术手段。
7. CtoBtoC与PtoP有什么区别?
8. BtoC与CtoB有什么区别?
9. 什么是BtoE?
10. 如何看待电子商务模式的拓展创新?

相关内容网站

1. 阿里巴巴公司　www.alibaba.com
2. 公开国际贸易网　www.opentrade.com
3. 电子湾　www.ebay.com
4. CommerceNet　www.commerce.net
5. 西单商场　www.xdsc.cn

第三章 电子商务技术

学习要点与要求

通过本章的学习,应掌握电子商务的应用技术、电子数据交换(EDI)技术、电子商务的安全认证技术及移动电子商务技术。

掌握电子商务的应用技术和技术标准,熟记 EDI 的含义、特点和作用,了解 EDI 系统的构成、标准,并了解电子商务的安全问题和各种防范措施。

第一节 电子商务应用技术

为了顺利完成电子商务交易的全过程,需要建立一整套完善的电子商务服务系统、电子支付方法和机制,还要确保参与各方能够安全可靠地进行全部商业活动。为此,成功的电子商务需要非常广泛的技术支持,下面从两个方面对其做一基本分析介绍。

一、电子商务技术的类型

(一)按电子商务流程的组成部分来划分

1. 个人用户技术

个人用户是指基于浏览器、机顶盒、个人数字助理、可视电话等接入Internet,以获取信息、购买商品为主要目的的Internet用户。这方面的技术涉及计算机、Internet、Web浏览、网络通信等技术手段的运用。

2. 企业用户技术

选用Internet作为企业信息载体进行日常商业活动的用户,通常是一方面使用基于JAVA的许多中间件产品,把原有的两层C/S结构(企业信息处理及管理系统)拓展为三层或多层结构,满足企业发展的需要,提高决策速度,适应市场变化;另一方面利用JAVA APPLET等技术和多种基于JAVA的应用软件,与政府管理机构、第三方支持机构、商业伙伴等保持高效实时的交互联系和商务处理过程,提高运作效率。同时,数据仓库、数据联机分析处理和数据挖掘技术对大量数据的处理和分析也是必不可少的。

3. 电子商场技术

电子商场是指发布产品信息并且接受订单的站点。从这个意义上说,任何企业、个人,无论其经营规模大小,都可以通过Internet建立一个没有空间和时间限制的电子商场。但是,电子商场的实现也不是轻而易举的,它需要具备以下基本条件。

第一,一个只用简单的HTML网页发布静态信息的网站很难吸引客户,为此,电子商场除了要提供丰富的商品信息以外,还必须建立动态网页,并提供灵活方便的搜索方式和个性化服务,同时保证用户的私人信息不会泄漏。

第二,电子商场应有提供自己身份证明、获取用户身份证明的能力。

第三,要保证用户的订单信息在网上传输时不被窃取、修改;订单一经发出,便具有不可否认性；订单到达后，有一套完善的处理方法和管理、保存机制。

第四，能与银行等金融机构合作，获取可靠的结算支持。

第五，能够保证网上购物系统与企业原有系统以安全、合理的方式集成，保证企业内部网络和内部信息的安全。

4. 网络银行技术

在与电子商务相关的商务活动中，现有的支付方式包括两大类：在线支付与非在线支付。非在线支付方式包括传统的邮局汇款、银行电汇、货到付款、现金支付等；而在线支付主要包括网络银行、信用卡、电子钱包、手机支付等。

以网络银行为例，它可以在 Internet 上实现一些传统的银行业务，突破时间和地点的限制，使普通用户不管在什么地方，都可以查看和管理自己的账户；使企业用户不必进入银行营业厅，就能得到不受时间限制的实时服务；减少银行在修建和维护营业场所、保安、支付人员费用等方面的支出，大大提高银行的办公效率。同时，网络银行与信用卡公司等合作，发放电子钱包，提供网上支付手段，为电子商务交易中的用户和商家服务。由于金融信息的重要性，网上银行与企业、个人用户之间的信息传输就更要保证安全性、完整性和不可否认性，而且银行在提供在线服务的同时，还要确保内部网络和数据的安全。

5. 电子证书技术

电子证书是一个数字文件，通常由四个部分组成：一是证书持有人的姓名、地址等关键个人信息；二是证书持有人的公开密钥；三是证书序号、证书有效期等；四是发证单位的电子签名。这种证书由特定的授权机构——CA 中心发放，具有法律效力，它是电子商务活动中个人或单位的有效证明。

认证中心（Certification Authority,CA）是一些不直接从电子商务交易中获利的受法律承认的权威机构，它们负责发放和管理电子证书，使网上交易的各方能互相确认身份。电子证书的管理不仅要保证证书能有效存取，而且要保证证书不被非法获取。

6. 电子签名技术

电子签名用来保护网上传输信息的真实性、完整性及识别发送人身份。首先，可用散列算法将要传输的信息内容变成一固定的信息段，即信息摘要，然后，用发送者的私有密钥对信息摘要加密，这样就生成了电子签名。接收方为验证所收信息先用发送方的公开密钥解密电子签名，即得到信息文摘 A，再把收到的信息用同样的散列算法计算，得到信息文摘 B。比较 A 和 B，如果二者相同，表示信息确实是该发送者发出并且在传输中未被修改。

（二）按电子商务的具体应用来划分

1. 计算机支持和应用技术

计算机作为整个 Internet 的核心，在电子商务中扮演着最为重要的角色。基于 Internet 的电子商务要求以先进的高性能计算机作为依托。在服务器端，要求高性能的中小型计算机为电子商务提供强大的计算能力，使从事电子商务的企业不必担心因为网络流量过大而导致联网速度下降的问题。在客户端方面，要求高性能的个人计算机为用户带来使用快捷的感受。

计算机应用技术包括：进行信息的收集、传输、加工、储存、更新和维护的计算机管理信息系统（MIS）技术；对业务数据进行挖掘分析，帮助企业领导人决策的决策支持系统（DSS）技术；将各种资源优化利用，业务过程优化排序和调整，进一步挖掘企业潜力的企业业务流程再造（BPR）技术；帮助公司对市场变化做出快速响应，以低成本提供企业较好服务的集成化业务管理信息系统的企业资源计划（ERP）技术；创建虚拟世界，使人产生身临其境感觉的交互式仿真系统的虚拟现实技术等。

2. Internet 技术

Internet 技术包括 Internet、Intranet、Extranet 技术等。虽然 Internet 技术并非电子商务独有的技术，但 Internet 发展得好坏会直接影响到电子商务的发展，它是与电子商务相关的关键技术之一。

3. 网络通信技术

网络通信技术包括网络设备、网络接入设备、有线通信系统、无线移动通信系统、信号接收和转换标准等涉及的技术。

4. Web 技术

Web 技术是随着 HTTP 和 HTML 一起出现的。Web 服务器利用 HTTP 传递 HTML 文件，Web 浏览器使用 HTTP 检索 HTML 文件。一旦 Web 服务器检索到信息，Web 浏览器就会以静态和交互方式显示各种对象。无论是在 Internet 上创建 Web 站点和发布主页，还是在 Intranet 上张贴文本和图形文件，都要涉及设计 Web 站点和制作网页的问题。除了 Web 服务器硬件和软件外，重要的工具还有网络门户、搜索引擎和智能代理技术等。

5. 数据库技术

在电子商务业务中需要使用储存在数据库中的大量信息。例如，商家为用户提供的商品信息、认证中心储存的交易角色的信息、配送中心需要使用的配送信息、商家管理用户的一些购买信息等。这些信息的存储和使用需要有好的数据库技术作为支持。它包括数据模型、数据库系统(Oracle、Sybase、SQL Server 和 FoxPro 等)、数据库系统建设和数据仓库、联机分析处理和数据挖掘技术等。应用于电子商务中的数据库技术主要完成数据的收集、存储和组织、决策支持、Web 数据库等任务。

6. 交易安全技术

安全问题解决得好坏直接影响到电子商务的发展。这其中涉及防火墙技术,网络安全监控技术和信息加密技术的使用。此外,若在网络上进行商务活动,还需要有一个商务活动所涉及的各方均信任的第三方机构来完成商务活动各方的认证,这就要涉及认证技术。

7. 电子支付技术

电子支付是为所购商品在网上付款的技术。从严格意义上来说,电子支付是一个过程而不是一种技术,但在该过程中会涉及很多技术问题,包括电子资金转账技术(电子支票、数字现金、网络银行)、数据自动捕获技术(磁卡、IC 卡、信用卡读写设备)、银行清算系统等。

8. 电子数据处理技术

电子数据处理技术主要包括电子数据交换(EDI)技术、条码技术等。EDI 技术与构成 EDI 系统的三要素——数据标准化、EDI 软硬件和通信网络——密切相关。条码技术要为商品提供一套可靠的代码标识体系,为产、供、销等生产及贸易的各个环节提供通用"语言",并为商业数据的自动采集和 EDI 等的实现奠定基础。

二、电子商务的技术标准

为保证商务活动数据或单证能被不同国家、行业贸易伙伴的计算机识别处理,一定要有数据格式的一致约定。我国电子商务技术标准包含了四个方面的内容:EDI 标准、识别卡标准、通信网络标准和其他相关的标准,涉及的标准约有 1 250 项。我国把采用国际标准和国外先进标准作业作为一项重要的技术经济政策积极推行。

(一) 识别卡标准

国际标准化组织(ISO)从 20 世纪 80 年代开始制定识别卡及其相关设备的标准,至今已颁布了 37 项。我国于 20 世纪 90 年代从磁条卡开始进行识别卡的国家标准制定工作,现已有 6 项磁条卡国家标准,基本齐全,等同采用 ISO7810《识别卡物理特性》和 ISO7811《识别卡记录技术》系列标准;3 项触点式集成电路卡(IC)国家标准,等同采用 ISO7816《识别卡带接触件的集成卡》系列标准。另外,有 5 项国家标准涉及金融卡及其报文、交易内容,采用了相应的 ISO 标准。

（二）通信网络标准

通信网络是电子商务活动的基础,目前国际上广泛应用的有 MHS 电子邮政系统和美国 Internet 电子邮政系统。前者遵循 ISO、IEC、CCITT 联合制定(个别是单独制定)的开放系统互联(OSI)系列标准,后者执行美国的 ARPA Internet 系列标准。这两套标准虽然可兼容,但还有差异。因此,我国制定通信网络国家标准时,主要采用 OSI 标准。现在我国有 146 项网络环境国家标准,其中有 99 项标准分别采用 ISO 和 IEC 标准。

（三）EDI 标准

国际上从 20 世纪 60 年代起就开始研究 EDI 标准。1987 年,联合国欧洲经济委员会综合了经过 10 多年实践的美国 ANSI X.12 系列标准和欧洲流行的"贸易数据交换(TDI)"标准,制定了用于行政、商业和运输的电子数据交换标准(EDI-FACT)。该标准的特点是:①包含了贸易中所需的各类信息代码,适用范围较广;②包括了报文、数据元、复合数据元、数据段、语法等,内容较完整;③可以根据自己的需要进行扩充,应用比较灵活;④适用于各类计算机和通信网络。因此,该标准应用广泛,我国已将其等同转化为 5 项国家标准。此外,我国还按照 ISO6422《联合国贸易单证样式(UNLK)》、ISO7372《贸易数据元目录》,等同制定了进出口许可证、商业发票、装箱单、装运声明、原产地证明书、单证样式和代码位置等 8 项国家标准。

（四）其他相关标准

与电子商务活动有关的标准,有术语、信息分类和代码、计算机设备、软件工程、安全保密等标准,约有 440 项国家标准,其中采用 ISO 标准的有 164 项,占 37%。这些相关标准中许多标准仅描述我国特有的信息,如民族代码、汉字点阵模集等,因此不能也不应该采用国外标准。

第二节 电子数据交换技术

一、电子数据交换的含义和特点

（一）电子数据交换的含义

电子数据交换(Electronic Data Interchange,EDI)是 20 世纪 70 年代发展起来,

融现代计算机技术和远程通信技术为一体的信息交流技术。30多年来，EDI作为一种电子化的贸易工具和方式，被广泛应用于商业贸易伙伴之间，特别是从事国际贸易的贸易伙伴之间，它将标准、协议规范化和格式化的贸易信息通过电子数据网络，在相互的计算机系统之间进行自动交换和处理。EDI的应用部门主要是与国际贸易有关的行业和部门，如外贸企业、对外运输企业、银行、海关商检、对外经贸管理部门等。EDI在工商业界的应用中不断发展完善，在当前电子商务中占据重要地位。随着基于Internet的EDI技术日益成熟，EDI将得到更为广泛的应用。

关于EDI的定义，国际标准化组织(ISO)、联合国国际贸易法委员会和国际电报电话咨询委员会都分别给出了他们各自的定义。国际标准化组织(ISO)1994年确认了EDI的技术定义：按照一个公认的标准形成的结构化事务处理或信息数据格式，实施商业或行政事务处理从计算机到计算机的电子传输。

EDI的含义包括如下几方面。

其一，EDI的使用者是交易的双方，是企业之间的而非同一组织内不同部门间的文件传递。

其二，交易双方传递的是符合报文标准的、有特定格式的文件。目前采用的报文标准是联合国的UN/EDIFACT。

其三，双方有各自的计算机或计算机管理信息系统。

其四，双方的计算机或计算机系统能发送、接收并处理符合约定标准的交易电文的数据信息。

其五，双方计算机之间有网络通信系统，信息传输是通过该网络通信系统实现的。信息处理是由计算机自动进行的，无须人工干预和人为介入。这里所说的数据或信息是指交易双方互相传递的具备法律效力的文件资料，可以是各种商业单证，如订单、发货通知、运单、装箱单、收据发票、保险单、进出口申报单等，也可以是各种凭证，如进出口许可证、信用证、配额证、商检证等。

（二）EDI 的特点

EDI作为一种新的通信技术和信息处理方式，与其他通信方式和信息处理方式相比，具有以下一些特点。

1. 用电子方法传递信息和处理数据

EDI一方面用电子传输的方式取代了以往纸单证的邮寄或递送，从而提高了传输效率；另一方面，通过电脑处理数据取代人工处理数据而减少了差错和延误。EDI不仅是一种先进的通信方式，也是对传统贸易程序和做法的一次革命。通过设定的EDI程序，许多外部输入的信息将自动得到处理（如订单），各有关部门会立即得到相应的信息指令,避免由业务人员处理信息时可能出现的疏忽或拖延(如有关业务员外出不在);对于必须先由人工输入的数据信息,经一次输入并核对确认后,即可存入计算机存储系统,随时调出并组合进不同的电子单证中,避免了重复操作。

2. 采用统一标准编制数据信息

要使各相关部门、企业的计算机能识别和处理有关电子单据,如订单、发票、提单等,就必须采用统一的格式,特别是在国际贸易中,各国均需严格按照某一公认的国际标准制作各种电子单证。这是 EDI 与电传、传真等其他电子传递方式的重要区别。电传、传真等并没有统一的格式标准,而 EDI 必须有统一的标准方能运作。

3. 运用电脑应用程序之间的连接

一般的电子通信手段(如传真、电传、电子邮件等)是人与人之间的信息传递,传输的内容即使不完整,格式即使不规范,也能被人所理解,但这些通信手段仅仅是人与人之间的信息传递工具,并不能处理和反馈信息。而 EDI 实现的是电脑应用程序与电脑应用程序之间的信息传递和交换,由于电脑只能按照给定程序识别和接受信息,所以电子单证必须符合标准格式并且内容完整准确。在电子单证符合标准且内容完整的情况下,EDI 电脑系统不但能识别、接收信息,储存信息,还能对单证数据信息进行处理,自动制作新的电子单据并传输到有关部门;在有关部门就自己发出的电子信息进行查询时,电脑可以反馈有关信息的处理结果和进展情况;在收到一些重要的电子单证时,电脑还可以按程序自动产生电子收据并传回对方。

4. 采用加密防伪手段

一般的信函与电话、传真等电子通信方式,因为有指定的接收人,其他人无法接收了解有关信息,因此通常不必加密。EDI 系统要有相应的保密措施,EDI 传输信息的保密通常是采用密码系统,各用户掌握自己的密码,可打开自己的"邮箱"取出信息,外人却不能打开这个"邮箱",有关部门和企业发给自己的电子信息均自动进入自己的"邮箱"。一些重要信息在传递时还要加密,即把信息转换成他人无法识别的代码,接收方电脑按特定程序译码后还原成可识别信息。为防止有些信息在传递过程中被篡改,或防止有人传递假信息,还可以使用证实手段,即将普通信息与转变成代码的信息同时传递给接收方,接收方把代码翻译成普通信息进行比较,如二者完全一致,即可知信息未被篡改,也不是伪造的信息。

二、EDI 的作用

EDI 提供了一种现代化的数据交换工具和方式,用户按照规定的数据格式,通过 EDI 系统在不同用户的信息处理系统之间交换有关业务文件,达到快速、准确、方便、节约、规范的信息交换目的。这种工具和方式采用的技术涉及多个方面,包括计算机技术、通信技术、现代管理技术等。在 EDI 工作方式中,在传统贸易方式中所使用的各种书面的单据、票证等全部被电子化的数据所代替,书面单据、票证通过邮局和传真进行交换的方式被电子数据传送所取代。原来由人工进行的单据和票证的核对、入账、结算、收发等事务,也全部由计算机系统自动进行。

(一) 简化了工作流程和环节

在 EDI 系统中,所有用户都按照国际化的标准数据格式对询价单、报价单、订单、发票、提货单、装船单、海关申报单、进出口许可证等与贸易相关的文件进行编码,形成标准的 EDI 报文。并按照 EDI 通信协议将 EDI 报文通过通信网络传送给贸易伙伴。报文接收方按 EDI 标准,对收到的 EDI 报文进行相关的业务处理,完成一次业务操作。

(二) 缩短了业务处理周期

研究成果表明,使用 EDI 技术之后,事务处理的周期平均缩短 40%。这种改进所影响的事务处理功能包括订单录入、采购、制造、后勤以及财务等管理。缩短事务处理的周期,就意味着降低了库存,增加了流动资金,加快了订单任务的完成等,这对一个 EDI 用户来说是极其重要的。取消多余的处理步骤,实行无纸化,既节省了邮费支出,又极大地减少了数据录入、签名、正确性检验以及批准等方面所花费的时间。

(三) 降低了人事成本

采用 EDI 后,免去了重复输入、审核、纠错的劳动,也免去了单证的邮寄、接收、存档等工作环节,可以减少或取消这方面的专职工作人员,企业因而降低了人事成本。另外,EDI 系统自动处理部分信息也能减轻业务人员的工作负担,提高劳动效率。

(四) 减少单据差错遗漏造成的经济损失

由于信息处理是在计算机上自动完成的,无须人工干预,所以除节约时间外,还可大幅度降低业务处理过程中的差错率。EDI 也可以减少由于重新输入数据而可能出现的一些输入错误,据统计错误率可减少 50% 以上。

（五）能够与企业的管理信息系统紧密衔接

与传统的商业活动相比，使用 EDI 最大的好处就是与企业 MIS 系统的紧密结合。由于 EDI 使用的是标准的报文结构，计算机可以识别并从中拣出有用的数据，直接存入企业 MIS 的数据库中。这样就减少了贸易活动的中间环节，不仅减少了纸张的使用，更重要的是减少了手工工作，使出错的可能性变小，提高了响应速度，而在商业活动中，对客户的要求做出快速反应是极其重要的。

三、EDI 系统

（一）EDI 的工作过程

EDI 的实现过程就是用户将相关数据从自己的计算机信息系统传送到有关交易方的计算机信息系统的过程，该过程因用户应用系统以及外部通信环境的差异而不同。在有 EDI 增值服务的条件下，这个过程分为以下几个步骤。

第一，发送方将要发送的数据从信息系统数据库提出，转换成平面文件（亦称中间文件）。

第二，将平面文件翻译为标准 EDI 报文，并组成 EDI 信件。接收方从 EDI 信箱收取信件。

第三，将 EDI 信件翻译成为平面文件。

第四，将平面文件转换并送到接收方的信息系统中进行处理。

由于 EDI 服务方式不同，平面转换和 EDI 翻译可在不同位置（用户端，EDI 增值中心或其他网络服务点）进行，但基本步骤是相同的。

（二）EDI 系统的构成要素

从功能上看，一个 EDI 系统由 EDI 标准、EDI 软件及硬件、通信网络三要素组成，它们构成 EDI 系统服务的基础。

1. EDI 标准

目前的 EDI 标准主要是由联合国欧洲经济委员会制定的 EDIFACT，已被国际标准化组织颁布为 ISO9735，该标准规定了进行电子事务处理的格式和数据内容，定义了在不同部门、不同公司、不同行业以及不同国家之间进行信息传送的通用方法。

2. EDI 软件及硬件

实现 EDI 需要配备相应的 EDI 软件和硬件。EDI 软件具有将用户数据库系统中的信息译成 EDI 的标准格式，以供传输交换的能力。虽然 EDI 标准具有足够的灵活性，可以适应不同行业的众多需求，但每个公司有自己规定的信息格式，因此，当需要发送 EDI 电文时，必须用某些方法从公司的专有数据库中提取信息，并把它翻译成 EDI 标准格式进行传输，这就需要相关软件的帮助。

（1）EDI 软件。EDI 软件的构成包括：转换软件、翻译软件和通信软件。①转换软件可以帮助用户将原有计算机系统的文件转换成翻译软件能够理解的平面文件，或者将翻译软件接收来的平面文件转换成原计算机系统中的文件。②翻译软件将平面文件翻译成 EDI 标准格式，或将接收到的 EDI 标准格式翻译成平面文件。在一个 EDI 交易中，不必要求所有的企业都使用相同的应用程序来读取收到或发出的信息。使用一些翻译软件，某一种应用程序格式中的特殊字段就能够转换成一种通用格式，然后再转换成接受方的应用程序格式。③通信软件将 EDI 标准格式的文件外层加上通信信封，再送到 EDI 系统交换中心的邮箱，或从 EDI 系统交换中心将接收到的文件取回。

（2）EDI 硬件。EDI 所需的硬件设备大致包括：计算机、网卡及通信线路。①计算机：目前所使用的计算机，无论是 PC、工作站、小型机、大型机等，均可利用。②网卡：由于使用 EDI 来进行电子数据交换需通过通信网络，因此网卡是必备的硬件设备。③通信线路：一般最常用的是电话线路，如果传输时效及传输流量上有较高要求，则可以租用专线。

实际上并没有专门的 EDI 硬件，由于 EDI 软件对大型机、中型机、小型机及微机都能适用，要开通 EDI，公司只需电脑、网卡和软件即可。

3. 通信网络

通信网络是实现 EDI 的手段。EDI 通信方式有以下几种。

（1）直线连接方式。包括点对点、一点对多点和多点对多点的连接。该方式适宜在贸易伙伴数量较少的情况下使用。

（2）增值网络（VAN）方式。在贸易伙伴数量较多的情况下，多家企业直接用电脑通信时，会出现由于计算机厂家不同、通信协议相异以及工作时间不同等问题造成的困难。为了克服这些问题，许多应用 EDI 的公司逐渐采用第三方网络与贸易伙伴进行通信，即增值网络方式。增值网络可以提供存储转送、记忆保管、通信协议转换、格式转换、安全管制等功能。因此，通过该方式传送 EDI 文件，可以降低相互传送资料的复杂性，提高 EDI 的效率。

（三）EDI 应用系统的组成

EDI 系统一般由报文生成和处理模块、格式转换模块、通信模块和联系模块等几部分组成。不同用户的 EDI 系统通过 EDI 中心连接在一起。EDI 中心是一个电子数据处理系统,可通过公用电信网、专用网及 X25 等通信网络把不同地区、不同用户的 EDI 系统连接在一起。EDI 中心具有数据库管理功能,可以对不同标准语法的 EDI 数据进行处理,实现不同标准语法用户之间的 EDI 数据交换。当一份 EDI 报文从 EDI 系统传送到 EDI 中心后,确认报文无误,即通知发方已收妥(否则通知发方重发),然后进行标准语法的处理,并自动识别收方,进行存储转发。转发到收方 EDI 系统的报文,首先进行格式转换,形成本单位计算机系统格式,然后送到报文生成和处理模块,按照不同的业务要求进行处理,最后再通过联系模块,将信息通知本单位数据库信息系统及正在使用中的其他用户。

第三节 安全技术与认证技术

一、电子商务安全问题

(一)安全问题的复杂性

由于电子商务的重要特征是利用信息技术来传送和处理商业交易信息,因此,电子商务的安全大体上可分为两大部分,即计算机网络本身的安全和商务交易信息的安全。由于电子商务对计算机网络安全与商务安全有着双重的要求,这就使得电子商务安全体系的复杂程度要比大多数的计算机网络系统高得多。

计算机网络安全的主要内容包括:计算机网络设备的安全、计算机网络系统的安全和数据库的安全等。其实施的方案是针对计算机网络本身可能存在的安全问题,改善网络的安全,以保证计算机网络本身的安全性。

商务信息的安全针对的则是传统商务活动在互联网络上应用的整个过程中所可能产生的各种安全问题,即必须确保电子商务的保密性、完整性、可鉴别性、不可伪造性和不可抵赖性。

实际上,在电子商务中,计算机网络安全与商务交易安全是无法分割的,两者相辅相成,缺一不可。如果没有计算机网络安全作为基础,商务交易安全就如同空中楼阁,没有基础。而没有商务交易安全的保障,即使网络本身很安全,也无法满足电子商务特定的安全需求。

鉴于电子商务的特点,在安全方面其也有自己的特殊问题:

第一,交易过程的高度隐蔽性和不确定性所产生的交易双方身份的难以确认。

第二,个人数据,包括个人信用信息在传递过程中有可能被拦截和窃取。

第三,网上商店容易被计算机黑客破坏。

第四,交易的完成对网络的依赖性很强。

第五,交易结果要具有不可抵赖性。

(二) 安全问题的类型

由于电子商务的开放性以及涉及范围的广泛性,因而产生安全问题的因素也很多,有技术方面的问题,也有人为因素。而不同类型的安全问题所表现的形式也不同,因此,在预防和解决的方式上也不尽相同。产生安全问题的原因可以归结为下列几个方面。

1. 硬件问题

硬件的安全性主要是服务器硬件和物理连线的安全性问题,主要因素有自然灾害、硬件故障、电源和通信线路被切断或被搭线窃听所造成的数据泄漏等。

2. 协议问题

许多网络协议没有进行安全性方面的设计,以利于众多厂商的协议能够相互通信和相互兼容。但是,这在给用户带来便利的同时,也埋下了安全的隐患。

3. 操作系统问题

由于网络中各种各样的主机使用的操作系统不尽相同,某种操作系统的安全漏洞就可以造成网络的安全问题,如允许没有账号的用户匿名登录等。

4. 拒绝服务的问题

以网络瘫痪为目标的攻击破坏性很大,造成危害的范围也很广。攻击者可以通过删除某一网络上传送的所有数据包的方法,使网络拒绝为用户服务;还可以通过邮件炸弹的方法使系统性能降低或崩溃,从而达到拒绝服务的目的。

5. 数据被侦听的问题

由于未采取加密措施,数据信息在网络上以明文的形式传送,入侵者在数据包经过的网关或路由器上可以通过非法手段截取网络上传送的数据包,在多次窃取和分析后,再通过分析判断,可以找到信息的规律和格式,进而得到传输信息的内容,造成网上传输信息的泄密。这种方法是网上间谍常用的手段之一。

6. 伪造和篡改问题

网络上的服务器可以被任一台联网计算机所攻击,当入侵者掌握了信息的格式和规律后,通过各种技术手段和方法,将网络上传送的数据包中的信息在中途进行修改,使得数据包不能到达预期的目标或数据包中原有的内容被改变。这种手段在路由器或网关上也可以实现。

7. 假冒问题

由于掌握了数据的格式,并可以篡改通过的信息,攻击者往往会冒充合法的用户发送假冒的信息或者主动获取信息,而远端用户通常很难分辨。攻击者还可以利用安全体制所允许的操作对系统或网络进行攻击和破坏。

8. 其他问题

由于电子商务主要是通过网络进行数据传输、资金划拨等来实现的,因此数据的保密性、完整性、不可修改性和不可否认性等就成为交易各方最为关注的问题。但有些企业对网站的容量和速度特别重视,而对网络的安全却重视不够。如果没有一套安全管理的规章制度,网络的安全运行就存在隐患。

对于顾客来说,安全问题隐藏在网上交易的各个环节。比如,在浏览选择商品时可能会遇到虚假、不完全信息的问题;在付款过程中可能出现银行拨款错误、密码泄露等问题;在送货过程中可能遇到商品不符、交货时间太长或货物损坏等问题;在售后服务方面可能遇到服务承诺不能兑现的问题。

由于在电子商务的交易过程中,安全问题涉及电子商务的各个环节和参加交易的各个方面,因此需要采取不同的对策来解决。另外,交易过程除涉及交易双方外,还涉及网上银行、认证中心和法律等各方面的问题,因此电子商务安全问题的解决是一个系统工程。

二、数据加密技术

为了防止数据在传输过程中被窃取,必须对数据进行加密。近年来,国内外的研究主要集中在两个方面:一方面是以密码学为基础的各种加密方法;另一方面是以计算机网络为对象的通信安全的研究。在保障网络通信安全方面,主要采用的技术仍然是数据加密技术。在电子商务中,广泛使用的两种数据加密技术是对称密钥加密体制和非对称密钥加密体制。这两种数据加密技术的主要区别在于两者所使用的加密和解密的密码不同。

(一) 加密技术的发展

密码学是一门既古老又年轻的学科。早在公元前5世纪,古希腊人就用皮带上的密码传递军事情报;公元8世纪,古罗马教徒为了传播新教发明了"圣经密码"。中国最早发明密码的人是北宋的曾公亮,他编写了一部军事百科全书性质的《武经总要》,其中收集和编制了40个常见的军事短语,将领带兵出发前,枢密院约定用一首五言律诗(40个字)作为解译密码的钥匙,发给他一本有40个编号顺序的密码本,以确保军队与中央政府联络的保密性。

传统密码采用易位法、置换法等加密方法。原始的信息称为明文,以隐藏信息实质内容的方式伪装信息的过程称为加密,加密后的信息称为密文。1949年,信息论的创始人克劳德·香农（Claude Elwood Shannon）论证的几乎所有由传统方法加密后得到的密文都是可以破译的，使得密码学的研究一度陷入困境。

到了20世纪60年代，由于计算机技术的发展和应用，以及结构代数、可计算性理论学科研究成果的出现，密码学的研究走出了困境，进入了一个新的发展阶段。特别是美国的数据加密标准（DES）和非对称密钥加密体制的出现，更为密码学的应用打下了坚实的基础，其中，非对称密钥加密体制中具有代表性的算法是著名的RSA算法。

20世纪90年代以来，Internet和电子商务的普及，推动了数据加密技术的迅速发展和应用，随后出现了许多可用于电子商务中的安全技术和协议，如安全超文本传输协议S-HTTP、安全套接层协议SSL、安全电子交易协议SET等。这些安全技术和协议已被广泛应用于Internet/Intranet的相关产品中，成为事实上的标准。近年来，数据加密技术与计算机的结合，又使密码学的研究成为一门年轻的学科。

（二）数据的加密

数据的加密是指利用某种算法对数据进行加密的过程，用来加密（或解密）的算法为一数学函数，通常情况下有两个相关的函数，一个用于加密，另一个用于解密，在加密（或解密）过程中使用的可变参数称为密钥。在发送端对需要传输的数据进行加密，即利用加密算法 E 和加密密钥 K 对明文 P 进行加密，得到密文 $Y = E_K(P)$，加密信息被传送到接收端后应进行解密。解密是将密文还原为明文，利用解密算法 D 和解密密钥 K 对密文 Y 进行解密，将密文恢复成明文 $P = D_K(Y)$。

在加密和解密过程中，所使用的密钥 K 可以是相同的，也可以是不同的。使用相同的密钥加密和解密的算法称为对称加密算法；使用不同的密钥加密和解密的算法称为非对称加密算法。在加密系统中，算法是相对稳定的，而密钥是可以改变的。为了加强数据的安全性，应经常改变密钥。

现在，一些专用密钥加密算法（如多重DES，IDEA，RC4和RC5）以及公开密钥加密算法（如RSA，DSA和Feige-Fiat-Shamir）可用来确保电子商务的保密性、完整性、真实性和不可否认性。

（三）常规的加密算法

常规加密算法是指对数据加密和解密时使用的密钥是相同的，即前面提到的对称加密算法。下面主要介绍早期的常规加密算法（替代法和换位法）及20世纪70年代美国颁布的数据加密标准DES。

1. 替代加密法

替代加密法是将明文中的每一字符用另一个字符替换为密文中的一个字符,除接受者外,其他人不理解其间的替代。接受者对密文做反向替换后恢复成明文。

在经典密码学中,有四种基本类型的替代加密算法。

(1)单字符加密或称简单替代加密算法。即明文中每一字符被替代成密文中的一个相应字符。新闻密报就是用简单替代法加密。

(2)同音替代加密算法。它与简单替代加密算法类似,不同的只是前者单个字符的明文可以映射为密文中的几个字符之一。例如,A 可能相应于 5,13,25 或 56;B 可能相应于 7,19,31 或 42 等。

(3)多元替代加密算法。成块的字符加密为一组其他的字符,如 ABA 相应于 RTQ,ABB 相应于 SLL 等。

(4)多字母替代加密算法。即由多次简单替代加密形成,例如,可以用 5 次不同的简单替代加密,具体所用的次数随每一字符在明文中的位置不同而不同。

2. 换位加密法

换位加密法中,换位加密后的密文与明文的字符相同,只是明文字符的次序改变了。简单的圆柱换位加密算法是将明文以固定的宽度横着写在一张纸上,然后垂直地读出即成密文,解密是将密文竖着写在同样宽度的一张纸上,然后水平读出即成明文(如图 3-1 所示)。

```
明文:COMPUTER GRAPHICS MAY BE SLOW BUT AT LEAST IT'S NOT EXPENSIVE
              C O M P U T E R G R
              A P H I C S M A Y B
              E S L O W B U T A T
              L E A S T I T S N O
              T E X P E N S I V E
密文:CAELT OPSEE MHLAX PIOSP UCWTE TSBIN EMUTS RATSI GYANV RBTOE
```

图 3-1 圆柱换位加密算法

由于密文和明文的字符完全一样,对密文的频率分析表明每个字母出现的可能性几乎一样。根据这个线索,密码破译员用各种技术试探出字母的真正排列,从而获得明文。如将密文再换位一次,将会大大提高安全性。但无论多复杂的换位加密,计算机几乎都能破译。

3. 数据加密标准 DES

数据加密标准 DES 原是 IBM 公司于 1972 年研制成功的,目的在于保护公司的机密产品。美国商务部所属国家标准局 NBS 也开始了一项计算机数据保护标准的发展规划,这一举措导致了 DES 的出台,并于 1977 年正式批准其作为美国联邦信息处理标准。该标准在国际上引起了高度重视,国际标准化组织也指定 DES 为数据加密标准。

DES 是一个分组加密算法,使用的密钥长度为 64 位,由占 56 位长度的实际密钥和每个字节的第 8 位的奇偶校验码两部分组成。它以 64 位为一组,将明文分成若干个分组,每次利用 56 位密钥对 64 位的二进制明文分组进行数据加密,产生 64 位的密文。DES 算法的密钥可以是任意的一个 56 位的数,且可在任意的时候改变。其中有少量的数被认为是弱密钥,但可以容易地避开它们,密文的保密性依赖于密钥。DES 算法的整个加密处理过程需经 16 轮运算。

三、鉴别技术

为了保证电子商务的安全,除需要数据加密外,还要有对网络上的个人行为进行鉴别的手段,防止假冒和否认行为的发生。非对称密钥加密技术是一种可以用来进行鉴别的技术,基于这种技术人们设计了许多鉴别的手段。

(一) 非对称密钥加密体制

非对称密钥加密体制,又称为公钥密码体制。它是指对信息加密和解密时,所使用的密钥是不同的,即有两个密钥,一个是可以公开的,而另一个是私有的,这两个密钥组成一对密钥对。如果用其中一个密钥对数据进行加密,则只有用另外的一个密钥才能解密;由于加密和解密时所使用的密钥不同,这种加密体制称为非对称密钥加密体制。

从电子商务的安全角度来看,如果仅仅使用对称密钥技术对数据文件进行加密,那么接收方在收到发送方传来的加密文件后,势必还要使用发送方的密钥,才能对文件进行解密。而发送方将密钥通过网络传输给接收方时,也有被他人窃取的可能,这样其他人也能用发送方的密钥对截获的加密文件进行解密。一旦发生这种情况,数据的安全性就无法保证了。采用非对称的密钥加密技术,则可以很好地解决这一问题。非对称密钥加密体制的优点是增加了安全性,私有密钥不需要在通信时交给其他人,因而可以保证私有密钥的安全,而公开密钥则可以通过公开的方式发布。这种加密体制实际上也给出了一种鉴别数据源的手段,可以对密文的发送方进行鉴别。公钥加密体制的主要缺点是其加密算法运行速度较慢,特别是在对大批量的数据进行加密时尤为明显。

RSA 是公钥密码的一种主要算法,既可以用来加密,又可用于数字签名,是由 Rivest、Shamir 和 Adleman 三个人研究发明的,于 1997 年进入市场;在过去的几年中,在所有已经出现的公钥算法中,RSA 是最易于理解和实现的,也是目前应用得最为广泛的一种加密法。该算法的思想是以大数因子分解的难度为基础,即用两个很大的质数相乘所产生的积来加密。这两个质数无论用哪一个先与原文编码相乘,对文件进行加密,均可用另一个质数再相乘来解密。但要用其中的一个质数来求出另外一个质数,则几乎是不可能的事。

在运用非对称密钥密码技术传送数据文件时,文件发送者也可以使用接收者的公开密钥对原始文件进行加密,这样只有掌握了相应的私用密钥的接收者才能对其进行解密,任何没有相应私用密钥的其他人都无法对其解密和阅读文件内容,而接收者收到文件并解密后,则可以由文件的内容来识别文件的来源。因此,将对称密钥密码技术与非对称密钥密码技术结合起来使用,再加上数字摘要、数字签名等安全认证手段,就可以解决电子商务交易中信息传送的安全性和身份认证问题。

(二) 数字摘要(Digital Digest)

数字摘要技术是采用安全 Hash 编码法(Secure Hash Algorithm,SHA)对明文中的若干重要元素进行某种交换运算得到一串 128bit 的密文,这串密文也称为数字指纹(Finger Print),有固定的长度。不同的明文形成的密文摘要是不同的,而同样的明文其摘要必定是一致的,因此,这个摘要便可作为验证明文的指纹了。

(三) 数字签名(Digital Signature)

在金融和商业等系统中,许多业务都要求在单据上签名或盖章,以证明其真实性,并利于日后检查。在日常生活中,签名是确认文件的一种手段。签名的意义在于:签名是签名者慎重地签在文件上的证明;签名是文件的一部分,其他人无法将签名移到不同的文件中;文件被签名后,便不能改变;签名和文件是一个整体,签名者签名后难以否认,从而可以确认已签署的事实。在网上进行交易时,可以采用数字签名的方法来实现以上签名的功能。

数字签名与日常生活中的手写签名不同。首先,计算机的数据容易复制,即使人的签名难以伪造(如手写签名的图形图像),但把一个文件的有效签名移到另一文件中还是有可能的;其次,修改签名后的文件也可以做到不留任何修改的痕迹。

因此，计算机中的数字签名要采取双重加密的方法来实现。

数字签名的原理可表述为：报文的发送方从报文文本中通过 SHA 编码加密方式产生一个 128bit 的数字摘要，然后发送方用自己的私用密钥对摘要再进行加密，这就形成了数字签名；随后这个数字签名将作为报文的附加和报文一起发送给报文的接收方；报文的接收方首先从接收的原始报文中用 SHA 编码加密方式计算出一个 128bit 的数字摘要，同时用发送方的公开密钥对报文附加的数字签名进行解密；将解密后的摘要与收到的报文在接收方重新加密产生的摘要相互对比，如果两者一致，则说明传送过程中信息没有被破坏或篡改过，那么接收方就能确认该数字签名是发送方的。

将数字签名技术应用于电子商务中，可以解决数据的否认、伪造、篡改及冒充等问题，其在电子商务中有如下主要功能：

其一，发送者事后不能否认自己发送的报文签名。

其二，接收者能够核实发送者发送的报文签名。

其三，接收者不能伪造发送者的报文签名。

其四，接收者不能对发送者的报文进行篡改。

其五，任何用户不能冒充另一用户作为发送者或接收者。

（四）数字信封

数字信封是采用双重加密技术来保证只有规定的接收者才能阅读到信中的内容。它实际上是先采用对称加密技术对信息进行加密，然后将对称加密密钥用接收者的公开密钥进行加密，并将这两者一起发送给接收者。接收者先用相应的私有密钥解密，即打开数字信封，得到对称加密密钥，然后再用对称密钥解开收到的信息。

（五）数字时间戳（Digital Time-stamp）

在交易文件中，留下时间的信息是很有必要的。在书面合同中，签署文件的时间与在文件上签名一样是防止伪造和欺骗的重要内容。同样地，在电子交易中，对交易文件的时间信息必须采用安全措施。数字时间戳服务 DTS（Digital Time-stamp Service）即是提供确认电子文件发表时间的安全保护，必须由专门的服务机构来提供。时间戳是一个经加密后形成的凭证文档，它由三部分组成。

第一，需加时间戳的文件摘要。

第二，DTS 收到文件的日期和时间。

第三，DTS 的数字签名。

数字时间戳产生的过程是:用户将需要加上时间戳的文件加密形成摘要后,将摘要发送到 DTS,由 DTS 在加入了收到文件摘要的日期和时间信息后,再对该文件加上数字签名,然后发给用户。必须注意的是,书面签署文件的时间是签署人自己写上的,而数字时间戳则是由 DTS 加上的,DTS 是以收到文件的时间作为确认依据的。

(六) 数字证书(Digital Certificate)

数字证书是在网络交易支付过程中,用来标志参与各方身份信息的一系列数据,它的作用与现实生活中的身份证类似。数字证书是由一个权威机构来发行的,它是用电子手段来证实一个用户的身份和用户对网络资源访问的权限。在网上的电子交易中,如双方各自出示了自己的数字证书,并使用它来进行交易操作,则可以不必为对方身份的真伪担心。随着电子商务广泛和持续的发展,数字证书以及证书认证机构的重要性已日益显现出来。

数字证书的内部格式是由 CCITT X.509 国际标准规定的,它必须包括以下内容:数字证书拥有者的姓名,数字证书拥有者的公开密钥,公开密钥的有效期,颁发数字证书的单位,数字证书的序列号,颁发数字证书单位的数字签名。

数字证书有以下的作用:证明在电子商务或信息交换中参与者的身份;授权进入保密的信息资源库;提供网上发送信息的不可否认性的依据;验证网上交换信息的完整性。由于数字证书是实现电子商务的重要条件,是参与电子商务的通行证,因此它本身的可信任程度必须得以保证。

数字证书有三种类型。

1. 个人凭证(Personal Digital ID)

个人凭证仅仅为某一用户提供凭证,以帮助这一用户在网上进行安全交易操作。用户个人身份的数字凭证通常安装在客户端的浏览器内,并通过安全的电子邮件(S/MIME)进行交易操作。

2. 企业(服务器)凭证(Server ID)

企业凭证通常为网络上的某个 Web 服务器提供凭证,这样拥有 Web 服务器的企业就可以用具有凭证的 Internet 网站点(Web Site)来进行安全电子交易。有凭证的 Web 服务器可以自动地将其与客户端 Web 浏览器通信的信息进行加密。

3. 软件开发者凭证(Developer ID)

软件开发者凭证可以为 Internet 网中被下载的软件提供凭证,用于与微软公司 Authenticode 技术(合法化软件)结合的软件中,以使用户在下载软件时能获得所需的信息。

上述三类证书中前两种较为常见,大部分认证中心都提供这两种凭证,第三种则用于比较特殊的场合。

四、防火墙技术

防火墙(Firewall)是一种隔离控制技术,通过在内部网络(可信任网络)和外部网络(不可信任网络)之间设置一个或多个电子屏障来保护内部网络的安全。设置 Internet/Intranet 防火墙,就是在企业内部网与外部网之间建立一个检查网络服务请求是否合法、网络中传送的数据是否对网络安全构成威胁的控制地带。

(一) 防火墙的基本原理

防火墙是一种形象的描述,它可由单独的硬件设备构成,也可由路由器中的软件模块组成,通常与路由器结合在一起使用。路由器用来与 Internet 连接,而防火墙用来决定数据包是否可以通过。防火墙不仅仅是路由器、内部网主机或任何网络安全设备的组合,也是安全策略中的一部分。实现防火墙的网络安全策略时,有两条可以遵循的规则。

第一种,未被明确允许的都将被禁止。

第二种,未被明确禁止的都将被允许。

前一种规则建立了一个非常安全的环境,只有审慎选择的服务才被允许,其缺点是不易使用,提供给用户选择的范围很小。后一种规则建立了一个非常灵活的环境,能给用户提供更多的服务,缺点是一些没有预料到的危险可能会影响网络的安全。实现防火墙的主要技术有:包过滤、应用网关和代理服务技术等。

1. 包过滤技术

包过滤(Packet Filter)技术是在网络层对通过的数据包进行过滤的一种技术,如图 3-2 所示。当包过滤器收到数据包后,先检查该数据包的包头,查找其中某些域中的值,再利用系统内事先设置好的过滤规则(或称逻辑),把所有满足过滤规则的数据包都转发到相应的目标地址端口,而把不满足过滤规则的数据包从数据流中去除掉。这些被检查的域包括数据包的类型(TCP 或 UDP 等)、源 IP 地址、目标 IP 地址、目标 TCP/IP 端口等。在过滤数据包时,通常使用访问控制表来检查数据包的有关域。

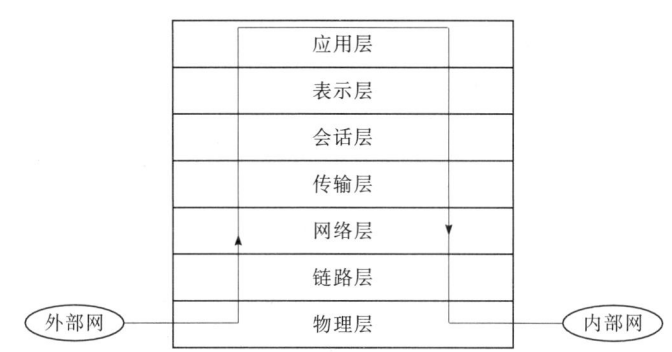

图 3-2 包过滤技术

利用数据包过滤技术来建立防火墙,是目前应用得最普遍的一种网络安全措施。现有的大多数 Intranet 都采用了这种防火墙来保护网络内部不会遭受来自外部的侵害。包过滤技术的主要优点有如下几个。

第一,方便有效。利用包过滤技术建立起来的防火墙,能有效地防止来自外部网络的侵袭。因为所有将要进入内部网络的数据包,都必须接受包过滤器的检查;而且可以非常方便地通过修改过滤规则表来适应不断变化的需求。

第二,简单易行。建立基于包过滤技术的防火墙非常容易实现,特别是利用合适的路由器来实现防火墙功能时,通常不需再额外增加硬件/软件配置。

然而,包过滤技术也存在着不足之处,主要有:

第一,仅在网络层和传输层实现。仅局限于网络层和传输层实现的包过滤技术,只在网络层和传输层对数据进行识别和处理,对高层的协议和信息却没有识别和处理的能力,这就使得它对通过高层进行的侵袭无防范能力。

第二,缺乏可审核性。包过滤器只是对未能通过检查的数据包做简单的删除,而并不对该入侵数据包的情况进行记录,也不向系统汇报,从而不具有安全保障系统所要求的可审核性。

第三,不能防止来自内部的侵害。防火墙虽然可以防止来自外部的入侵,但不能防止来自内部人员的破坏。

2. 应用网关技术

应用网关(Application Gateway)技术是建立在网络应用层上的协议过滤技术,它在内部网络和外部网络之间设置一个代理主机,并针对特定的网络应用服务协议,采取特定的数据过滤规则或逻辑,同时还对数据包进行统计分析,形成相关的报告。应用网关对于一些易于登录和控制所有输入输出的通信环境予以监控,防止有价值的程序和数据被偷窃。在实际应用中,应用网关一般由专用的工作站系统来实现。

3. 代理服务技术

包过滤技术的特点是,凡是可以满足包过滤规则的特定数据均可以在 Internet 和 Intranet 之间直接建立链路,这样 Internet 上的用户就可以直接了解到 Intranet 中的情况。为了避免出现这种情况,可以使用代理服务技术。

代理服务(Proxy Server)技术是利用一个应用层网关作为代理服务器,代理服务在应用层上进行,这样就可以防止 Internet 上的非法用户直接获取 Intranet 中的有关信息。在 Intranet 中设置一个代理服务器,将 Internet 进入 Intranet 内部的链路分为两段,即从 Internet 到代理服务器的一段和从代理服务器到 Intranet 内部的另一段,用这种方法将 Intranet 与 Internet 隔离开来。所有来自 Internet 的应用连接请求均被送到代理服务器中,由代理服务器进行安全检查后,再与 Intranet 中的应用服务器建立连接。所有 Internet 对 Intranet 应用的访问都须经过代理服务器,这样,所有 Internet 对 Intranet 中应用的访问都被置于代理服务器的控制之下;同样,所有 Intranet 对 Internet 服务的访问,也受到代理服务器的监视(如图 3-3 所示)。代理服务器可以实施较强的数据流监控、过滤、记录和报告等功能,代理服务技术主要通过专用计算机来承担。

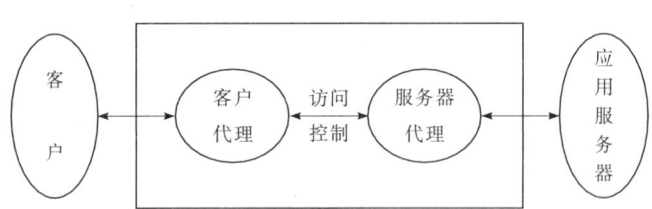

图 3-3 代理服务工作原理

代理服务技术的主要优点有如下几个。

第一,屏蔽被保护的内部网。由于 Internet 上的非法用户只能通过代理服务器的方式来访问 Intranet,从而无法了解到 Intranet 中的情况,如主机的名称、IP 地址、信息的配置等情况,这样就可以屏蔽受保护的内部网,增强网络的安全性。

第二,对数据流的监控。使用代理服务技术的防火墙软件能够将经过它的正常、异常和非法的数据包记录下来,以实施对数据流的监控,并可通过分析统计资料,及时发现在内部网中的不安全因素。

代理服务技术的主要缺点有如下两个。

第一,实施难度较大。由于应用级网关只允许有代理服务的访问通过,所以它要求为每种网络信息服务专门开发出代理服务和相应的监控过滤功能的软件。

第二,需要特定的硬件支持。由于代理服务需要处理大量进出 Intranet 的数据,因而需要使用专门的高性能计算机。

(二)防火墙的实现方式

现实中的防火墙通常是基于上述的三种防火墙技术来建立的,可将防火墙的基本类型分为网络级(包过滤型)防火墙和应用级防火墙。其中,应用级的防火墙有三种常见的类型:双穴主机网关、屏蔽主机网关、屏蔽子网网关。但随着防火墙技术的不断发展,两种类型配置的区别越来越不明显。

1. 网络级(包过滤型)防火墙

基于单纯的包过滤技术建立的防火墙,实现起来较容易,它有两个网络接口,位于内部网和外部网的交接处,只需配置好安全访问控制表即可。它具有包过滤技术的优缺点,其主要工作是对每个经过防火墙的 IP 数据包进行过滤。由于包过滤器只能设置静态的安全过滤规则,因而难以适应动态的安全要求。

2. 应用级的防火墙

应用级的防火墙建立在应用层网关基础上,它的三种常见类型有一个共同点,即都需要有一台主机——通常被称为堡垒主机(Bastion Host)的机器——来担当应用程序转发者、通信登记和服务提供者的角色。它在防火墙中起重要作用,其安全性关系到整个网络的安全。

(1)双穴主机网关(Dual Homed Gateway)。双穴主机网关的结构如图 3-4 所示。其中,堡垒主机充当应用层网关,在此主机中需安装两块网卡,一块用于连接到被保护的内部网,另一块则用于连接到 Internet 上,并在堡垒主机上运行防火墙软件。由于被保护的内部网与 Internet 之间无法直接通信,必须通过该主机,这样就可以将被保护网很好地屏蔽起来,而 Intranet 是通过堡垒主机获得 Internet 的服务的。这种应用层网关能有效地保护 Intranet,且所需的硬件设备较少,容易验证其正确性,因而是目前应用得较多的一种防火墙。但堡垒主机容易受到攻击,它本身无法保护自己。

图3-4 双穴主机网关结构

(2)屏蔽主机网关(Screened Host Gateway)。屏蔽主机网关的结构如图3-5所示。它综合了包过滤器和双穴主机网关两种结构,为了保护堡垒主机,而将它置入被保护网的范围中,即在堡垒主机与Internet之间增设一个屏蔽路由器(Screened Router)。它不允许Internet对被保护网进行直接访问,只允许对堡垒主机进行访问,可以有选择地允许那些值得信任的数据通过屏蔽路由器。与前面的双穴主机网关相似,屏蔽主机网关也是在堡垒主机上运行防火墙软件。

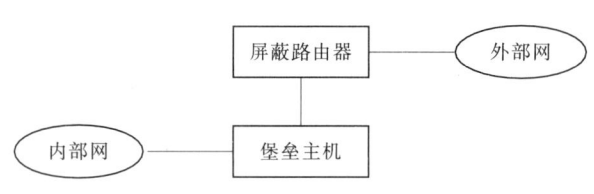

图3-5 屏蔽主机网关结构

屏蔽主机网关是一种更为灵活安全的防火墙软件,它可以利用屏蔽路由器增加一层安全保护,但此时的路由器处于易受攻击的地位,一旦被攻破,所有的用户即都可随意进出网络。另外,屏蔽路由器的安全规则配置要求较高,因此必须确保它和堡垒主机中的访问控制表协调一致,以避免出现自相矛盾的情况。

(3)屏蔽子网网关(Screened Subnet Gateway)。屏蔽子网网关是在屏蔽主机网关的结构基础上发展起来的。它是在内部网和外部网之间设立一个被隔离的小型的独立子网,并可将向Internet上的用户提供的部分信息放到该子网中。这部分存放在子网公用信息服务器上的信息,应允许被外部网上的用户直接读取。具体的做法是在子网与 Internet 之间设置一个外部路由器来对子网进行保护,子网到 Intranet 之间采用屏蔽主机网关对 Intranet 进行保护。这样,Internet 上的用户要访问公共信息服务器时,只需通过外部路由器即可。但如果用户要访问 Intranet 中的信息,则需通过外部和内部路由器后,再去访问堡垒主机,然后再通过主机访问 Intranet,因此,屏蔽子网网关的安全性更高。

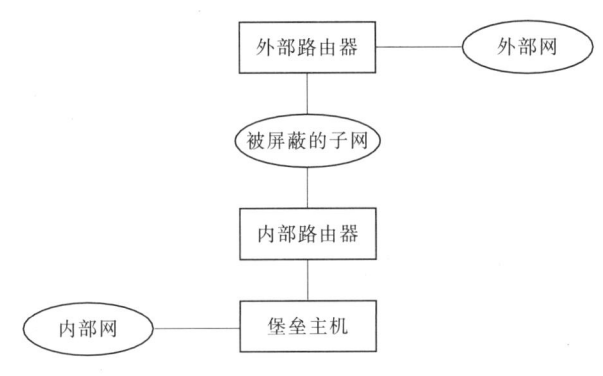

图 3-6　屏蔽子网网关结构

五、安全协议

为了保证在线支付、在线交易的安全,IT 业与金融商贸行业的研究人员一起,共同开发和推出了一些安全协议,来确保电子商务的顺利发展。下面介绍比较有代表性的几种安全协议。

(一) 安全超文本传输协议

安全超文本传输协议(Secure HTTP,S-HTTP)是在 Internet 上广泛使用的超文本传输协议 HTTP 中增加了安全特性的一种协议。它基于安全套接层协议技术,并利用密钥对传输的数据加密,保障在 Web 站点间的交易信息传输的安全。

(二) 安全多功能因特网电子邮件扩充协议

多功能因特网电子邮件扩充协议(MIME)是 Internet 上的一种电子邮件扩充

标准格式,但未提供任何安全服务的功能,而安全多功能因特网电子邮件扩充协议(S-MIME)是在 MIME 的基础上添加数字签名和加密技术的一种协议。S-MIME 的目的是在 MIME 上定义安全服务措施的实施方式。S-MIME 已成为产业界广泛认可的协议,支持该协议的软件企业集团有微软、Novell、Lotus 等公司。

(三) 安全套接层协议 SSL

安全套接层协议(Secure Sockets Layer,SSL)是由 Netscape 公司提出的安全交易协议,该协议向基于 TCP/IP 协议的客户/服务器应用程序提供客户端和服务器之间的安全连接技术。它主要解决 TCP/IP 协议不能确认用户身份的问题,在 Socket 上使用非对称的加密技术,以保证网络通信服务的安全性。SSL 协议的实现较为简单,它独立于应用层协议,可以完成所需的安全交易操作,被用于 Netscape 和 Microsoft 的浏览器和服务器中,IBM 公司的网络产品也支持该协议。SSL 是一个面向连接的协议,只能提供交易中客户与服务器间的双方认证,在涉及多方的电子交易中,SSL 协议并不能协调各方间的安全传输和信任关系。

(四) 安全交易技术协议

安全交易技术(STT)协议是由微软公司提出来的。STT 将认证和解密在浏览器中分离开来,用以提高安全控制能力。

(五) 安全电子交易协议

1996 年,由维萨卡集团(Visa International)、万事达卡(Master Card)、IBM、微软、Netscape、RSA、SAIC、GTE、VeriSign、Terisa 等组织共同研究,并于 1997 年正式公布了一个能够保证通过开放网络(包括 Internet)进行安全资金支付的技术规范,即安全电子交易(Secure Electronic Transaction,SET)协议。该协议涵盖了信用卡在电子商务交易中的交易协定、信息保密、资料完整及数字认证、数字签名等技术,并被公认为全球范围内 Internet 的安全标准。从理论上看,它的设计是安全的,它的交易形态将成为未来电子商务的规范,为确保电子商务的顺利进行提供了安全保障。SET 主要由三个文件组成,分别是 SET 业务描述、SET 程序员指南和 SET 协议描述。

SET 协议主要采用公钥密码体制(PKI)和 X.509 电子证书标准,通过相应软件、数字证书、数字签名和加密技术,将交易信息进行编码和加密,用于维护在开放网络上的个人信用信息的隐蔽性,以确保交易的安全。SET 协议主要用于支持 BtoC 类型的电子商务模式,它支持客户、商家、银行等实体之间相互确认身份。

SET系统可以让使用者在开放网络上发送安全的支付指令和获取认证信息。

在一个SET交易过程中，参与交易的实体有客户、网上商店、认证中心、收单银行和发卡银行。据统计，整个交易平均需验证数字证书9次，数字签名6次，传递证书7次，做5次签名，分别做4次对称和非对称加密运算，用时1—2分钟。

（六）公开密钥体制

公开密钥体制（Public Key Infrastructure，PKI）是一种标准的密钥管理平台，可以为所有网络应用透明地提供采用加密和数字签名等密码服务所必需的密钥和证书管理。PKI能够确保通信双方的身份认证、发送信息的不可否认性和数据的完整性等安全性问题。它主要由认证机构、证书库、证书管理系统、密钥生成管理系统、个人安全环境（PSE）等部分构成。

1. 认证机构

认证机构是证书的签发机构，它有权签发或废弃证书的主体。在网络环境中，PKI可以向公钥的使用者证明公钥的真实合法性，确认主体的身份以及它与公钥的匹配关系。每一个PKI都有一个单独的、可信任的根（root），从根处可取得所有的认证。认证机构的安全性非常重要，它管理着自己的一对密钥，其公钥在网上公开。认证机构的数字签名保证了证书（拥有者的公钥）的合法性和权威性。认证机构中的注册机构（RA）负责证书的分发和签名，它是认证机构的代表机构。

2. 证书库

证书库或称证书目录，是集中存放用户证书的共享目录，并在网上公开发布的一种公共信息库。用户可以从证书库中查询其他用户的证书和公共密钥，而系统必须保证信息库中信息的准确性和完整性。

3. 证书管理系统

证书管理系统用于管理证书的注册、生效和注销，它是PKI的一个重要部分，其中包括证书管理协议和证书信息管理格式等。

4. 密钥生成管理系统

密钥生成管理系统是PKI生成和管理密钥的部分，它具有生成密钥、分配、撤销、暂停、否认和归档等功能。

5. 个人安全环境

个人安全环境是系统妥善保存用户个人信息的一种安全机制。私有信息包括私钥或协议使用的缓存信息等。

六、认证中心

认证中心（Certificate Authorities，CA）是在电子交易中承担网上安全交易认证服务、签发数字证书、确认用户身份等工作，并具有权威性和公正性的第三方服务机构，它是保证电子商务交易安全进行的一个不可缺少的重要环节。

在电子交易中，为了保证交易的安全性、公正性，身份认证不是靠交易的双方自己来完成，而是由第三方机构来实现，认证中心就是充当这样的一个服务角色。在交易双方发生利益冲突时，如果有一方企图否认自己的公共密钥和数字签字的话，则必须由认证中心来为交易双方担任公有密钥的认证工作。因此，使用者在生成自己的密钥以后，需要直接把公共密钥和身份信息送到认证中心去认证；通过认证后，认证中心必须将签核过的凭证放到凭证数据库中，供其他人查询和下载，这样，交易双方都能在认证中心取得对方的凭证，证明主体的身份以及它与公钥的匹配关系。

（一）认证中心的职能

认证中心的主要功能是受理数字证书的申请、签发等工作，并对数字证书进行管理。认证中心必须严格按照认证操作规程来完成服务操作。通过运用各种加密技术建立起一套严密和完善的身份认证系统，保证信息除了发送方和接收方外，不被其他人窃取；保证信息在传输过程中没有被篡改；保证发送方可以通过认证中心签发的数字证书来确认接收方的身份无误；保证发送方无法否认自己发送的信息。认证中心主要有以下一些基本功能。

1. 颁发证书

认证中心接收和验证下级认证中心和最终用户（持卡消费者、商户、收单行支付网关等）的数字证书的申请，并将申请的内容备案，根据申请的内容确定是否受理该数字证书的申请。如果中心接受该数字证书申请的话，则必须确定向用户颁发何种类型的证书。新的证书由认证中心的私钥签名以后，送到目录服务器供用户查询和下载。为了确保查询信息的准确性和完整性，认证中心必须对所有返回给用户的应答信息进行签名。

2. 更新证书

认证中心应该定时手工或自动地对用户的电子证书进行更新，或者按照用户的要求对用户的电子证书进行更新，从而确保认证中心保存的用户证书是最新的和有效的。

3. 查询证书

证书查询包括证书申请的查询和用户证书的查询。证书申请的查询是认证中心按照用户的查询要求,返回给用户证书申请的受理结果;用户证书的查询是由目录服务器自动完成的,目录服务器按照用户的要求返回用户所需的证书信息。

4. 撤销证书

当用户的私用密钥由于泄密的原因造成用户证书必须撤销时,由用户向认证中心提出撤销证书的请求,认证中心根据用户的请求,确定是否撤销证书。另外,当证书过了有效期后,认证中心会自动将证书撤销。认证中心撤销证书时,不是通过简单的删除证书来完成,它必须保存撤销了的证书的有关信息。这些可以通过维护证书作废列表来实现。

5. 证书归档

证书过了合法期限之后就必须撤销,但是不能将作废的证书简单地丢弃,以防有些客户需要查对以前某个交易过程中使用的数字签名,这时客户可以到作废的证书库查找。因此,认证中心应当具备管理作废证书和历史数据的一套完善的规章制度。

总的来说,认证中心除了签发数字证书的业务外,还必须负责维护数字证书的安全性与完整性。一旦交易过程发生纠纷,认证中心按照它与客户之间的协议,应负举证的责任,并将双方的注册信息和凭证送交有关单位进行仲裁。

(二) 认证中心的安全对策

认证中心是为电子商务的安全而设立的,认证中心本身的安全就成为电子商务安全的核心。由于认证中心是以其公正、权威和可信任的身份来获得证书使用者对它的信赖,因此,安全和可信是认证中心在电子商务体系中存在的基础。由于认证系统具有复杂性和运行不可间断性等特点,因此对认证中心的安全系统有很高的要求。一套良好的安全体系是认证中心取得使用者信赖的保证。在这套安全体系中,通常包括物理与环境安全、网络安全、应用系统与数据安全、系统连续性管理、操作人员与日常操作管理等部分。在认证中心的安全体系中,应用系统与数据的安全最为重要,主要包括各个层次认证私钥及其附属系统信息的安全,注册审核体系系统的安全,用户私钥及证书服务的安全。

由于针对认证中心的攻击可能产生严重后果,因此,认证中心必须做好应对攻击的各种准备。通常采取的防范措施如下。

1. 假冒的防范

认证中心必须认真核实数字证书申请确实是由相应的申请者发送来的,防止冒名顶替的情况发生。

2. 私钥的安全防范

如果认证中心的私人密钥被攻击者发现,他就可以伪造数字证书。因此,认证中心必须防止私人密钥落入他人之手。

3. 认证人员违规的防范

如果认证中心工作人员被收买,则攻击者可以要求工作人员以其他人的名义签发一份数字凭证给他,这样攻击者就可以用他人的名义签发报文。因此,目前有些认证签名单位要求有三名以上的雇员插入一把包含机密信息的数字密钥才能产生数字证书。

另外,必须注意妥善保存过时的私人密钥,否则攻击者可以用它来伪造一份以前签名的报文。在实际的网上交易中,非法侵犯行为不断翻新,只有不断分析各种安全隐患,更新防范手段,才能确保电子商务活动的安全。

第四节　移动电子商务技术

移动电子商务(M-commerce)是近些年来一种新兴的商务模式,由电子商务(E-commerce)的概念衍生而来。原先的电子商务以 PC 机为主要界面,是"有线的电子商务";而移动电子商务,则是通过手机、具有无线功能的电脑、无线 POS 以及 PDA(个人数字助理)等各种无线移动通信设备与信息网络有机地结合,并利用无线网络进行的电子商务活动。

一、移动通信技术

(一) 通用分组无线业务

在传统的 GSM(Global System for Mobile Communications)网络业务中,通话是最主要的服务项目。此外,用户最高只能以 9.6kb/s 的传输速率进行数据通信,如发送传真、电子邮件、下载图片等。很明显,这种低速率只能用于传送文本信息和小幅静态图像,而无法满足动态影像的传输需求。

在 GSM 网的基础上实现通用分组无线业务(General Packet Radio Services, GPRS)功能是当前提升 GSM 数据速率的一种有效方法。GPRS 突破了 GSM 网只能提供电路交换的思维定式,在普通 GSM 网络的传统电路交换中增加了分组交换数据功能,数据被分割成数据包而不断以稳定的数据流进行传输,以使移动设备用户保持与服务器的"虚拟"连接。它通过仅仅增加相应的功能实体和对现有的基站系统进行部分改造来实现分组交换,从而大大提高了资源的利用率。

作为第2.5代移动通信系统,GPRS能快速建立连接,适用于频繁传送小数据量业务或非频繁传送大数据量业务。用户可以得到更多的接入带宽,实现数据与话音的同步处理,充分享受高速电子邮件传递、网上冲浪、访问企业网络等快捷而简单的接入服务。同时,GPRS允许用户在所有时间内都在线,它根据传送数据的分组数据计费,而不是根据连接距离和连接时间计费。GPRS是能帮助GSM网络用户及电信运营商从现有系统平稳过渡到新一代数据与语音传输的通信系统,它增加了进入移动互联网的途径。

(二)码分多址技术

码分多址(Code Division Multiple Access,CDMA)技术,是现代通信技术中用来实现信道共享、提高信道资源利用率的一种数字技术。它通过编码来分割通信流程,这样就可以让系统混合更多的通话到一个信道之中,处理器收到信息之后通过识别编码将每个通话信号完整地分离并且重新集合在一起,完成信号传送过程。在相同的信道条件下,CDMA比GSM具有更高的信道资源利用率,因此,CDMA成为第三代移动通信信道共享的基本方式。

CDMA与GSM系统最大的区别在于电波涵盖的范围、通话质量、通话中断率及容量的大小。CDMA系统在通话质量方面能够提供接近于家用座机电话水准的清晰度;而CDMA的高容量、高传输的特性,除了可让使用者有较长的通话时间和清晰的通话质量外,还能通过数字编码传送这一特性,增强传输时的保密性,以减少断线的概率,进而提供更多样化的服务。CDMA系统可以扩大原有系统的容量和传输速度,有助于电信系统商扩展服务范围、降低网络架设的成本,并且提供给消费者更多元化的服务。

(三)第四代移动通信技术

从1G到4G的发展情况可以看出,通信系统的发展周期一般为10年,现在已进入第四代(4G)移动通信系统的时代。

1. 4G的定义

第四代移动通信技术可称为广带接入和分布网络,具有非对称数据传输能力,能对全速移动用户提供高质量的影像服务,首次实现三维图像的高质量传输。它包括广带无线固定接入、广带无线局域网、移动广带系统和互操作的广播网络。

4G标准比3G标准具有更多的功能,能在不同的固定无线平台和跨越不同频带的网络中提供无线服务,并在任何地方宽带接入互联网(包括卫星通信和平流层通信),提供信息通信以外的定位、定时、数据采集、远程控制等综合功能。

2. 4G 的主要特点

(1)高速率。对于大范围高速移动用户(250km/h),数据速率为2Mb/s;对于中速移动用户(60km/h),数据速率为20Mb/s;对于低速移动用户(室内或步行者),数据速率为100Mb/s。

(2)以数字宽带技术为主。在4G移动通信系统中,信号以毫米波为主要传输波段,蜂窝小区也会相应小很多,这能在很大程度上提高用户容量。

(3)良好的兼容性。4G 移动通信系统实现全球统一的标准,让所有移动通信运营商的用户享受共同的4G服务,真正实现一部手机在全球的任何地点都能进行通信。

(4)较强的灵活性。4G 移动通信系统采用智能技术,使其能自适应地进行资源分配,能对通信过程中不断变化的业务流大小进行相应处理而满足通信要求,有很强的智能性、适应性和灵活性。

(5)多种业务的融合。4G 移动通信系统支持更丰富的移动业务,包括高清晰度图像业务、电视会议、虚拟现实业务等,使用户在任何地方都可以获得所需的信息服务。

二、无线应用协议

无线应用协议(Wireless Application Protocol,WAP)是一种通信协议,是开展移动电子商务的核心技术之一,它融合了计算机网络及电信领域的各种新技术。有了WAP 的帮助,用户可以用手机随时随地、方便快捷地接入互联网,真正实现不受时间和地域约束的移动电子商务,享受前所未有的全新多样的交互式服务。

(一) WAP 的构成

根据最新的 WAP 规范,WAP 主要包含以下组件。

1. WAP 编程模型

WAP 编程模型在很大程度上利用了现有的 WWW 编程模型,并针对无线环境的通信特点对原有的 WWW 编程模型进行了优化和扩展。

2. 无线标记语言

无线标记语言(WML)是利用 XML1.0 标准定义的面向显示的一种标记语言,类似于 HTML,特别适合在性能方面严重受限的手持设备。WML 将页面文件分割成一套用户交互操作单元(卡),用户在进行 Internet 访问时,需要在一个或多个 WML 文件产生的各个卡之间来回导航。使用 WAP 网关,所有的 WML 内容都可以通过 Internet 使用 HTTP1.1 请求进行访问,因此传统的 Web 服务器、工具和技术可以继续使用。

3. 微浏览器

与标准的 Web 浏览器类似,微浏览器实际上是一个适合手持设备的功能强大的用户接口模型,规定手机如何解释 WML 和 WML Script 并且显示给用户。用户可以通过上移键和下移键在各个卡之间来回进行导航。为了保持与标准浏览器的一致,微浏览器还提供了各种导航功能,如 Back、Home、书签等。微浏览器允许具有较大屏幕和更多特性的设备自动显示更多的内容,就像传统的浏览器在浏览窗口扩大时能显示更多的信息一样。

4. 轻量级协议栈

轻量级协议栈将无线手机访问 Internet 的带宽需求降到最低,保证了各种无线网络都可以使用 WAP 规范。通过使用 WAP 协议栈可以节省大量的无线带宽。要完成同样一个访问操作,使用 WAP 协议栈涉及的数据包的数量不到使用全标准的 HTTP/TCP/IP 协议栈的一半,这对于带宽严重受限的无线网络来讲是十分有用的。

5. 无线电话应用框架

无线电话应用(WTA)框架允许无线手机访问各种电话功能,诸如呼叫控制和来自 WML Scriptapplet 中的信息等。这也就等于是许可商家开发各种电话应用并且将其集成到 WML/WML Script 服务中。

6. WAP 网关

WAP 使用标准的 Web 代理技术,将无线网络与 Web 连接起来。通过将处理功能集中在 WAP 网关中,WAP 结构大大减少了手机上的操作负载,为手机制造成本的降低创造了有利条件。

(二) **WAP 的应用意义**

WAP 的提出和发展是基于在无线移动条件下接入 Internet 的需要,它提供了一套开放、统一的技术平台。借此,用户可以十分方便地使用移动设备及其他便携式终端来访问和获取 Internet 或企业内部网上的信息和各种服务。

同时,WAP 提供了一种普遍意义上的应用开发框架,它支持在不同无线通信网络上方便高效地开发和运行 WAP 应用服务。它能够支持当前最流行的嵌入式操作系统和目前使用的绝大多数无线设备,包括移动电话、寻呼机、双向无线电通信设备等。在传输网络上,WAP 可以支持各种移动网络,如 GSM、CDMA、PHS 等,还可以支持第三代和第四代移动通信系统。

三、无线公开密钥体系技术

安全性是影响移动电子商务发展的关键问题。无线网络的安全性同有线网络一样,大致可以分为四个相互交织的部分:保密、鉴别、抗否认和完整性控制。保密是指保护信息在存储和传输的过程中的机密性,防止未得到授权者访问;鉴别主要指在揭示敏感信息或进行事务处理前必须先确认对方的身份;抗否认性要求能够保证信息发送方不能否认已发送的信息,这与签名有关;完整性控制要求能够保证收到的信息的确是最初的原始数据,而没有被第三者篡改或伪造。

相对于传统的电子商务模式,移动电子商务的安全性更加薄弱。如何保护用户的合法信息账户、密码等不受侵犯,是一个迫切需要解决的问题。而无线公开密钥体系(Wireless Public Key Infrastructure,WPKI)将互联网电子商务中的 PKI 安全机制引入到了无线网络环境中,形成了一套遵循既定标准的密钥及证书管理平台体系,用它来管理在移动网络环境中使用的公开密钥和数字证书,有助于建立安全和值得信赖的无线网络环境。

(一) WPKI 的内容

WPKI 技术可以满足移动电子商务安全的要求,即保密性、完整性、真实性、不可抵赖性,消除了用户在交易中的风险。WPKI 技术主要包含以下几个方面的内容:认证机构(CA)、注册机构(RA)、智能卡、加密算法。

(二) WPKI 技术在移动电子商务中的应用

在移动电子商务中,如何实现在线、实时、安全的支付是技术实施的核心,尤其在移动环境下,需要准确地识别人员身份,判别账号真伪,并迅速、安全地实现资金转账处理。WPKI 技术在移动商务中有如下几个方面的应用。

1. 网络银行

用户可以使用移动设备通过网络银行轻松实现话费缴纳、商场购物、自动售货机购物、公交车付费、投注彩票等支付项目。如果在网络银行系统中采用了 WPKI 和数字证书认证技术,即使窃贼盗取了卡号和密码,也无法在网络银行交易中实施诈骗。

2. 网上证券交易

用户使用手机之类的移动终端进行网上证券交易时,要求随时随地都能自由、方便、安全地进行各种交易。客户通过手机短信息输入如股票代码和股票数量等有关的授权交易信息,该信息以加密的短信息方式进行传输,服务器对这些信息进行解密。当交易完成后,结果信息以加密形式返回给客户,客户即可读取反馈的结果信息。

3. 网上缴税

同样,通过移动终端设备进行无线网上缴税也能给用户带来极大的便利,可以减少操作时间,提高办事效率,但是这也要解决安全性和可靠性的问题。类似于网上银行系统的实现,采用 WPKI 体系作为安全技术框架,移动用户可以通过使用个人拥有的数字证书,使信息获得更有效的、端到端的安全保障。

4. 其他方面的应用

移动电子商务应用内容广泛,比如网上店铺、网络学习、网络游戏等,而这些商务活动都要求实时可靠。随着移动电子商务的发展,基于 WPKI 技术的应用范围将逐步拓展。

四、移动 IP 与 IPv6

(一) 移动 IP

移动 IP 通过在网络层改变 IP 协议,从而实现移动计算机在 Internet 中的无缝漫游。移动 IP 技术使得节点在从一条链路切换到另一条链路上时无须改变它的 IP 地址,也不必中断正在进行的通信。

应该说,移动 IP 技术在一定程度上能够很好地支持移动电子商务的应用。但是,目前它也面临一些问题,比如移动 IP 协议运行时的三角形路径问题、移动主机的安全性和功耗问题等。

(二) IPv6(Internet Protocol version 6)

谈到移动 IP 时必须提到新一代互联网协议——IPv6 对移动 IP 乃至整个移动电子商务的支持。

Internet 当前使用的 IP 协议版本 IPv4 存在一些设计缺陷,其中最严重的问题是 IP 地址数量的局限,IPv4 采用 32 位地址长度,只有大约 43 亿个地址,以目前 Internet 的发展速度计算,所有 IPv4 地址到 2010 年分配完毕。为了彻底解决 IPv4 存在的问题,IETF 于 1995 年开始研究开发下一代 IP 协议,即 IPv6。IPv6 采用 128 位地址长度,可以彻底解决 IPv4 地址不足的问题。除此之外,IPv6 还采用分级地址模式、高效 IP 包头、服务质量、主机地址自动配置、认证和加密等许多技术。

可以预见,IPv6 凭借其地址数量、安全性、服务质量的巨大优势,将使得电子商务的安全、便利、快捷与低成本的优势更加凸显出来,极大地推动电子商务的发展。

（三）IPv6为电子商务的发展提供了充足的地址

IPv6采用128位地址，意味着地球每平方米面积上可分配1 000多个地址，能从根本上满足电子商务迅速发展所需的IP地址。我们可以用摩尔定律描述电子商务的飞速发展，而电子商务的发展壮大也要求互联网为其提供大量的IP地址。

（四）IPv6支持移动电子商务

IPv6的巨大地址空间和层次化的地址结构可以为每一个通信设备（如笔记本电脑、手机、PDA）配备各个全球IP地址，并使其具备移动性，从而实现移动终端的随时随地上网。从2001年起，随着无线通信技术的快速发展，移动手持设备用户激增，产生了无线技术与电子商务相结合的产物——移动电子商务。移动电子商务以其随时随地的便利性、支付方式的灵活性与安全性在银行、贸易、购票、购物、娱乐业等领域大显身手。IPv6则以庞大的地址空间、地址自动分配机制及对移动性的良好支持，为移动电子商务的崛起提供了巨大的动力。

（五）IPv6为电子商务提供更好的安全性

IPv6可在网络层支持对每个分组的认证和加密，从而改进当前的三类防火墙，使它们增加了对IP数据源地址的认证、分组内容的完整性检验，以及对分组加解密的功能。IPv6能够保证网络硬件的安全，防止非法用户进入网络并保护网络中的数据，有效地扼制黑客、病毒的泛滥。所以，IPv6能够解决当前网络中的电子支付的安全问题，保护电子交易各方的利益，使电子商务的安全性得到保障。

IPv6技术在电子商务中应用的优势会越来越明显，它为电子商务的发展提供了新的机遇。有了IPv6技术的支撑，电子商务将会进入一个高速的发展时期。

五、手机移动定位技术

有统计显示，在人们的日常生活中，有80%的信息与位置相关。随着社会的不断发展，人们的移动性日益增强，对位置信息的需求也日益高涨，移动定位服务（Location Based Service，LBS）可以有效满足人们的这种需求。

移动定位是运营商依托移动通信网络或借助其他定位技术，在电子地图平台的支持下，为用户提供相应位置信息的一种增值业务。在移动定位业务兴起之前，最先服务于导航和定位服务的技术是全球定位系统GPS。随着移动通信网络技术的不断发展，从1999年开始，通过移动通信网络实现的移动定位业务得到逐步应用，并日益走向成熟。目前，移动定位业务的技术实现方法主要有三种类型：一为网络独立定位法,其中包括 CELL－ID、TOA/TDOA 等技术;二为手机独立定位法,其中包括 GPS 和 EOTD 等技术;三为联合定位法,即利用手机定位功能与网络定位功能相结合,最典型的技术是 A－GPS 技术。

显然,通过移动通信网络提供定位服务,是定位业务发展进程中的一个重要突破。如今,移动定位不仅日益广泛地应用于物流管理、交通调度、医疗救援、野外勘探等领域,而且正在加快走向大众化。利用具有定位功能的手机,用户除了能确定自己所在的位置外,还可以轻松查找商场、餐厅、医院、银行等与自己生活息息相关的位置信息,享受位置服务带来的种种便利。

第五节　案例两则

一、防范网上虚假信息

(一)案情简况

2000 年 8 月 25 日上午 10 点半,网络通信设备制造企业艾穆列克斯公司 CEO 保罗·霍林诺走进办公室打开 CNBC 频道时,不禁大吃一惊,在纳斯达克上市的公司股票转眼间价格竟跌去一半。后经调查,原来是一条虚假信息捣的鬼。事情的发展经过是这样的:

9:30,在线金融信息服务提供商 Internet Wire 发布信息,称艾穆列克斯公司正在接受美国证券交易委员会(SEC)的调查,总裁已辞职,公司将重新报告赢利状态,由原报告中的赢利变成亏损。

10:13,雅虎财经网页上发出警示:"艾穆列克斯将重新报告、调低赢利水平。"

10:14,道—琼斯财经转载该新闻。

10:29,艾穆列克斯公司股票停牌。至停牌前,股价从上一交易日收盘价 113 美元下跌至 43 美元,最大跌幅 62%。

10:57,道—琼斯援引艾穆列克斯公司发言人讲话,称早先的消息为虚假信息。

下午 1:30,艾穆列克斯股票复牌。首笔成交价为每股 120 美元。

2:00,霍林诺就该事件接受 CNBC 采访,表示美国证券交易委员会、美国联邦调查局和纳斯达克正在调查此事。

4:00,艾穆列克斯股票收盘,收盘价为 105 美元。全天交易价格范围为 43—130 美元。

这一虚假信息对广大投资者来说无异于一场"飞来横祸"。正如一位交易员所说:"在假消息传出的瞬间,投资者不顾一切地疯狂抛售所持的艾穆列克斯股票,卖价通常低于最新价 5—6 个基点,大笔卖单蜂拥而出。在 3—4 分钟内股价从 100 美元下跌至 70 美元。"

虚假消息给艾穆列克斯公司也造成惨重损失,公司股价在一小时内从每股 113 美元左右狂跌至最低 43 美元,公司市值锐减 25 亿美元。尽管下午股票复牌后大幅"收复失地",以每股 105 美元收盘,但仍比上一交易日下跌 6.5%。

与上述巨大损失相比,造假者的成本与获利却小得不相称。信息伪造者是通过因特网信息公司网站发布该假消息的,根据该公司的规定,只要在公司网站注册便可发布信息,像上述这样一条造成艾穆列克斯公司损失 25 亿美元之巨的信息,其收费仅为 325 美元。而几天后的侦破表明,造假者的收益也只有 23.6 万美元。

(二) 监管与司法部门联手破案

艾穆列克斯虚假信息案案发后仅 6 天,即 8 月 31 日,美国联邦调查局会同司法部宣布该案告破,并逮捕了 23 岁的大学生嫌疑犯马克·雅各布。在案发前一周他还是发布艾穆列克斯公司信息的因特网信息公司雇员,现在却被指控在互联网上发布上市公司虚假信息并非法牟利近 24 万美元。

原来,雅各布对艾穆列克斯公司股票下错了"卖空"赌注,将损失 10 万美元。于是他铤而走险,给原先工作过的因特网信息公司发了一封电子邮件,假冒成艾穆列克斯公司人员,声称该公司正在接受美国证券交易委员会的调查,公司将重新报告赢利状况以及公司首席执行官已经停职。

因特网信息公司误以为真,将之归档并在网上发布。此后,包括 Bloomberg、道—琼斯在内的数家主要财经媒体相继转发了这一信息。

艾穆列克斯股票价格急挫之后短时间内,联邦调查局就会同证券交易委员会开始追查因特网信息公司收到的电子邮件的来源。经过侦查,包含虚假信息的该邮件出自于艾尔·卡米罗社区大学图书馆的一台电脑,而在虚假信息发布的时间,即 8 月 25 日晚,有人见过雅各布在该处工作到深夜。

警方在确认雅各布为嫌疑犯后,有关部门马上着手调查了艾穆列克斯股票交易记录,发现确实进行了一系列的可疑操作。交易记录显示,在虚假消息事件前 2 周内,雅各布"卖空"了 3 000 股艾穆列克斯股票。

雅各布供认,他卖出股票的价格分别为每股 72 美元和 92 美元,但一周后艾穆列克斯股票价格却涨至每股 100 美元,这意味着他即将损失 10 万美元。因此,雅各布发出了伪造的信息,在 25 日艾穆列克斯股票瞬间急跌的过程中,迅速买回卖空的股票,从而不仅消除了亏损,还从中牟利 23.6 万美元。

雅各布于 8 月 31 日上午 7 点在洛杉矶被捕,被指控犯有发布虚假信息的证券欺诈罪,此罪名可判处最长 15 年的监禁。

(三) 经验教训

1. 先进交易系统存在缺陷

在艾穆列克斯虚假信息事件中,由于纳斯达克交易所的反应迟缓,致使股票价格在一小时内重挫 50% 以上。纳斯达克引以为荣的"技术上最先进、股票交易不间断的系统"是造成其反应迟钝的关键原因。有专家指出,如果这一事件发生在纽约证交所(NYSE),场内交易员肯定会大喊大叫,引起一片喧哗,因此该股票很容易被停牌,停牌速度比纳斯达克市场要快得多。根据纽约证交所的规定,一旦出现交易指令严重失衡,股票应立即停牌。此外,如果纽约证交所发现意料之外的有关上市公司的信息披露,也会立即停止该股票的交易。看来纳斯达克市场的电子撮合交易系统不能防止股价异常大幅下跌,是造成这次"股灾"的重要原因,应当检讨和改进。

2. 虚假信息损害市场有效性

虚假信息会削弱股票市场的效率,因为投资者不知道该不该相信得到的信息。正如几张伪钞流入市场会迫使所有店主在收受现钞时都会小心翼翼一样,少数几则假消息也会迫使所有投资者付出额外的时间来验证最新披露信息的真实性。这一额外的时间会延长从信息披露起至该信息被反映在股价上的时间。

3. 识别假消息,加强自我保护意识

网上信息传播速度之快、范围之广前所未有,网络信息造假既是现代证券市场必须认真研究的课题,也是投资者必须面对的问题。那么,投资者该如何从此次虚假信息案中吸取教训,避免遭受无谓的投资损失呢?

首先,警惕星期五的坏消息,一般来说,需要向公众披露负面信息的公司会选择在周五之前发布,因为这样能够混在众多其他信息之中,从而可能减少被注意的程度,因此对周五发布的信息尤其要提高警惕,以防假冒。此次的艾穆列克斯假消息便是在周五发布的。

其次,核查有关信息,许多信息会提供包括公司内部及其公共关系代理机构的多位联系人姓名。

再次,将该信息与其他信息放在一起对比,并在信息发布公司主页上确认,因为许多公司会同时在公司主页上发布同一信息。

最后,仔细核对信息内容与标题,在本次伪造信息案中,标题中声称美国证券交易委员会正在调查艾穆列克斯公司的会计处理方法,但正文中却根本未提。

案例思考题

1. 个人如何判断和防范网上虚假信息？
2. 法律应如何规范人们网上传播虚假信息的行为？

二、支付宝身份认证技术

（一）支付宝认证

"支付宝认证"是由支付宝公司提供的一项身份识别服务，除了核实用户身份信息以外，还能核实银行账户信息等。通过支付宝认证后，用户相当于拥有了一张互联网身份证，可以在淘宝网等众多电子商务网站开店、出售商品。

支付宝认证是一种第三方认证，不是交易网站本身认证，因而更加可靠和客观，加上众多银行参与，因此更具权威性。认证流程简单、容易操作，认证信息及时反馈，用户可以实时掌握认证进程。

（二）认证的流程

支付宝认证包括支付宝个人实名认证与支付宝商家实名认证，其认证的流程有所不同。

1. 个人实名认证

首先登录支付宝，单击"申请个人实名认证"按钮，系统弹出支付宝认证协议。单击"我已阅读并同意接受以上协议"按钮，进入支付宝认证申请页面。

个人用户要如实填写相关资料才能通过认证。当个人信息与身份证件核实并提交验证通过后，再填写开户银行信息。提交后，系统提示支付宝将在2个工作日内向用户的银行账号注入一定数目的资金。此后，就只需要等待支付宝的资金到账。

在这一过程中，用户可以登录网上银行查询账户明细，或者到银行柜台查询支付宝给定的金额。一旦支付宝注入的资金到账，用户就可以进入"我的支付宝"，根据提示将查到的金额填写在"确认汇款金额"页面。输入正确后，支付宝认证过程就完成了。通过认证后，个人用户登录支付宝账户后，在"我的支付宝"中，真实姓名旁就会出现"支付宝个人认证图标"。

2. 商家实名认证

支付宝的商家认证流程与个人认证的流程大体相同，也必须提供商家资料，不同的是商家除了需要提供身份证复印件外,还要有企业营业执照的复印件。如果身份证复印件跟法人不一样,还需要公司出示委托书。这些信息填写无误,工作人员进行审核之后,系统将通过认证的信息反馈给商家。通过认证后,商家用户登录支付宝,在"我的支付宝"中,公司名称旁会出现"支付宝商家认证图标"。

(三) 支付宝数字证书

为了进一步提高用户账户的安全性,支付宝公司向已通过认证的用户推出了数字证书业务。用户如果申请了数字证书,并将证书安装到自己使用的计算机上,则在登录支付宝后,将获得更多资金处理权限,如账户提现等。而用户在未安装证书的计算机上登录,资金处理的相关权限将受到一定限制。

数字证书的申请步骤是:登录支付宝,系统对未申请的用户提示"支付宝数字证书可以提高账户安全性,建议您立即申请"的字样,单击"申请"的超级链接,进入数字证书申请页面。

在数字申请页面中,支付宝提醒用户,申请数字证书是让用户的支付宝账户多一层保护,同时拥有密码和证书才能使用所有功能。单击页面下部"申请支付宝数字证书"按钮,系统显示用户账户信息,主要是用来登录支付宝的电子邮件账号与用户姓名。

需要注意的是,为了防止证书遗失,用户一般不宜在公共场所(如网吧)申请证书,而应在个人常用计算机上进行数字证书申请与下载操作。因此,当用户单击"确定"按钮准备完成数字证书申请时,系统提醒用户只有在信任的网站上下载才是安全的。如果用户单击"是(Y)"按钮,系统显示有关数字证书的信息,如证书发放者、证书序列号、证书有效期等。同时,再次提醒用户安全。当用户再次单击"是(Y)"按钮后,系统弹出申请数字证书成功窗口。此时,支付宝数字证书申请与安装完毕。

在没有下载证书的电脑上进入支付宝账户后,只能做查询的操作。如果账户资料被窃取,在未下载证书的电脑上,他人也无法进行任何资金操作。

为了用另外的计算机使用支付宝,或者防止因重装系统、意外删除造成证书丢失,需要对支付宝数字证书进行备份。此时,需要用户为数字证书备份设置密码,同时,系统提示在本次备份后是否可以在用户正在使用的计算机上再次备份。对于数字证书的备份文件,用户可以复制到其他计算机上,当用户用其他的计算机登录支付宝账户后,可以导入数字证书,从而获得对自己账户的完全权限。

单击"备份"按钮，系统即时将证书备份，即产生一个以用户名为名字，以 pfx 为后缀的支付宝证书文件。支付宝对申请成功与备份的数字证书提供了便捷的证书管理功能，使用它可以对证书再次备份，或者查看证书有关内容，也提供了删除与注销证书的功能，为用户管理证书提供了工具。

为了方便使用支付宝数字证书，用户可以将证书文件备份到 U 盘或者邮箱中（邮箱名称尽量不要与支付宝账户同名，以确保安全），如果在网吧内使用支付宝，在安装并使用完毕之后应将备份文件删除，以保障账户安全。

案例思考题

1. 支付宝第三方认证的作用何在？
2. 申请数字证书并进行备份有什么必要性？

本章思考题

1. 电子商务应用涉及哪些技术？
2. 电子商务的技术标准解决了什么问题，有何意义？
3. 简述 EDI 的含义和特点。
4. 什么是防火墙？防火墙技术有哪些？
5. 什么是安全协议？有哪些主要的安全协议？
6. 电子商务中常用的鉴别技术有哪些？
7. 移动通信技术的最新发展情况如何？
8. 什么是 WAP？它的发展前景如何？
9. IPv6 在推动电子商务方面有哪些优势？
10. 手机移动定位技术的主要功能是什么？

相关内容网站

1. 万维网　　www.w3.org
2. IETF 因特网管理　　www.ietf.org
3. IANA 因特网管理　　www.iana.org

4. 微软公司　www.microsoft.com
5. 思科公司　www.cisco.com
6. 万事达卡　www.mastercard.com
7. 谷歌公司　www.google.com
8. 支付宝公司　www.alipay.com

第四章 电子商务在国际贸易中的应用

学习要点与要求

通过本章的学习,应掌握电子商务在国际贸易中的应用,交易磋商的电子化,电子订单的处理,电子合同的含义及其履行过程,相关交易环节的电子化。

掌握电子化交易磋商的含义及特点,电子磋商的环节和方式,了解电子订单的含义及其处理过程,还应掌握电子合同的含义和电子合同成立的要件,了解其他电子商务交易环节的电子化内容。

第一节　交易磋商的电子化

一、电子商务条件下的交易磋商

由于国际贸易的买家和卖家可以从网上获得更多信息,因此,买卖双方搜索信息、获得信息及根据信息进行决策的流程和方式发生了新的变化,网络贸易商务的卖家和买家可以跨过中间商直接进行交易。

(一) 国际贸易电子磋商的含义

国际贸易电子磋商是指在国际贸易领域内,买卖双方利用简便、快捷、低成本的现代信息技术和通信手段进行交易信息的交流和沟通,实现洽谈、签约过程的电子化,从而大大提高交易磋商效率。电子磋商的内容涉及商品质量、数量、包装、价格、装运条件、租船订舱、商检条件、支付方式、申请进出口许可证等各个方面。

国际电子商务是电子商务在国际贸易领域的应用,买卖双方可以利用现代通信技术、计算机技术和网络技术,就一笔交易或长期商业贸易关系涉及的各种问题充分交流意见和想法,以达成意思一致,为签订电子合同奠定基础。

国际电子商务削弱了商品提供者及采购者之间地理位置的限制,使得商品交易活动由固定场所转移到了无形的因特网上。国际贸易的地理方向从简单的国与国、区域与区域向全球化转化,即网络贸易更倾向于在全球范围内对贸易伙伴进行选择。传统的国际贸易一般通过有固定场所的国际贸易公司来完成,因特网的出现使跨国贸易可以不通过贸易公司,而是通过无国界的因特网来完成。只要企业与因特网建立连接,就可以方便地与网上的任何企业建立贸易联系,进行贸易洽谈和交易。电子商务条件下的国际贸易大大方便了买卖双方之间的联系与交流,增加了贸易机会。

(二) 电子商务在国际贸易磋商中的应用

在进行国际贸易前,由于买卖双方分别处在不同的国家和地区,就必须收集贸易信息,寻找贸易机会。

在电子商务时代,买方主要通过上网来获取信息,可以随时上网查询自己所需要商品的相关信息。目前,多数国家的政府部门都在因特网上设立了政府站点,提供各国最新经济动态与市场信息。还有许多专门为国际贸易服务的站点,可提供大量的贸易商品信息。卖方则主要利用因特网和各种贸易网络发布商品广告,积极地上网寻找贸易伙伴和交易机会,努力扩大贸易范围和商品所占的市场份额。

由于作为国际贸易主体的买方和卖方可以从网上更便捷地获得最新信息,因此,网络成为最大的不收佣金的中间商,买卖双方可以直接接触,从而降低了进出口公司、代理商和中间商的地位,也降低了买卖双方的交易费用。

总的来说,在国际电子商务系统中,贸易信息的交流通常都是通过网上交流来完成的。这种信息的沟通方式无论从效率提高还是时间节省方面都是传统贸易方式无法比拟的,具有明显的优势。

电子商务条件下,买卖双方实现交易信息匹配的方式如图4-1所示。

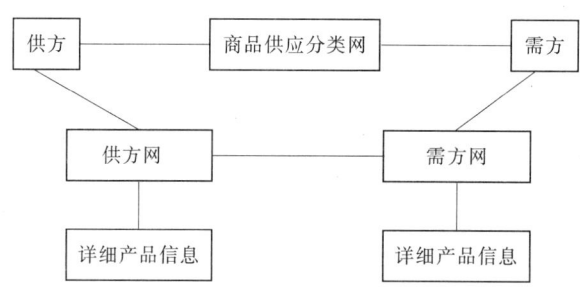

图4-1 网络环境下供需信息匹配方式

在国际电子商务交易中,参与交易的各方来自不同的国家,但可以利用方便快捷的现代信息技术手段迅速找到对方并达成交易,从洽谈、签约到交货、付款的整个交易过程都可以部分或全部以电子化的手段完成。

二、电子化交易磋商的特点

(一) 国际贸易电子磋商与传统磋商的异同

在买卖双方了解到有关商品的供需信息、发现潜在贸易伙伴后,就开始了具体的商品交易磋商过程,对所有交易细节进行谈判。电子磋商与传统交易磋商一样,往往要经过询盘、发盘、还盘和接受几个过程;磋商的内容同样包括:合同的标的

(买卖货物的品名、品质、数量和包装等),合同的价格,卖方的义务(货物的交付、交单等),买方的义务(货款的支付、接货等),预防争议与争议的处理(商品检验责任、索赔期限、免责条件和仲裁协议等)。双方取得一致意见后,签订买卖合同(传统的贸易磋商过程如图4-2所示)。

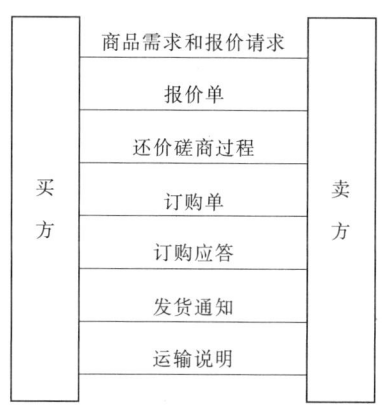

图4-2 传统的贸易磋商过程

但电子交易磋商也有不同于传统磋商方式的特点,整个磋商过程在网络系统的支持下完成,原来贸易磋商中的单证交换过程,在电子交易磋商中演变成为记录、文件和报文在网络中的传递过程。各种各样的电子商务系统和专用的数据交换协议自动保证了网络信息传递过程的准确性和安全可靠性。

各类贸易单证、文件,如价目表(Price List)、报价单(Quotation Sheet)、询盘(Inquiry)、发盘(Offer)、还盘(Counter Offer)、接受(Accept)、订单(Order)、发货通知(Notice of Shipment)、付款通知(Notice of Payment)、发票(Invoice)等在国际电子商务环境下都变成了标准格式,从而提高了整个交易过程的速度,减少了漏洞和失误,规范了商品贸易过程。

在电子商务系统中,这一交易磋商和签订合同的过程被称为支持交易过程中系统。它在支持交易前系统的基础上更进了一步,帮助双方完成交易磋商直到合同签订为止的整个过程。首先,系统必须从技术上确认用户的订货要求没有欺诈;其次,要确认供货方确实是合法供货方,并且保证他人不会盗取用户商业信息来从事其他违法活动。因此,这类系统通常要求交易各方事先在网络认证中心进行有效和合法的注册。只有注册的用户才能从事网上交易,并且在交易过程中系统将会提供动态联机认证和保密措施。因此,这类业务通常发生在一些买卖交易频繁、买卖关系相对比较固定的贸易伙伴之间。

这一系统中签订的合同通常不再要求以书面文件形式来确认磋商的结果,而可以采用电子合同的形式。因为网络协议和应用系统自身已经保证了所有贸易磋商日志文件的确定性和安全可靠性。

(二) 国际贸易条件下的电子磋商过程

电子商务合同多通过 EDI 方式达成。由于用户采用的计算机多设有自动审单功能,电子商务合同的订立就可以在计算机模拟智能操作下完成,这有别于传统意义上的电子磋商过程。

国际电子商务的交易方式主要涉及三个方面:信息、EDI 与电子资金转账。国际贸易活动的电子化和无纸化就是通过这三方面实现的。其中,EDI 是国际电子商务活动的主要基础设施。但国际电子商务不局限于 EDI,它还涉及更多的内容,包括进行市场调研,确定交易机会及伙伴,发展与顾客和供应商的关系,联合产品设计,提供售后服务等;而 EDI 则局限于那些预先编制好程序与标准的交易。

全球网络用户的快速增加使得国际电子商务的发展具备了更好的条件,也使网络贸易发展不断加快。

(三) 电子交易磋商的优势

总的说来,电子磋商可以大大降低交易成本,减少交易费用。据统计,在传统国际贸易方式下,买方完成一笔国际贸易,从发出要约到登记应收账款账户冲账,大概要经过 20 个环节,平均需要 200 份纸面单据。买卖双方常常由于处理贸易数据和文件而延误时间,一些疏漏也往往在重复输入数据中产生。而网上国际贸易恰恰避免了这些问题,减少了时间延误和人为差错,大大简化了国际贸易流程,提高了工作效率,带来了巨大的社会和经济效益。传统贸易方式与电子商务贸易方式的外贸单证运营过程的比较如表 4-1 所示。

表4-1　　传统贸易方式与电子商务贸易方式的外贸单证运营过程比较

步骤	传统贸易方式	电子商务贸易方式
1	买方准备一份请购单	买方准备一份请购单
2	卖方收到请购单并回复	卖方收到请购单并回复
3	获得批准或授权	获得批准或授权
4	输入请购单数据	输入请购单数据
5	打印采购单	—
6	邮寄采购单给买方	—
7	卖方接受采购订单	—
8	买方确认采购货物清单	—
9	卖方确认订单	—
10	进行订货登记	—
11	打印装箱单或订单	—
12	货物装运给买方	货物装运给买方
13	缮制发票记应收账	—
14	将发票寄给买方	—
15	买方收到货物	买方收到货物
16	买方收到发票	—
17	登记所收货物存货科目	登记所收货物存货科目
18	将发票输入应付款系统	—
19	缮制支票	—
20	将支票寄给卖方	—
21	卖方收到支票	—
22	登记应收款账户冲账	—

我们可以发现,原来的 22 项外贸单证产生和传递过程,由于电子商务的应用而节省了 15 项,可见其节约人力和时间的作用是十分明显的。

三、电子磋商的方式和环节

(一) 电子磋商的方式

1. 电子邮件方式

在进出口贸易的电子磋商中,电子邮件方式因其方便、快捷和低成本的优势,而广受涉外业务员的欢迎并成为最主要的磋商方式。比如,在发电子邮件询盘时,可以利用文字编辑软件的粘贴功能,快速地复制大量信件,只需修改收件人的电子邮件和称呼,就可以同时发给许多用户。

利用电子邮件进行网上交易要遵循一定的商业规则,要了解贸易伙伴的不同文化背景、商业习惯和法律环境等,通常应注意以下几点。

(1) 获取有用的电子邮件地址。这可以通过与国外客户交换名片获得,也可以从国外客户的网站上查找,还可以通过国外的贸易门户网站获得。对于与本公司有固定贸易往来的客户应加入电子邮件地址簿中,以备随时查找使用。

(2) 使用简洁的语言和文字。在国际贸易函电中,有时使用的是贸易一方的语言,有时使用的是贸易双方母语以外的第三方语言,如中日贸易、中韩贸易通常使用英语。无论使用何种语言,文字和语言一定要准确。提倡使用标题和副标题,不要滥用多种字体,电子邮件的内容应简洁明了。

(3) 重要的信息安排在邮件首部。首先向收件人传递最重要的信息,在电子邮件的开始就向收件人传达邮件的主要内容。还有可以把文件标题作为邮件主题,直观、富有吸引力的主题可以激发客户的兴趣,促使他们打开邮件并认真阅读。邮件的内容要尽量简短,直接进入主题,节省双方的时间。

2. 网站的运用

企业也可以利用专业网站来完成交易活动。如阿里巴巴网站,贸易双方都可以在阿里巴巴网站上寻找供求信息,与多家供货商或者买家进行磋商,从而提高了交易的可能性和公平性。

阿里巴巴的"贸易通"的默认进入页面是作为买家的首页,点击"买家首页"的图标也可以到达该页面。在首页上可以看到企业的交易夹中的交易数量和文件夹中的文档数,还可在此处搜索所有企业作为买方身份发送的文档。企业可以创建自己的交易夹来对交易进行归类,也可以删除已经建立的交易夹。

作为卖方,可以通过点击"卖家首页"来完成上述操作。

作为买方,可以通过"贸易通"中的"发送询价单"功能向卖方发送询价信息,也可通过"贸易通"下订单。而卖方则可以通过"发送报价单"的功能向买方发出报价信息。

点击相应的询价单、报价单、订单文档中的"发送谈判消息""回复谈判消息"按钮,仔细填写相应的谈判内容,发送后,该谈判消息会附属在相应的文档下,双方可以针对该文档展开谈判,谈判消息可以互相跟随。上述过程可以实现买卖双方更快、更有效的沟通,方便双方寻找合适的供求信息,促成交易。

(二) 电子磋商的具体环节

1. 询盘的电子化

询盘是交易的一方向另一方询问有关商品的交易条件,询问的内容可以是一项或多项交易条件。在电子商务条件下,询价可以由业务员以电子邮件方式向潜在交易对象发出,也可以由电子商务系统的客户管理系统或供应链管理系统自动发出。

2. 发盘的电子化

发盘又称发价或报价,法律上称其为要约,是交易的一方向另一方做出承诺,愿意按照交易条件达成交易、订立合同的意思表示。《联合国国际货物销售合同公约》规定:"凡是向一个或一个以上的特定的人提出订立合同的建议,如果其内容十分确定并且表明发盘人有其发盘一旦得到接受就受其约束的意思,即构成发盘。"

通常情况下,发盘还需要有一个有效期作为对对方表示接受的时间限制,超过有效期,发盘人即不受约束。根据《联合国国际货物销售合同公约》的规定,口头发盘时,受盘人只有当场接受方为有效。采用电子商务系统发盘时,为避免发生争议,一般应明确规定发盘的有效期。

根据《联合国国际货物销售合同公约》的规定,一项发盘只要在其尚未生效以前,都是可以修改或撤回的。因此,在传统的国际贸易活动中,如果发盘人发现其内容有误或因其他原因而想改变主意,可以用更迅速的通信方式,将发盘的撤回或更改通知赶在受盘人收到该发盘之前或同时送达受盘人。例如,如果发盘是用平信的方式发出的,则可以用特快专递、传真、E-mail 的方法发出撤回或更改通知。而在电子商务条件下,由于发盘的传递速度极快,即发即到,是无法撤回的,所以发盘时应十分慎重,并明确规定发盘的有效期。

《联合国国际货物销售合同公约》规定在发盘已送达受盘人,即发盘已经生效、但受盘人尚未表示接受的一段时间内,只要发盘人及时将撤销通知送达受盘人,仍可将其发盘撤销。而受盘人一旦发出接受通知,则发盘人就无权撤销发盘。由此可知,在电子商务条件下,如果发盘有错误,无法撤回或更改,但是发盘人可以迅速做出撤销发盘的决定,并将这一通知在受盘人做出接受之前及时送达受盘人,这是电子商务条件下对发盘有误的唯一补救方法。

3. 还盘的电子化

还盘又称还价,是指受盘人不同意发盘人提出的交易条件并提出修改意见。还盘如果在实质上变更了发盘的条件,就构成了对发盘的拒绝,其法律后果是否定了原发盘,原发盘即告失效,原发盘人就不再受其约束。如果还盘的内容具备发盘的条件,这种还盘就构成一个新的发盘,还盘人就成为新的发盘人,原发盘人就成为新受盘人,他对新发盘有接受或拒绝的权利。

在电子商务条件下与传统贸易条件下一样,一个确定性的还盘就成为新的发盘,在还盘时必须慎重对待。还盘有时会多次反复,要有耐心并细心核实有关细节,不能马虎。

4. 接受的电子化

接受在法律上称为承诺,是指受盘人在发盘人规定的有效期内,以声明或行为表示同意发盘提出的各项条件。

在电子商务条件下,接受的生效也遇到了传统贸易条件下不会出现的问题。电子化接受通知的发出可能是业务人员的行为,也可能是企业内部决策支持系统或电子数据交换系统的行为,而且这些信息都不是用明文方式发出的,而是经过加密后以密文方式发出的。这里就产生了新的法律问题:企业决策支持系统或电子数据交换系统行为的地位问题,即决策支持系统或电子数据交换系统做出的接受通知能否被认为是受盘人做出的接受通知。还可能出现的问题是:受盘人的接受通知已经发到发盘人的电子信箱里,但是发盘人并没有去电子邮箱接收信件,这时算不算送达发盘人。再一个问题是:送达的经过加密的接受通知在解密前算不算送达;如果算,发盘人在没有看到接受的内容之前,就须遵守该发盘;如果不算,那么发盘人故意拖延解密的时间应负什么法律责任。在法律没有明确解决这些问题之前,受盘人应在发出加密的接受通知的同时,向发盘人发出明文的信息,告诉发盘人查看有关的接受通知的内容,同时避免让电子商务系统自动发出接受信息,以免出现误会和争议。

第二节　电子订单

电子订单是利用电子化形式传递并可以用电子化形式处理的一种采购信息。

使用电子订单,可以节省大量的纸质成本和人员成本。企业在接到电子订单后,可以利用内部信息网络进行处理,把订单信息快速发送到生产、仓储和结算等各个相关部门,及时快捷地处理订货需求。在国际电子商务活动中,电子订单作为交易商品及其物流服务、支付结算的重要数据源,其处理速度和质量能反映出一个企业的信息化水平和国际竞争力。

一、电子订单的信息内容

贸易一方通过网上选购商品,确定后提交订购信息,形成电子订单。电子订单涉及的主要信息包括三个方面:一是客户订购的商品信息,包括商品名称、规格、商品代码、商品数量、商品价格、商品包装、商品生产厂家和产地等;二是付款方式,如电开信用证或 T/T 等;三是客户对订购商品的运输要求,如运输方式、装运时间、发货地和目的地等。对于电子订单的内容应由订单处理系统或业务员迅速核对,如果在时间和方式上无法满足客户的具体要求,应当及时说明更改;对于客户提供的详细联系方式等也要注意核实,因为其在订单履行时非常重要。

二、电子订单的优势

电子订单比传统订单有许多优点,它可以大大缩短订单处理时间,实行智能化处理;减少人为录入错误,提高效率;节省传真、纸张的费用,降低成本;减少订单操作人员,节省人工费用;实现客户资料和产品信息的自动导入,规范和加快贸易数据在系统中的更新过程;实现订单跟踪的电子反馈,为发展客户关系奠定良好的基础。

三、电子订单在我国的发展

自 20 世纪 90 年代以来,电子商务在我国的发展日益趋于实用化,与传统经济贸易活动的结合越来越深入,电子订单也越来越广泛地应用在贸易领域。"在线中国出口商品交易会",即"在线广交会",是目前国内最大的商品进出口网上交易平台,通过电子订单实现的交易量每年达上百亿美元。

在企业电子商务应用中,大型骨干企业和专业电子商务网站出现高速增长,制造业企业网上销售率和网上采购率增长更快。宝钢集团建立了"宝钢在线"电子商务平台,率先实现了网上订货和网上查询,能查询客户订单在宝钢的生产进度、物流运输情况、品质、结算信息。海尔集团早在 2000 年就建立起 BtoB 及 BtoC 电子商务平台,开创了中国第一笔网上家电采购,目前海尔集团的国际产品销售和原材料采购的订单和支付绝大部分都通过网上实现。联想集团等 IT 企业在国内外市场也大力拓展电子订单、网上支付、电子商务协同等应用领域。

第三节　电子合同及其履行

一、电子合同

（一）电子合同的含义及特点

电子合同就是在网络条件下当事人之间为了实现交易目的,通过电子邮件和电子数据交换等达成一致意向并明确相互权利义务关系的协议。

电子合同因其载体和操作过程不同于传统书面合同而具有以下特点。

第一,订立合同的双方或多方在网络上运作,往往互不见面。合同内容等信息记录在计算机或磁盘载体中,其修改、流转、储存等过程均在计算机内进行。

第二,表示合同生效的传统签字盖章方式被电子签名所代替。有些为模拟纸面文件的效果同时使用电子印章,使电子合同与纸质合同看上去差别不大,符合常规使用习惯。

第三,电子合同的生效地点为收件人的主营业地;没有主营业地的,其经常居住地为合同成立的地点。

第四,电子合同所依赖的电子数据具有易消失性和易改动性。电子数据以磁性介质保存,其改动、伪造不易留痕迹,因而作为证据有一定的局限性。

第五,具有数据校验功能,能够确保用户起草和填写信息的规范性和准确性。

第六,传输过程加密,保证数据的保密性。

第七,电子印章与数字证书结合以及双重密码验证,保证合同签订双方的准确身份;基于数字证书的电子印章保证不可否认和不可篡改性。

第八,合同数据可以部分或全部导入企业数据库或者业务系统,使贸易数据能被充分利用。

（二）电子合同与传统合同在成立和使用方面的区别

1. 电子合同的要约和承诺均通过因特网完成

在传统的合同订立过程中,当事人是面对面地提出要约和做出承诺,或者是通过信件、电话、电传和传真等方式发出要约和做出承诺,而且可以先后多次采用上述不同方式,充分进行协商。而电子合同则不同,它的要约、承诺均是合同双方当事人通过电子数据的传递来完成的——一方电子数据的发出即为要约,另一方电子数据的回送(回执)即为承诺;另外,由于电子数据交换(EDI)在功能上具有自动审单判断的功能,因此,一些合同的签订过程几乎是在计算机的操作下完成的,不存在传统意义上的协商过程。

2. 电子合同的传递通过因特网进行

传统纸面合同的订立、变更及合同的传递一般是双方当事人面交,通过邮寄也是补充方式;而电子合同的传递,则完全在因特网用户终端之间进行。

3. 合同的成立、变更和解除不需采用传统的书面形式

由于电子合同是采用数据交换的方法签订合同,合同的内容可以储存在计算机中,也可以储存在磁盘或磁带中,因此电子合同的成立、变更或解除,均不需要传统的书面形式。联合国国际贸易法委员会《电子商业示范法》第6条规定:如法律要求信息须采用书面(形式),则假若一项数据电文所含信息可以调取以备日后查用,即满足了该项要求。

4. 电子合同的成立不需经过传统的签字

国际贸易中,合同和许多单证都有签字的要求。比如美国《统一商法典》明确规定:合同必须签名。在电子合同中,人们只需要采用电子签名即可满足电子合同成立的条件,这一点已获得国际社会的广泛认可。

二、电子合同的成立

(一) 电子合同的订立

在国际电子商务中,电子合同的订立过程仍然要遵循合同订立的基本原理,签订电子合同的过程即"协商一致"的过程。这包括要约和承诺两个阶段,只有具备这两个阶段,电子合同的订立过程才能完成。

1. 电子合同的要约

(1)要约。根据我国《合同法》第14条的规定:要约是希望和他人订立合同的意思表示。要约要取得法律上的效力,必须具备以下条件:第一,要约必须是特定人的意思表示,其目的是希望得到受要约人的承诺并最终签订合同。第二,要约必须是向相对人发出。要约必须经过相对人的承诺才能签订合同,因此,要约必须是向相对人发出的意思表示。第三,要约的内容必须具体确定。所谓"具体",是指要约的内容必须具有足以使合同成立的主要条件。这里的"确定",是指要约的内容必须可以根据一般生活常识或特定交易行业的知识确定下来。第四,要约必须明确提出受要约人做出答复的期限,在此期限内要约人受自己要约的约束,且不得擅自撤回或变更要约。电子要约是通过电子的方式希望和他人订立合同的意思表

示,该意思表示应当是特定人所为的意思表示,内容应当具体确定,并且表明一旦经受要约人的承诺,要约人即受该意思表示的约束。

(2)要约邀请。要约邀请,又称要约引诱,按照我国《合同法》第15条的规定:要约邀请是希望他人向自己发出要约的意思表示。要约邀请只是引诱他人向自己发出要约,至于他人是否向自己发出要约,在法律上没有意义,不可能产生合同成立与否的法律后果,因而要约邀请对要约邀请人和相对人都没有约束力。

在以电子邮件或电子数据交换单独与特定人联系的情况下,一方发出的信息是要约还是要约邀请,比较容易判断。但是,在一般商业网站上推销商品或服务的信息,要判断其是要约还是要约邀请往往是有困难的。一般情况下,如果该商品的信息有明确的价格、规格等内容并可以在线下载的话,应认定为要约。

此外,网上交易信息到底是要约还是要约邀请,也是一个要视具体情况而定的复杂问题。美国《统一计算机信息交易法》将网络电子信息交易的要约与承诺分成了直接即时履行信息交易与非直接即时履行信息交易两种情况。该法第203条关于"要约与承诺的一般规定"的第4款规定,如果要约是以电子信息引发电子信息接收要约,合同成立于:①当电子承诺收到时;②如果该反应构成履行的开始、全部履行或提供对信息的访问,当收到履行或访问成为可能并且必要的访问材料已收到之时。这说明履行本身也是网络交易中的一种承诺形式。

(3)电子要约的生效。我国《合同法》第16条规定,要约到达受要约人时生效。采用数据电文形式订立合同、收件人指定特定系统接收数据电文的,该数据电文进入该特定系统的时间,视为到达时间;未指定特定系统的,该数据电文进入收件人的任何系统的首次时间,视为到达时间。美国《统一计算机信息交易法》规定:合同可以表明协议存在的任何方式订立,包括要约和承诺,或承认合同存在的双方的行为以及电子代理人的操作过程。

(4)电子要约的失效。要约的失效是指要约丧失了法律约束力,也就是说要约不再对要约人和受要约人产生法律上的约束。我国《合同法》第20条规定了要约失效的几种条件:第一,拒绝要约的通知到达要约人;第二,要约人依法撤销要约;第三,承诺期限届满,受要约人未做出承诺;第四,受要约人对要约的内容做出实质性变更。这也适用于电子合同。

2. 电子承诺

根据我国《合同法》第21条的规定,承诺是指受要约人同意要约的意思表示。受要约人的承诺一经送达要约人后,合同即为成立。

一个有效的承诺,其构成要件如下:第一,承诺必须由受要约人做出。受要约人以外的第三人即使知道要约的内容并做出同意要约的意思表示,也不能因此而订立合同。第二,承诺必须向要约人做出。受要约人承诺的目的在于同要约人签订合同,所以承诺只有向要约人做出才有意义。第三,承诺的内容必须与要约的内容完全一致。承诺是受要约人愿意按照要约内容与要约人签订合同的意思表示,所以承诺的内容必须与要约的内容完全一致。如果受要约人在承诺中对要约内容加以变更,则不能构成承诺,合同不能因此而成立,而且还必须符合要约中所指定的方式。同样,承诺的撤回或变更必须先于或与承诺同时到达要约人时才会发生法律效力。

(二)电子合同的成立与生效

1. 电子合同成立的时间和地点

电子合同的成立时间,是指电子合同开始对当事人产生法律约束力的时间,也是法律上认为电子合同客观存在的时间。电子合同的成立地点,是指电子合同成立的具体地方。合同成立的时间和地点对于确定合同当事人的权利和义务、合同的履行、合同争议的管辖及合同适用的法律十分重要。

各国合同法对合同生效的时间和地点有不同的规定,按照不同国家的法律,合同成立的时间和地点也有所不同。我国采用"到达主义原则",《合同法》第16条规定:采用数据电文形式订立合同,收件人指定特定系统接收数据电文的,该数据电文进入该特定系统的时间视为到达时间;未指定特定系统的,该数据电文进入收件人的任何系统的首次时间视为到达时间。

我国《合同法》第34条还规定:采用数据电文订立合同的,收件人的主营业地为合同成立的地点;没有主营业地的,其经常居住地为合同成立的地点。此外,为了避免在未来的电子商务交易中产生贸易纠纷,联合国《电子商务示范法》详细规定了收到和发出数据电文的时间、地点。信息的发出方与接受方以约定方式传送电文时,以电文进入信息系统的时间为收到时间,也即要约或承诺的生效时间;双方有约定而未按约定方式发送电文时,则以接受电文方检索到该电文时间为收到时间。该法还对地点进行了确定,即除非发件人与收件人另有协议,数据电文应以发件人设有营业地的地点视为发出地点,以收件人设有营业地的地点视为收到地点。即①如发件人或收件人有一个以上的营业地的,应以与基础交易有最密切联系的营业地为准,若无任何基础交易,则以其主要的营业地为准;②如发件人或收件人没有营业地,则以其惯常居住地为准。可见,《电子商务示范法》关于合同成立的时间采用"到达生效规则",同时对到达的具体时间做出了规定,便于操作和把握。关于合同成立的地点,基本原则是根据收件人收到数据电文(即合同成立时)收件人的营业地为合同成立的地点,并对收件人有一个以上的营业地和没有营业地的情况也做了符合国际私法惯例的立法规定。

2. 电子合同的生效

合同的生效是指具备生效要件的合同开始在当事人之间产生法律约束力。合同的有效着眼于已成立的合同,因符合法定的有效要件而取得法律所认可的效力,属于法律对已成立合同的价值判断问题。有些成立的电子合同因缔约主体不合格、意思表示瑕疵的原因也可能归于无效;而附带期限规定的电子合同依法成立时并未生效,只有等所附期限到来时方为生效。

三、电子合同的履行

合同履行是合同效力的重要表现,是当事人订立合同追求的目标。我国《合同法》第60条规定,当事人应当按照约定全面履行自己的义务。电子合同的履行可以根据商品特点采取离线或在线的方式。

(一) 电子合同当事人的一般权利和义务

1. 卖方的义务

在国际电子合同中,卖方要承担三项义务,具体如下。

(1) 按照合同的规定提交标的物和单据。提交标的物和单据是电子商务中卖方的主要义务。当事人双方应该在合同中明确规定标的物交付的时间、地点和方式。如果当事人对标的物交付的时间、地点和方式未做约定,则应当按照合同法的规定或比照有关公约的规定办理。

(2) 对标的物的权利承担担保义务。电子商务交易中的卖方仍是标的物的所有人或者经营管理人。卖方应保证其对所出售的标的物享有合法的权利,并承担保证标的物的权利不被第三人追索的义务,以此保护买方的权益。如果第三人提出对标的物的权利,卖方有义务证明第三人无追索权,必要时还应参加诉讼,出庭作证。

(3) 对标的物的质量承担担保义务。质量合格是合同适当履行原则的要求,卖方应当保证标的物符合双方约定的质量标准或国家规定的质量标准。卖方交付的标的物不能存在不符合质量要求的瑕疵,也不能出现与网络广告相悖的情形。如果卖方在网络上出售有瑕疵的物品或信息,应当先告知买方,否则,必须承担责任。但买方如果明知标的物有瑕疵而仍然购买的,卖方对瑕疵不负责任。

2. 买方的义务

(1) 按照合同规定的方式支付价款。支付价款是买方承担的主要合同义务,由于电子商务的特殊性,电子合同往往需要对支付价款的方式进行约定。

（2）应按照合同规定的时间、地点和方式接受标的物。由卖方运送的，买方应当作好各方面的准备，及时接受标的物。由卖方代为托运的，买方应当在承运人通知的期限内提取。由买方自提标的物的，买方应在卖方通知的时间内到指定地点提取。买方迟延受领的，应负迟延责任。

（3）买方承担对标的物的验收义务。买方接受标的物后，应及时进行验收。规定有验收期限的，对表面瑕疵应当在规定的期限内提出。如果不及时进行验收，事后又提出表面瑕疵的，卖方可以免责。发现有隐蔽的瑕疵或卖方故意隐瞒的，买方在合理期限内可以要求卖方承担责任。

（二）电子合同的履行过程

合同的履行可分为货（备货）、证（催证、审证、改证）、船（租船、订舱/箱）、款（制单结汇）四个环节。传统的合同履行基本上都是靠业务人员的手工作业完成的；而在电子商务条件下，这些过程可由电子商务系统自动完成，业务人员的手工作业量会大大减少。

1. 备货

备货就是组织货物（产品）的生产。目前许多企业采用了以信息技术为基础的先进制造技术，对企业的制造资源进行计划、组织、控制，使企业按订单合同均衡生产，自动安排企业的生产计划进度，使生产流程能够很好地衔接，压缩库存和"在制品"，从而提高企业产品的综合竞争力。

2. 催证、审证、改证

在电子商务条件下，催证、审证和改证这些工作可以交给电子商务系统自动完成。在电子商务系统的数据库中存有与信用证有关的国际惯例以及合同的内容，电子商务系统会自动调用数据库中的资料，完成信用证的审核，而且比人工审核的效率和准确性要高。将信用证到期日输入电子商务系统，设定提醒功能，系统会自动催开信用证，提示及时修改信用证上与合同、惯例的不符之处。

3. 申报商品检验

我国的商检法规规定某些商品必须经过中国进出口商品检验局的检验，检验合格的商品才准出口。凡是规定范围之内的商品或者进出口合同规定需要商检局进行检验的商品，在货物备齐后，应该向商检局申请检验。合同规定由商检公司或其他国际检验机构出具检验证明的货物，应申请商检公司或其他国际检验机构进行检验并出具检验证明。

有些商品还要求出具产地证明书。在电子商务条件下，采用 EDI 形式申报产地证，企业不用派专门人员到检验检疫局或者贸促会进行申报，在企业的计算机中安装一套EDI客户端制单软件后,即可将制作好的电子产地证通过EDI贸易网络中心发往检验检疫局、贸促会。检验检疫局、贸促会在计算机前通过计算机软件对申报进行审核,立即通过EDI贸易网络中心返回审签结果;如果申报中出现错误,企业需进行修改,然后重新发送,直到正确为止。最后,用户可直接到检验检疫局、贸促会领取已打印并盖好章的产地证书。

4. 租船订舱、装运

合同成交的价格条款是CIF(Cost Insurance and Freight)和CFR(Cost and Freight)时,租船订舱是卖方的责任。现在国际贸易中普遍采用集装箱进行国际贸易货物的运输,在大多数情况下需要租用适当的集装箱。租船时要考虑货物体积、重量和特性,综合考虑、合理配箱,以节省运费。使用信息技术后,集装箱如何装最省运费也可以用电子商务系统来做最优计算。

5. 投保

我国保险公司已经开通网上在线办理出口货物保险单等业务。成为保险公司的注册服务对象以后,通过网络将出口保险单、起运通知书、联合发票发送到保险公司的信箱;由保险公司实时从信箱中处理保险单,并给公司发送取走保险单的回执。保险公司在实际操作中,将由业务员审核保险单以后,给出回执意见。公司在收到回执意见以后,进行保险单的修改,并重新发送。

利用先进的网络技术,可以实现保单设计、投保、核保、交谈、后续服务全过程网络化的"在线保险"。过去,保险销售主要通过代理人介绍保险产品、签订保险合同、缴纳保险费用、核保等,这要花费投保人和代理人的大量时间和精力;而在线保险用户投保则可以由电子商务系统自动完成,无须再到保险公司去办理投保,从而可大大降低保险产品的销售成本,减轻投保人的负担,也可以使保险公司在同等条件下向投保人提供更好的保障。

6. 报关

报关是指货物出口装运前,由出口企业填制报关单,然后向海关申请出口。出口报关单必须附合同、发票、装箱单(重量单)、商品检验证书及出口许可证等。海关审核单据无误后,在报关单上加盖放行章后才准出口。

随着我国对外贸易的迅速发展,进出口货物量成倍增长。为适应这一新形势,我国海关研制开发了报关自动化系统和电子数据交换报关系统,简化了手续,加速了通关。

中国海关报关自动化系统简称"H883报关自动化系统",是海关利用电子计算机对进出口货物进行全面控制及处理,实现监管、征税、统计等主要海关业务一体化管理的综合性信息应用项目。目前我国贸易口岸的大多数业务都实现了电子报关,利用海关内部计算机应用系统进行审单、放行,并且将报关业务扩展到了舱单核销、税费缴库、许可证核销、出口退税等环节。

7. 制单结汇

国际贸易中多数货款结算是利用信用证来完成的,而信用证的特点决定了在结算过程中制作单据的重要性,就是通常所说的"单单一致、单证一致"。制作单据是一项费心、繁重的工作。现在,电子商务系统可根据信用证和电子合同自动生成发票和各种出口单据,提高了单据的正确性和制单工作效率,保证了收汇的安全及时。

第四节　其他交易环节的电子化

一、国际电子商务的交易过程

国际贸易业务涉及面广,环节多。总的来说,进出口贸易的基本环节可以分为交易前准备(市场调查、交易对手的资信调查、发布供求信息等)、交易合同洽商和签订(包括商品品名、数量、包装、运输、保险、违约和不可抗力等条款的商定)、合同履行(组织货物运输、报关、报检、货款的收付等)和合同索赔四个阶段(模拟的外贸企业流程可如图4-3所示)。电子商务可以将外贸企业各环节的业务活动集成到统一的系统中来完成,不同的部门既向信息中心提供信息,又接受信息中心的各项指令。

(一)交易前的准备

交易前的准备阶段主要指买卖双方在交易合同签订之前的准备活动。这些活动包括交易双方在电子商务网上广泛寻找交易机会和交易伙伴,进行价格等成交条件的比较,了解其他国家的贸易政策、政治和文化背景等。买卖双方均可借助电子技术发布自己的供求信息,如产品的种类、数量、价格等。为保证信息能安全发布,实现网上交易,要选择有信誉的网络服务提供者和交易伙伴。

这一环节是中小企业进行国际贸易的开始阶段,通过网络获知国际市场行情和外商的需求,随时调整本企业的市场定位和生产,通过网络联系客户,建立稳固的客户关系。进行国际贸易之前,无论是买方还是卖方,都需要进行宣传或者获得有效信息。供方把自己的产品等信息资源上网,需方可以随时上网查询自己所需要的商品信息,这个互动过程可以完成商品信息的供需实现。在国际电子商务中,信息的交流通常是通过双方的网站或者第三方平台来完成的,速度和效率是传统的贸易方式无法比拟的。

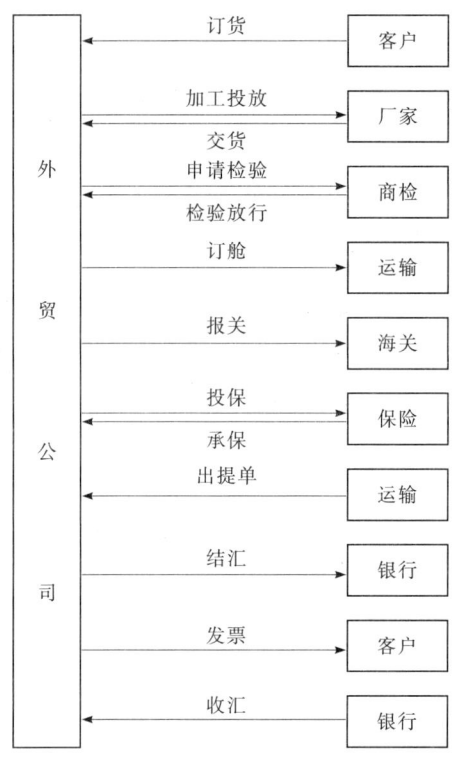

图4-3 模拟环境下外贸业务流程

(二) 交易磋商和签订合同

交易磋商和签订合同阶段主要是指买卖双方对所有交易细节进行谈判,将双方磋商的结果以书面的形式确定下来,即以书面文件形式和电子文件形式签订合同。电子商务的特点是可以签订电子合同并可以采用电子签名方式。

(三) 办理交货前的手续

办理交货前的手续阶段主要是指买卖双方签订合同后到合同开始履行之前办理各种手续的过程。其他参加交易的各方,如银行、海关、商检机构、保险公司、税务部门、运输公司都要为电子商务交易做好准备工作。买卖双方利用因特网与有关各方进行各种电子单证的交换,直到办理完可以将商品按合同规定向买方发货的一切手续为止。

(四) 交易合同的履行和索赔

交易合同的履行和索赔阶段是指买卖双方办完所有各种手续之后,卖方开始办理备货,进行货物报关、保险,取得信用证,将合同项下的商品交付给运输公司起运、发货。买卖双方可以通过电子商务服务器跟踪发运的货物;银行和金融机构按照合同以电子方式处理双方收付款、进行结算,出具相应的银行单据等,直到买方收到商品,完成了整个交易过程。索赔是买卖双方在交易过程中发生违约时需要进行的违约处理工作,受损方要向违约方索赔。

二、国际贸易的电子支付

外贸企业首先到提供网上支付的银行申请电子账号,向银行提供传统开户所必要的证件、材料,在相关手续齐全的情况下,网上银行会提供电子账号。在需要对外收款时,只需提供给对方电子账号,对方就可以直接把资金通过对方银行划拨到自己的账户里;如果要进行对外付款,则只需到该网上银行的主页,通过验证口令密码等进行付款的行为。

如果客户以信用证方式交易,目前各大银行都能提供电子信用证服务。这种电子信用证不再是物理单证,形式发生了变化,传输也利用电子数据方式,大大缩短了传统信用证的通知时间,便利了企业备货和履行合同。银行现在已经开通浏览和查询信用证的业务,如银行可以将国外信用证及信用证修改意见发送到企业的信箱,企业从中取出信用证和银行信用证的修改意见,系统自动生成回执,告知银行;企业如果不再修改银行信用证,即可领取信用证。

第五节　案例两则

一、亚马逊公司的营销策略

亚马逊公司(Amazon.com)于1995年7月由贝佐兹(Jeffery P. Bezos)在美国西雅图建立,目前已成为《财富》杂志评出的世界500强公司之一。公司网站可提供2 800多万种商品,包括电子产品、厨房用具、图书、音像影视产品、照相设备、玩具、软件、电子游戏、服装、家用电器、礼品等,此外还提供在线拍卖、网上商城等业务。到2006年的11年时间里,亚马逊以其丰富的产品种类、家喻户晓的品牌、容易操作的网站和可靠性赢得了大众的青睐,成为全球电子商务的成功代表。亚马逊的努力方向是:以消费者为中心,让消费者能找到他们想在网上购买的任何商品,并努力提供可能的最低价格。

亚马逊公司自成立以来,不断开拓新的业务,其简要的发展历史如下。

1995 年 7 月　　Amazon.com 创立

1997 年 5 月　　股票在纳斯达克上市

1999 年 3 月　　Amazon 推出拍卖业务

2000 年 4 月　　Amazon 创办园艺保健与美容商店

2001 年 7 月　　Amazon 创办电子资料商店

2002 年 11 月　　Amazon 创办服装和装饰品商店

2003 年 9 月　　Amazon 创办体育用品商店

2004 年 4 月　　Amazon 创办珠宝商店

2008 年　　Amazon 收购了竞争对手 Audible.com 和 Abebook

2009 年　　Amazon 收购或投资了 Zappos 等七家公司

2012 年　　Amazon 发布多个 Kindle 电子阅览器版本,包括全色平板电脑

2017 年　　Amazon 发行的电影《海边的曼彻斯特》获得奥斯卡 6 项提名和两项小金人,成为第一家获得奥斯卡的互联网公司

亚马逊公司的主要商务网站包括:亚马逊主站点(www.amazon.com)、英国站点(www.amazon.co.uk)、德国站点(www.amazon.de)、日本站点(www.amazon.co.jp)、法国站点(www.amazon.fr)、加拿大站点(www.amazon.ca),以及 2004 年 8 月以 7 500 万美元收购中国卓越网(2011 年 10 月"卓越亚马逊"改称"亚马逊中国"并使用为中国消费者量身定制的最短域名 z.cn)。目前,亚马逊中国网站可以提供 28 大类、近 600 万种产品,已成为国内主要电商网站之一。

2017 年初亚马逊宣布,2016 年销售额为 1 360 亿美元。亚马逊的商业活动主要表现为营销服务活动,它力图通过不断的技术创新来为顾客提供更为便捷的服务。

(一) 域名保护——防止恶意注册者和潜在竞争者

一个好的域名对于在虚拟世界从事电子商务的企业来说,要比现实世界中的一个地址更为重要,好的域名保证电子商务企业在网络上能被客户等相关各方迅速找到。亚马逊公司在这方面做出了很大努力,除了自己的核心网站 amazon.com 外,为防止恶意抢注和潜在的竞争者,仅仅在 .com 下就注册了 40 个以上的域名(参见表 4 - 2),输入表中的域名,几乎都可以直达亚马逊网站,这样即方便了客户,同时也对恶意注册者和潜在竞争者起到了限制作用。

表 4－2　　　　　　　　　亚马逊公司注册的部分 .com 域名

amazon－auction.com	amazonrock.com	bookdrive.com
auctionamazon.com	amazonstore.com	browse.com
amazoncard.com	amazonvideos.com	gift－click.com
amazonclassical.com	amazontelevision.com	musicchat.com
amazonfilms.com	amazontube.com	musichat.com
amazon500.com	amazontv.com	cheapbooks.com
amazongreeting.com	amazonvideo.com	filmchat.com
amazongreetings.com	amzn.com	filmlovers.com
amazonjazz.com	book－store.com	friendclick.com
amazonjr.com	awardwinners.com	friend－click.com
amazonjunior.com	awake.com	musicmatcher.com
amazonkids.com	bestsellers.com	moviematcher.com
amazonmembers.com	bookchat.com	prizewinners.com
amazonmusic.com	bookmall.com	videolovers.com
amazonmovies.com	bookmatcher.com	toysrus.com

资料来源：Martin Dodge, (1999) "Finding the Source of the Amazon.com: Examining the Hype of the Earth's Biggest Bookstore", http://www.casa.ucl.ac.uk/amazon.pdf.

从表 4－2 可以看出，亚马逊公司注册的许多域名涉及亚马逊的传统产品，如图书、音像影视产品等，其他一些域名是为了将来业务的拓展或者是为了防范恶意抢注者。其中一个很有意思的域名是 amazontv.com，这也许是为了亚马逊将来涉足在线电视做准备。

（二）经营销售策略

亚马逊的经营销售策略在其网页中体现得很充分，以图书、音像制品销售为例：亚马逊将书籍(Book)、音乐(Music)和 DVD 作为一类产品显示在主页上，并且每一类都设置了专门的页面，同时，在各个页面中也很容易看到其他几个页面的内容和消息。它将不同的商品进行分类，重要的内容都以不同程度的红色标注，使浏览者一目了然。

1. 低价折让策略

为刺激消费者增加购买，亚马逊为客户提供了实惠的折扣价格，并通过扩大销量来弥补折扣费用和增加利润。以亚马逊网站2014年8月31日的网页内容为例,点击Books网页,其会显示"Save up to 90% on Textbooks"(教科书最多可省90%)。

2. 便捷促销策略

以书籍为例,对于时间比较紧张的顾客来说,通过传统书店购书有着很大的局限性,需要花费大量的时间搜寻自己感到满意的书,并且书店也不可能提供全部的新书,旧书更难找到。而在亚马逊Books网页上,这些都已不是问题。在Books网页上,左侧是浏览的各类书籍的主题,右侧是具体书籍的信息,而中间部分则是主打广告的位置,首先是折让信息和各种优惠信息,紧接着是本月的新书(New This Month),方便顾客选购。亚马逊广告的一大特点是其动态实时性,每天都更换的广告版面使得顾客能够了解到最新的出版物和最权威的评论。为方便顾客同时选购其他商品,在每类子网页的最上方的标题栏中间有一个标题"see all 32 Product Categories",当鼠标触及时,会弹出所有32大类商品的名称的小页面,只要点击就可进入相应的商品类别,加快了搜索商品的时间。此外,在搜索栏中,亚马逊专门设置了一个以礼品盒形状标识的"Find Gifts"标题栏,只要鼠标触及也会弹出礼品导购(Gifts Guides)的小页面,根据价格、类别、接受者类型等分类目录给顾客提供各种选择,方便顾客的选购,这实际上是价值活动中促销策略的营业推广活动。

3. 售前售后服务

(1)搜索引擎和导航器操作简单方便。设置搜索引擎和导航器以方便用户购买是一项必不可少的技术措施。在这一点上,亚马逊书店的主页做得很不错,它提供了各种各样的全方位的搜索方式,有对书名的搜索、对主题的搜索、对关键字的搜索和对作者的搜索,同时还提供如畅销书目、获奖音乐、最卖座影片等的导航器,而且在书店的任何一个页面上都提供这样的搜索装置,引导用户进行选购。这实际上是售前服务的一种。以书籍为例:顾客只要登录亚马逊的主页,就可以任意检索、预览、购买任何书籍。只要键入书名、作者名,甚至笼统的标题,亚马逊就会把资料库中符合条件的书籍全部列出。选好书名后,再接着键入地址及信用卡号码提交系统,就完成了购书过程。此外,亚马逊的"一点通"(1-Click)设计使用户只要在该网站买过一次书,其通信地址和信用卡账号就被安全地存储下来,下次再购买时,顾客只要用鼠标点一下欲购之物,网络系统就会帮顾客完成以后的手续,其中包括消费者的收件资料,甚至刷卡付费也可由网络系统代劳。这种简单方便的功能设计,博得了消费者的好评。

(2)对顾客技术问题的解答。除了搜索服务之外,书店还提供对顾客的常见技术问题的解答服务。例如,公司专门提供了一个FAQ(Frequently Asked Questions)页面,回答用户经常提出的一些问题。例如,如何进行网上的电子支付,对于运输费用顾客需要支付多少,如何订购脱销书,等等。如果顾客个人有特殊问题,公司还会专门为其解答。

(3)送货及时。亚马逊的快速送货,是其受到客户好评的一个重要原因。以亚马逊中国为例,从接到订单到送货到顾客手中最长为6天,且对一次购买超过99元的顾客免费送达。在北京、上海等大城市2天内即可送达,市区1天即可送达。

(4)用户反馈。亚马逊书店通过电子邮件、调查表等获取用户对其商务站点的反馈。用户反馈既是售后服务,也是经营销售中的市场分析和预测的依据。电子邮件中往往有顾客对商品的意见和建议。书店一方面解决用户的意见问题,这是一种售后服务活动;另一方面,可以从电子邮件中获取大量有用的市场信息,常常可以作为指导今后公司各项经营策略的基础,这实际上是一种市场分析和预测活动。另外,它也经常邀请用户在网上填写一些调查表,并用一些免费软件、礼品或某项服务来鼓励用户发来反馈的电子邮件。

(三)不断创新技术,为顾客提供更优质的服务

Amazon Prime 是亚马逊 2005 年 2 月推出的永久会员计划(Amazon.com's first-ever membership program)。只要每年缴纳 79 美元,Amazon Prime 的会员就可在超过 100 万种商品中任意选购,得到 2 日内快速无限制免费速递服务,并且没有最低购买额要求,此外,这种优惠还能分享给 4 个家庭成员。

2005 年 11 月,为方便读者、作者和出版商,Amazon 推出了两个新项目:Amazon Pages 和 Amazon Upgrade,使顾客可以在线购买和阅读书的任意页面、章节或者整本书。Amazon Pages 可以像现实中一样"拆开"图书,从而在线阅读和购买所需的部分。例如,一个对营销感兴趣的企业家可以从数本畅销经管书上购买所需的章节。Amazon Upgrade 允许顾客"升级"其在亚马逊网站购买的图书。例如,一个购买了 Java 编程书的软件程序员可以在网上阅读其购买的书,而不必随时把这本 Java 编程书带在身边。这种灵活的购书和阅读方式正推向亚马逊在全球的其他站点。

2006 年 2 月,Amazon 推出创新产品 Amazon Connect。在这一项目中,通过亚马逊网站主页,作者可以将其所写信息直接传递给读者。尽管许多作者有自己的网站,但读者并不一定经常浏览,而通过 Amazon Connect,作者的情况就可自动呈现在其读者面前。这些信息以标准的 blog 格式输出,Amazon Connect 的作者信息将以顾客个人日志形式(Personal log or "Plog")出现在亚马逊网站主页的中间栏中。通过 Amazon Connect,可以使图书的作者和读者轻松地进行交流。

正是通过不断的技术创新和新产品、新业务的推出,以及一贯的低价策略和便捷送货,亚马逊公司已成为世界上知名的电子商务企业的成功范例。

案例思考题

1. Amazon 网络营销经验有无普遍意义?
2. 你对 Amazon 提高营销效果有何建议?

二、圣慧公司的网上贸易

(一)公司背景

上海圣慧国际贸易有限公司(以下简称圣慧公司)拥有独立的进出口经营权,是生产兼贸易型的企业。公司主要经营的出口产品是各种类型的玻璃瓶,产品远销东南亚、澳洲、美洲、欧洲等地。公司也提供进出口货物组柜和其他服务,包括贸易产品咨询、采购代理、验货、仓储、运输代理、报关等综合性服务。

(二)通过阿里巴巴的网络贸易

圣慧公司大部分客户来自阿里巴巴,所以对这个网站很重视。2006 年 1 月公司加入阿里巴巴,第一单网上生意是同年 3 月份与客户签订的,成交额为 20 多万元人民币,3 周后出货,之后又跟进一笔 7 万多美元的大订单。这说明圣慧公司在阿里巴巴网站的销售颇有成效。

对客户来说,一定要原料好、质量好、价格低,产品才有优势,因而圣慧公司很注重降低成本。公司的工厂设在江苏,离上海有八九个小时的路程。若使用货柜运输,一个货柜从工厂到上海的运费是 7 800 元,成本太高,现在直接用货车运输,虽有一定的破损风险,但总成本还是降低了。按照国际通行标准,玻璃制品的保险免赔率是 3%,但国外客户还是不希望有破损的瓶子,所以公司发货时会有意多装一些产品。有一次在从工厂到上海的运输过程中损坏了一些产品,总经理立即从工厂调了 1 000 个瓶子补充,保证了准时发货。

公司有时也可以从客户的客户那里得到生意。有位欧洲客户询盘两天后,一周内没有消息,公司打了三次电话问询,客户回复说,要由亚美尼亚的工厂直接采购,于是公司直接与亚美尼亚的工厂联系。该工厂要求三周后交货,公司一周半就完成了交货任务,成功地留住了这个客户。

公司的总经理制作有自己的网络名片,上面有总经理的联系方式和公司网址等信息,在回复客户信息时他都会贴上自己的网络名片。粘贴网络名片的原因是:首先客户认为粘贴的东西都是比较重要的,会主动打开;其次人们一般会有好奇心,会打开附件。这些都给了公司宣传的机会,增加了交易的成功率。

在出口货物付款方式方面,对于新客户的首批货物,圣慧公司通常会要求全部付款后才生产,第二单就可以放账,即把产品运到港口后,把发票交给客户,客户在两三天后付款。而且公司和工厂达成协议,如果客户决定不要产品,公司保证把产品销售到其他地方,但时间可能会长些。迄今为止公司产品没有发生客户退货现象。该公司还通过各种渠道了解客户的资信情况,若发现客户资信不够理想,就要求全部付款后再发货,保证资金安全。

(三) 产品的报价和宣传

客户要得到该公司的产品报价,需要回答有关产品的一系列问题,如瓶子的重量、包装、颜色等,这样公司才会给出正确迅速的报价。该公司有自己独特的报价方法,对重要客户的报价做成PPT形式,包含客户和自己的LOGO,还有客户要求的订单样品的图纸、数量、尺寸以及工厂生产线和产品的图片等。

报价对能否做成生意很重要,所以报价前要充分准备,在报价中选择适当的价格术语,利用合同里的付款方式、交货期、装运条款、保险条款等要件与买家讨价还价,尽量在报价中掌握主动。

首先,公司认真分析客户的购买意愿,了解他们的真正需求,据此拟定报价单。有些客户将价格低作为最重要的因素,公司一开始就报出较低的价格,这样赢得订单的可能性就大。

其次,做好市场跟踪调研,掌握市场的最新动态。由于市场信息透明度高,市场价格变化更加迅速,因此,公司必须依据最新的行情报出价格,"随行就市",买卖才有成交的可能。

最后,要选择合适的价格术语。拟就一份报价前,除要满足客户的要求外,公司也要充分了解各种价格术语,并争取在国内安排运输和保险。

在对新客户报价前,一定要尽量让他了解公司实力和业务运作模式。只有客户对公司具有充分信心,才有可能考虑交易条件,因为良好的公司形象和口碑有助于吸引和留住客户。

此外,还要选择合适的报价渠道,为了让采购商尽快收到反馈信息,可以采取很多方式。

其一,在"报价单"中选择"手机短信",将报价内容发送到对方手机上,或短信提醒对方查看报价。快速地将报价信息传达给采购商,争取进一步的意向商谈,避免因报价不及时而失去潜在客户。

其二,E-mail 或系统留言收到客户的询价单时,可选择直接通过 E-mail 或回复留言进行报价。

其三,可以利用贸易通及时进行网上报价,把握商机。①如果询价的采购商在网上,则要立即与他洽谈。详细了解对方的采购需求和进一步核实对方身份及意向,可择机向对方报价,并获得对方的价格反馈。②如果采购商召开网上会议,可通过贸易通进行多方商务洽谈。了解同行的报价,并结合公司实际状况和利润空间,及时调整策略,进行报价,以最终获得成功。

(四)对产品成本的分析

深入了解产品的成本对报价至关重要。成本主要包括:①厂家报价,要注意是含税含包装的出口价格还是净价;②运费,要根据国际油价浮动来核算;③报关费用,最好先跟货运公司确认。有时即使确认了,到真正出货时,还要交付一些报关费用,有些是基本固定的,有些是浮动的,原因是客户指定的船运公司不同,要交的订舱和码头操作杂费(Terminal Handling Charge,THC)也不同。最后再核算自己的利润,中间还必须掌握外汇对人民币的汇率变动趋势,规避汇率浮动带来的风险,采取一些保值避险措施。

案例思考题

1. 网上贸易中通过哪些渠道可以了解客户的资信情况?
2. 国际油价波动和人民币的汇率变动对企业进出口有何影响?如何规避其风险?

本章思考题

1. 电子商务系统的应用对外贸企业具有什么意义?
2. 电子商务条件下的交易磋商与传统交易磋商有何不同?
3. 简单分析国际贸易中电子磋商的环节?
4. 电子订单处理与传统订单处理相比有哪些特点?
5. 什么叫电子合同?它具有什么特点?

6. 简述电子合同的成立过程?

7. 电子合同的履行步骤有哪些?

8. 国际贸易的电子支付过程怎样?

9. 国际电子商务涉及的主要内容有哪些?

10. 与传统国际贸易模式相比,国际电子商务有哪些特点?

相关内容网站

1. 沃尔玛公司　www.walmart.com

2. 淘宝网　www.taobao.com

3. 亚马逊公司　www.amazon.com

4. 阿里巴巴公司　www.alibaba.com

5. 通用电气公司　www.ge.com

6. 西尔斯公司　www.sears.com

7. 福特公司　www.ford.com

8. 丰田公司　www.toyota.com

9. IBM公司　www.ibm.com

第五章 国际电子支付

学习要点与要求

通过本章的学习,应掌握金融电子化的概念和国内外电子金融的发展过程和现状,以及国际电子支付手段。

了解金融电子化的含义和各种金融创新,美国、日本和中国电子金融的发展现状以及国外主要的电子金融系统,掌握国际电子支付的各种技术手段,电子支付的发展现状,及电子支付在国际贸易中的应用。

第一节　电子商务与金融电子化

一、金融电子化

(一)金融电子化的含义

金融电子化(Financial Computerizing)是指采用计算机技术、通信技术、网络技术等现代化技术手段,改变金融业传统的工作方式,实现金融业务处理的自动化、金融服务电子化、金融管理信息化和金融决策科学化,从而为客户提供多种快捷方便的服务,为国民经济各部门提供及时、准确信息的全部活动的过程。

(二)金融电子化的基本内容

金融电子化的目标是建立融业务处理、信息管理和决策支持为一体的金融信息系统。金融电子化是一项复杂的社会系统工程,它包括的内容十分丰富。从总体上讲,金融电子化工作包括:设置金融电子化管理机构;制定金融电子化发展规划;建立金融信息系统;制定金融电子化的标准、规范与管理制度等。

(三)金融电子化系统

在国际贸易中,支付的安全性很重要,电子支付系统是国际贸易的一个重要环节,这里主要介绍银行的电子支付系统。

1. 支付服务系统

支付服务系统是指银行与客户之间的支付与结算系统,是银行为客户提供金融服务的窗口,其特点是账户多、业务量大、涉及客户与银行双方的权益,是支付系统的基础,也是金融信息系统的数据源点。

2. 支付清算系统

支付清算系统也叫跨行业务与资金清算系统。社会经济活动大多要通过跨行业务与资金清算系统才能最终完成。该系统一般由政府授权的中央银行组织建设、运营和管理,由各家商业银行和金融机构共同参加。也可由中央银行授权的机构进行建设、运营和管理。这类系统涉及一个地区或国家的几乎所有银行或金融机构,因此,系统的结构复杂,一般集成了多种计算机系统、网络设备和通信协议,是一种典型的网间网。

3. 支付信息管理系统

支付信息管理系统,即金融管理信息系统,是连接各金融业务子系统,对各金融业务子系统所产生的基础数据进行采集、加工、分析和传递,为管理者提供及时、准确、全面信息及各种信息分析工具的核心系统。

二、电子金融创新

电子金融创新是指人们运用电子技术,特别是计算机和网络通信等现代信息技术,对各种金融要素进行重新组合和优化的经济活动。简言之,电子金融创新即依托于计算机和通信技术基础的金融创新活动。

(一)电子金融创新的积极效应

金融电子化推动了金融创新的发展,促进了金融产品和服务的多样化。金融电子化是推动金融业继续发展的第一生产力,创新了金融企业的业务与管理,发展了金融市场和体系。

1. 提供新的服务,拓宽了金融服务领域

金融电子化能够融合银行、证券、保险等分业经营的金融市场,减少各类金融企业针对同样客户的重复劳动,拓宽金融企业进行产品功能拓展和综合的创新空间,向客户提供更多、更合适的金融服务。由此,金融企业将从事全能银行业务,如存款、贷款、国际结算、财务顾问、证券经济、信托、保险代理等。这么多的金融服务,并不需要太多的操作程序,客户就可以从银行网站轻松获得。

2. 提高了金融服务质量

通过发达的电子通信网络,金融电子化使金融服务能够突破时间限制。金融电子化还促进了无形金融市场,即虚拟化金融市场的形成和发展。传统上,银行业务采取柜员—客户接触式固定商业网点,也称有形市场办理业务的形式。这种市场模式需要与客户的物理接触,离特定网点较远的客户受时间和空间的限制,可能会成为银行服务的死角。银行通过建设虚拟化金融市场,使空间局限性不复存在,只要网络能够到达的地方,都可以成为银行的市场范围,客户可以在家中、办公室甚至度假地通过网络享受银行服务。万事达公司指出:"因特网的广泛流行使得传统金融业务从固定销售点方式转变为随时随地方式"。"有银行业务,无银行网点"揭示了金融电子化对银行业务的深远影响。未来的银行致力于提供跟踪式服务,即在任何时候(any time)、任何地方(any where)、以任何方式(any way)为客户提供金融服务,服务更为个性化。

3. 降低了金融服务成本

网络银行服务比银行向客户提供服务的其他任何方式的费用都要低。传统银行能为多少客户提供服务取决于它有多少柜台人员,而网络银行服务只要开通网址就能全天候为客户提供所有服务而无须额外费用。根据美国艾伦·米尔顿国际顾问管理公司调查,利用网络进行付款交易的每笔成本为13美分或更低,而利用银行本身软件的个人电脑银行服务为26美分,电话银行服务为54美分,银行分支机构服务则高达108美分。金融电子化的引入和深化可持续降低银行的经营成本,网上银行的经营成本只占经营收入的15%—20%,相比之下,传统银行的经营成本则要占经营收入的60%左右。网上银行无须开设分支机构,雇员极少,由此省下的巨额资金可以用来提高利息。如美国花旗银行的储户必须在活期账户上至少有6万美元才能获得1%的利息,而亚特兰大网络银行规定的最低限额是100美元,存款所付利息是4%。高利息大大增加了网络银行对客户的吸引力。

4. 强化金融管理

电子金融创新还改变了金融企业的管理模式,提高了金融企业管理的深度、广度和效率。原有的金融软件主要模仿传统的手工劳动和人员配置设计,新的金融软件则将突出以下四个方面:一是财务组织分离。金融企业的基层网点只负责数据采集,科目设置、凭证处理到记账将全部拿到上级处理中心去做。二是柜员制作业。临柜人员采取面向数据和面向客户的工作方式。三是改传统的单式录入为复式录入。四是信息共享。公用信息、客户信息和管理信息要根据不同的管理级别生成所需求的各种报表,强化内部核算。

(二)电子金融创新的消极效应

1. 电子金融创新对货币流量控制的影响

电子货币的发展会逐步减弱人们对流通中货币的需求,使得盯住基础货币的货币政策效力大打折扣。第一,电子货币的出现,使许多机构拥有了发行电子货币的权力,实质上部分剥夺了中央银行垄断发行货币的特权。第二,电子货币对流通中通货的替代,使得传统意义上基础货币的作用弱化。商业银行作为直接货币供给者,基础货币及其增减变化直接决定着商业银行准备金的增减,从而决定着商业银行创造存款货币的能量,而电子货币对流通中通货的替代作用则使得这种能量减弱。第三,电子货币的发展模糊了商业银行与非银行金融机构的区别,混淆了各类金融机构在存款货币创造功能上的本质区别。

2. 电子货币对货币供给和需求的影响

电子货币主要用来替代流通中的通货,而中央银行发行的用于流通的通货是整个货币供给的一部分,因此,对流通中通货的影响会直接影响到货币供给,其中受影响最大的是狭义货币 M1。一般将 M1 定义为:流通中的通货加活期存款。由于流通中的通货在 M1 中所占的比重较大,因而电子货币的替代作用会对它产生较大的影响。而对于其他层次的货币供给,由于流通中的通货所占比重较小,影响也相对较小。

3. 引发电子风险

大规模的金融电子化创新,在提高金融活动效率的同时,也会产生新的电子风险,特别是金融电子化系统或电子网络已经把整个金融业纳入到一个密切联系的网络内,从而可能导致产生系统性风险。例如,电子计算机本身存在不确定的故障风险,计算机病毒等会导致计算机系统的瘫痪;而电子计算机犯罪、伪造电子货币、电子货币诈骗等也是防不胜防。据不完全统计,在电子货币使用最为广泛的美国,因电子信用卡诈骗案会使银行每年损失 560 亿美元以上。目前,支付转账系统中存在着透支风险和连带风险,美联储电子转账系统每天在账户结清以前平均有 400 亿美元以上的透支额,并且因系统的交易具有不可取消性,一旦一家银行不能按时支付,该网其他参与者之间的支付链就会中断。在新型的国内与国际电子支付清算网络的运转中,各系统间的关联性日益紧密,任何一个系统出问题都会危及整个网络的安全。因此电子风险具有明显的系统性特征,并随着金融电子化的推进而不断增加,这种新型风险具有潜在的破坏力,是金融监管部门和银行等要时刻警惕防范的。

第二节 国内外电子金融的发展

从总的情况看,金融电子化的发展是紧跟计算机技术的发展而推进的。金融界是全世界除了军事部门之外的第二大计算机用户,世界上先进的计算机首先用在军事上,其次用于金融业。

从应用领域看,国外金融电子化几乎覆盖了金融业经营管理的所有应用领域和很大一部分决策支持功能。现在,发达国家银行从日常柜台业务(前台业务)、事后批处理业务,到人事管理、财务管理、历史资料的储存和查询,再到金融产品的开发与销售、客户信息管理等,都由计算机进行处理和控制。

从顾客与银行打交道的方式和途径看,人们既可以亲自到银行营业大厅接受传统的柜台式服务,也可以通过遍布商店、车站、码头和机场等的 ATM(自动柜员机)办理存、取款等金融业务;还可以通过电话或 Internet 足不出户办理存款、贷款、转账、付款、股票买卖等金融业务,查询各种金融和生活信息等,更可以使用信用卡方便地在全球范围内进行旅游、购物等消费；人们还可以使用电子货币在网上各种虚拟商店内购物。美国美洲银行在 Internet 上开通的小型企业贷款业务，5 万美元左右的贷款当天就可批复，之所以能够这么快，就是因为它背后有高效的金融电子化系统，可及时查询贷款人的资信情况、借贷历史等，迅速判断能否给予贷款。

一、美国电子金融的发展

国外金融电子化开始于 20 世纪 50 年代中期。1955—1958 年，首次在美国旧金山美洲银行安装了 IBM702 计算机，用于记账和编制报表。从此，计算机开始在发达国家的银行逐步得到广泛应用。

20 世纪 90 年代，随着信息技术的飞速发展，特别是 Internet 技术的发展和应用，美国银行加快了电子化的步伐。一方面，对后台系统进一步整合集成；另一方面，用现代信息技术更新前台系统和通信网络，并不断开发新的金融产品和服务。如今，银行的产品越来越取决于业务与信息技术的结合，使信息技术应用成为美国银行发展战略的主要内容。其特点表现在如下几个方面。

（一）信息技术对传统银行业务的改造

以前美国银行信息技术的分析和投产，不重视银行内部业务活动和业务流程的改造，只重视交易处理和输入输出格式。20 世纪 90 年代之后，管理者越来越重视用信息技术改造银行业务流程。

（二）开发方式的变化

从开发方式看，现今美国银行信息技术已不像 20 世纪 80 年代那样由电脑部或信息技术部大包大揽，而是综合管理咨询公司、外部集成服务厂商、通信厂商、应用软件厂商，与银行内部信息技术部门组成混合队伍。这种方式与银行业务部门那种按部就班的传统开发方式不同，具有很大的自由度，同时也缩短了决策时间。

近些年美国银行利用外部集成服务来增加内部信息技术处理的价值，同时在金融方面为客户提供方便、快捷的服务，网络银行迅速发展。

美国金融电子化主要体现在以下几个方面：①零售业务电子化。银行零售业务领域电子化是银行电子化最成功的应用之一，ATM 和 POS 的发展使银行业零售业务摆脱了时空限制。②银行批发业务电子化。银行批发业务主要是为企业提供服务。电子数据交换使得企业数据可通过电子网络传输并进行资金、合同、客户和货物等管理。③银行同业清算转账电子化。它主要包括电子资金转账系统、自动付费系统和全球电子资金转账系统，提供了资金清算、转账的便利，也降低了成本。

二、日本电子金融的发展

日本的金融机构主要包括中央银行——日本银行、私人金融机构、政府金融机构三大类。其中，私人金融机构是日本金融业的主体，主要包括普通银行（商业银行）、专门金融机构（包括外汇金融机构、长期信用金融机构、小企业金融机构和农林渔金融机构等）、其他金融机构（如保险公司、证券公司等）。政府金融机构主要有金融公司、公众公司、邮政储蓄等。日本的商业银行又分为都市银行、地方银行、第二地方银行和外国银行。在所有金融机构中，都市银行实力最为雄厚，电子化水平也最高。

（一）全银系统

全银系统是日本全国银行系统共同拥有的数据通信系统，于1974年4月建成。先后数次进行升级。该网络系统主要用于全日本银行的转账汇兑业务，总部设在东京，备份中心设在大阪，两个中心之间通过专线进行高速通信。现有约5 000家银行参加，日业务处理能力可达数百万笔交易。

（二）CD/ATM系统

为实现代发工资业务和满足民众的现金偏好，日本的CD/ATM（Cash Dispenser/Automatic Teller Machine——自动取款机/自动柜员机）网络十分发达，这些年相继建设了8个面向不同业务范围银行的现金服务网。为防止过度竞争，降低安装成本，13家都市银行共同倡立一家NTT公司，负责在各种公共场合安装共用的CD/ATM。

（三）ANSER系统

ANSER（Automatic Answer Network System for Electronic Request——电子自动请求/应答网络）系统于1981年8月投入使用，在东京和大阪设立两个中心。该系统可通过拨号终端、FAX终端、微机和电话等，与全日本83个都市的大多数金融机构进行查询和转账业务（包括进行证券交易）。

（四）CAFIS系统

CAFIS（Credit and Finance Information System——信用和金融信息系统）建立于1984年，主要用于POS交易。安装于消费场所的POS终端可通过电话网和CAFIS

与发卡银行及其他金融机构通信。

(五) CMS 系统

CMS(Cash Management Service——现金管理服务)系统建立于1986年,各企业可以直接通过CMS与各大银行进行数据通信,实现现金管理。

(六) 日银系统

日银系统建立于1988年,主要负责各金融机构间的清算业务和国际汇兑结算业务等。

三、中国电子金融的发展现状

伴随着中国改革开放和金融体制改革的深入发展,中国的金融电子化建设经过"六五"时期的准备、"七五"时期的基础建设和"八五"到"十五"期间的大规模建设,取得了巨大的成就,初步形成了具有一定规模的电子化系统,取得了良好的经济和社会效益,为我国的金融信息化发展打下了坚实的基础。可以说,我国主要商业银行已基本实现了银行电子化。

(一) 我国金融电子化的发展阶段

我国金融电子化受到信息技术革命和金融发展的双重影响,发展迅速,其发展过程大体可分为以下几个阶段:

第一,单项业务处理阶段(1957—1978年)。这一阶段我国计算机应用整体水平较低,计算机在金融业中的主要应用是联行电子化,采用批处理方式进行核对和监督。

第二,起步阶段(1978—1984年)。该阶段从中国人民银行引进M10计算机开始,着手解决主要城市的对公和储蓄业务的电子化。

第三,自发发展阶段(1984—1990年)。20世纪80年代中期,我国金融体制进行了重大改革,各专业银行和其他金融机构为自身业务发展投入了大量人力、物力,计算机应用取得了较大成绩。但是,全国金融电子化尚缺乏统一规划和统一标准,不利于信息交流和网络互联。

第四,大规模发展阶段(1990年至今)。20世纪90年代后,"信息高速公路"战略的实施,带动了我国对金融电子化的应用开发、网络建设、管理模式的研究。我国计算机产业和通信产业的飞速发展,也极大地刺激了金融电子化的开展。

(二) 我国的金融电子化系统

我国的金融电子化系统可分为三个主要系统:柜台业务处理与自动服务系统,跨行业务与资金清算系统,以及金融信息服务系统。

柜台业务处理与自动服务系统是银行为经营金融业务,面向客户提供全方位金融服务的系统。因其涉及业务范围较广,操作规范,在各银行金融电子化的过程中被列为首选开发项目,现已在全国90%以上的营业网点上运行,是各银行最为成熟的业务系统。20世纪90年代中期,各大国有商业银行纷纷在各自的系统内实现联网,异地电子汇兑、联行对账及统计数据传输等自动服务项目都水到渠成,还有信用卡服务系统、自动柜员机系统和消费转账系统也都一一开通。至此,除信贷业务管理系统尚有待进一步完善外,银行的柜台业务处理和自动服务系统已初步建成。

跨行业务与资金清算系统用以实现银行间资金清算业务,它包括跨行通存通兑、汇兑和跨行ATM、POS服务的结算等清算业务。在我国,该系统又分为同城清算系统和异地清算系统。同城清算系统是指以大城市为依托的经济区范围内的票据交换与资金清算。至20世纪90年代中期,中国人民银行已在全国200多个城市建立了同城清算系统。异地清算系统是中国人民银行通过卫星通信实现异地资金清算与资金划拨的全国电子联行系统。该系统采用星型结构、纵向往来、随收随发、即时核对的办法,在全国700余个城市实现联网,处理资金清算业务。

金融信息服务系统包括金融管理信息系统、办公自动化系统、事务处理系统和决策支持系统。它是我国金融经营管理科学化、系统化的支持系统。为适应银行内部经营管理的需要,对关系到各种经营管理的重要信息,如货币发行、国库收支、计划资金、会计报表、机构管理、企业资金运行等,都已建成了一些相应的子模块,并在实际运行中逐步实现数据的采集、传输、处理和分析功能。目前正在运行的具有管理和决策功能的系统有:中国人民银行在金融卫星通信网上开发的中国国家金融网(CNFN),工商银行开发的项目贷款评估系统,建设银行开发的计划管理、财务管理及项目贷款决策系统等。金融信息服务系统的开发建设,将把我国的金融管理水平不断推向更高的层次。

四、国外主要电子金融系统

(一) SWIFT系统

SWIFT是Society for Worldwide Interbank Financial Telecommunication的缩写,

意为"环球银行间金融通信协会",它是一个国际银行同业间的非营利性组织,为成员的共同利益组织起来,按比利时的法律登记注册,总部设在布鲁塞尔。

1. SWIFT 的职能

SWIFT 可以为其会员银行提供各种快捷、安全的金融服务。主要包括:金融数据传输服务、增值处理服务和接口软件支持服务三大类。

(1)金融数据传输服务。金融数据传输服务,即 FIN(Financial Application),是 SWIFT 提供的核心服务。它通过 SWIFT 网络系统接收、确认、存储和传送各种金融业务处理中的数据。SWIFT 可以提供的金融业务主要有:客户汇款(Customer Transfer);银行汇款(Bank Transfer);外汇买卖和金融市场确认(Foreign Exchange & Money Market Confirmation);贷款/存款(Loans/Deposit);托收(Collections);证券交易(Interbank Security);黄金及贵金属交易(Gold/Precious Metal);跟单信用证(Documentary Credits);旅行支票(Traveler Check);报告/确认(Statement/Confirmation);担保(Guarantees);银团(Syndication)等。

SWIFT 在具体处理以上业务时,将这些业务按性质和所处理数据的结构特点,按 SWIFT 所制定的分类标准划分为十大类(即十类标准),并对应有十类报文。所有的报文都以 MT(Message Type,报文类型)打头,分别为 MT000,MT100,MT200,…,MT800,MT900。对每一类报文,又有一系列相互配套的针对具体应用处理的报文格式。如客户汇款与支票报文名称为 MT100,其中又包括:MT101,MT102,MT105,MT106,MT110,MT111,MT112 等多个具体报文格式。

(2)增值处理服务。SWIFT 除了提供基本金融业务信息传输服务外,还可提供多种网络增值服务,目前 SWIFT 提供的增值服务已占总业务量的 50% 左右。SWIFT 提供的增值服务主要有:欧元的结算和清算服务,外汇自动撮合与货币市场确认服务,双边外汇咨询,行际文件传送[即 IFT(Interbank File Transfer)]等。

(3)接口软件支持服务。随着 SWIFT 系统的不断发展和完善,它还为其用户(成员行)提供网络应用开发和 SWIFT 接口软件服务。如:ST200,小型 SWIFT 业务系统;ST400,STTX400,中型 SWIFT 电传系统;TRAFIC400,统计业务系统;NOSTRO400,核账销售系统等。除此之外还提供 IFT 财务报告、信贷分析、支票交易的文件传递软件、本地大额付款交收系统、外汇及金融市场交易确认配对及面对银行用户的接口软件等。

在国际金融业高速发展的今天,SWIFT 仍在不断选择新的服务,开发新的产品,向用户提供更多低风险、低成本和高效率的标准化服务。

2. SWIFT 系统的特点

(1)标准化程度高。在 SWIFT 成立之前,因为国际银行间业务往来缺乏共同标准,所以每笔业务都需要很多额外的解释信息,这不仅增加了业务处理费用,而且延误了正常工作,效率低,成本高。而 SWIFT 在建设中,努力使网络技术适应未来银行业务的发展,同时注重研究银行的业务结构,使国际银行间达成协议,建立一些公用标准,以避免由于相互缺乏了解而引起不必要的麻烦,从而顺利解决了国际银行间的相互通信问题。

(2)高速自动化。SWIFT 采用了标准化的报文格式,大大提高了计算机处理和传输报文的速度。一旦两个用户建立起连接,一笔业务电文就可在 10 秒钟内完成。

SWIFT 提供了较完善的传送监控功能。根据用户的要求,系统可针对用户发送的每份报文,自动向用户发出送达通知或未达警告。另外,SWIFT 每天还自动向用户发送该用户当天收发报文情况的报告,以及当天未达报文的详细情况。用户可以及时、准确地了解其报文的传送情况,从而避免延误,减少经济损失。

(3)传输费用低廉。经过 20 多年的发展,SWIFT 已经进入集约化阶段。由于入网成员多、使用范围广、交易量大,因而每笔业务传输的费用十分低廉。在费用政策方面,SWIFT 向大用户倾斜,尤其鼓励大用户入网使用,促进了业务量的增加,带动了整个交易价格的下降。一般一笔 SWIFT 传输业务的费用,普通业务约为 4 元(人民币),加急业务约为 6 元;而采用电报传输一笔业务的费用约为 180 元,电传约为 21 元。

(4)传输安全可靠。SWIFT 建立了两个互为备份的系统控制中心,且每个都可以单独运行整个系统,任何一个中心发生故障后,系统会很快从一个中心切换到另一个中心上继续运行;采用严格的网络控制措施,对网络的进入点采用用户识别码和用户口令进行控制。SWIFT 提供专门的密押交换方法和密押算法,用于保证传输报文和文件的完整和准确。

(二)FedWire 系统

FedWire 是美国联邦储备委员会(即美国中央银行)电子资金及证券传输网。它实时处理国内大额资金的划拨业务,逐笔清算资金。

FedWire 由三个基本部分组成:一个高速通信网,把整个储备银行及其分行连接在一起。每个储备银行都具有资金处理和证券业务处理功能,并都保存有各自的记录。每个地区联邦储备银行的网络将该地区的金融机构与上级银行连接在一起,即整个系统把国家联邦储备银行及分支机构与全国 1 万多家商业银行及其他金融机构连成一体。

FedWire 主要有几种类型的业务处理:传输储备账户余额(即资金传输),将资金从一个金融机构传输到另一个金融机构(几乎全是大宗数额);传输美国政府和联邦代理证券;联邦储备系统管理和调查信息以及 ACH(自动清算所)、批量数据传送等。通过联邦储备网络传送资金的结算过程是通过联邦储备账户实现的,即传输美元额度将立即影响成员银行在联邦储备账户的储备余额,从而可以实现系统中不同账户之间资金的快速传递。

所有储备余额的资金传输是贷方传输,即一个金融机构通知 FedWire 传输资金给另一个金融机构时,如果这些机构在同一联邦储备银行开户且有余额,每一储备余额就相应地借记或贷记。如果这些金融机构不在同一联邦储备银行开户,则第一家储备银行借记汇出资金银行的储备账户,贷记汇入资金银行所在地区的联邦储备银行账户;后一家联邦储备银行借记汇出资金的联邦储备银行账户,贷记汇入资金的银行账户。储备银行之间的清算用地区内清算资金进行。

(三)CHIPS 系统

CHIPS(Clearing House Interbank Payment System)即纽约交换所银行间资金调拨系统,建于1970年,是由会员银行组成的股份制系统,隶属于纽约清算所协会。CHIPS 只做交易的传递和结算,将各参加银行应借或应贷的净额通知纽约区联邦储备银行,利用其会员银行存款准备金账户完成资金清算。

CHIPS 是世界范围内各国银行调拨处理国际、国内以美元支付的贸易往来资金的媒介,为企业、政府等提供了极为方便的金融服务。它所处理的业务有:国内和国际贸易服务、国际贷款、联合贷款、外币买卖和兑换、欧洲美元投资、短期资金卖出、欧洲债务结算等。

第三节 国际电子支付手段

在国际贸易中,支付是一个重要的环节,在电子商务时代,支付的安全性显得尤为重要。电子商务要实现网上支付,需要采用电子银行的支付工具,需要通过银行专用支付清算网络和支付系统才能完成,因此必须有银行的参与和推动。电子商务的推广应用,不仅推动了网上支付和网上金融服务的发展,也使金融电子化建设进入了一个全新的发展阶段。

一、电子支付的定义及手段

(一)电子支付的定义和特点

电子支付是指参与交易的各方当事人,包括卖方、买方和金融机构等,使用安全可靠的电子支付手段通过网络进行的货币支付或资金流转。

要开展电子商务必须有在线支付的配合,而要开展在线支付还必须了解电子支付技术。电子支付技术就是采用电子信息技术把传统的交易支付中所采用的支付凭证和信用凭证(现金、支票等)转变成电子形式的支付凭证的技术。

支付过程是商务活动中很重要的一个环节,国际贸易对电子支付提出了更高的要求。第一是安全要求。安全始终是一切金融活动的重要问题,安全要求主要包括:认证(知道与谁交流)、信息完整(支付信息不会被篡改)、无拒付支付、有效的查账机制和保护隐私权。第二是非安全性要求,包括:低成本(电子支付的成本应当低于传统支付)、大型金融机构支持、普遍性技术应用和可度量。金融机构在这些方面还需要做许多工作,如防止数据被窃、专用数据的保护、验证用户、数据完整性检验、系统运转的高度可靠性(每天24小时、每周7天的连续运行)、系统灵活性和标准化支持等。

电子支付区别于传统支付的特点包括:①电子支付采用先进数字技术来处理业务,而传统支付通过现金、票据等实物流转来实现;②电子支付的工作环境为开放式网络平台,传统支付为封闭的银行系统;③电子支付采用先进的通信手段——Internet,对软硬件的要求高,传统支付采用传统通信媒介,对软硬件的要求较低;④电子支付方便、快捷、高效、经济,可在几分钟内全部完成业务处理。

(二)电子支付的手段和过程

在电子商务条件下,金融机构向用户提供的支付服务也可分为向个人提供的支付服务与向企业提供的支付服务,不同的服务有不同的要求和特点。下面主要介绍向企业提供的在线支付形式。

1. 大额支付系统

大额支付系统主要处理银行间大额资金转账。通常支付的发起方和接收方都是商业银行或是在中央银行开设账户的金融机构。大额支付系统是一个国家支付体系的核心应用系统。大额支付系统处理的支付业务量占整个银行支付业务的比例很小(小于10%),但资金额占银行支付金额的90%以上,因此大额支付系统中的风险管理特别重要。

2. 脱机小额支付系统

脱机小额支付系统(也称批量电子支付系统)主要处理预先授权的定期贷记(如发放工资)或定期借记(如公共设施缴费)。支付数据以磁介质或数据通信方式提交给自动清算所(Automated Clearing House,ACH)。

3. 联机小额支付系统

联机小额支付系统主要指 POSEFT 和 ATM 系统,其支付工具为银行卡(信用卡、借记卡或 ATM 卡等),需要对支付实时授信。

4. 电子支票

电子支票用于企业转账,在企业内就可通过因特网按照特定形式的电子化支票进行转账支付。

电子商务要求的电子支付方式必须是高效率和低风险的。对于大额支付系统,由于其业务量小,效率问题不突出,主要问题是管理流动资金和减少金融风险(信用风险、流动性风险和系统性风险)。而在小额支付系统中,由于金额小和一般采用净额方式清算资金,所以金融风险问题不像大额支付系统那样突出,但由于业务量大,高效率、低成本就成为其主要目标。特别在联机系统中,向个人提供的在线支付服务要求方便、快捷和安全,对授信请求的响应速度尤其是关键,因为消费者和商家是在 POS 终端前等待着系统对交易授权的。

电子商务的支付过程如下:①用户(持卡人)向商家发送购货单(包括商品名称、数量、送货方式、时间、地点、收货人等信息)和一份经过签名、加密的信托书,其中的信用卡号是经过加密的,商家无从得知(商家得到订单后,向消费者提供所订货物的单价、总价、应付款额、运费、交货方式等信息)。②商家把信托书传送到收单银行,收单银行可以解密信用卡号,并通过认证验证签名。③收单银行(商家的开户行)向发卡银行(持卡人的开户行)查问,看用户信用卡是否属实。④发卡银行认可并签证这笔交易。⑤收单银行向商家认可并签证此交易。⑥商家向用户传送货物和收据。⑦交易成功,商家向收单银行收款。⑧收单银行按合同将货款划给商家。⑨发卡银行向用户定期寄去信用卡消费账单。

(三) 国际电子支付手段

1. 国际贸易的支付工具和方式

现在国际贸易货款的结算主要使用外汇票据作为支付工具,票据包括汇票、本票和支票,并可使用电子票据。电子票据可最大限度地利用当前银行系统的自动化能力,在网络上进行资金转移。

在国际贸易中,支付方式主要有汇付、托收、信用证和银行保函等。电子支付往往是建立在汇付支付模式的基础上的,包括预付、现付和到付,其核心是买卖双方非常信任,保证按时付款。但在国际贸易中,汇付方式使用得很少,因为汇付方式风险很大,采用交单付现或交货付现时,卖方怕收不到货款;采用预付货款时,买方怕收不到货物。如果交易双方互相信任,用汇付方式最为方便、快捷。

2. 国际电子商务信用证支付模型

信用证支付是一种建立在银行信用基础上的支付方式。在电子商务环境下，信用证的开立、修改和支付的模型如下：

(1)信用证开立。在信用证支付方式下，能否及时收到对方开来的信用证是卖方最关心的问题。在 EDI 方式下，开立信用证的流程如下：

首先，开证申请人(买方)发送跟单信用证申请报文(DOCAPP)给开证银行，向开证银行申请开立跟单信用证。

其次，开证银行开立跟单信用证，签发信息报文(DOCINF)给开证申请人。

最后，开证银行经由通知行传输跟单信用证通知报文(DOCADV)给受益人。跟单信用证通知报文是向受益人指示跟单信用证条款和条件的报文，该跟单信用证由开证银行发出并被通知行接收，然后传输给受益人。

(2)跟单信用证修改。如果开立的跟单信用证需要修改，其业务流程如下：

首先，由开证申请人发送跟单信用证修改请求报文(DOCAMR)给开证银行，向开证银行请求修改跟单信用证。

其次，开证银行修改后，发送跟单信用证修改信息报文(DOCAMI)给开证申请人，同时开证银行经由通知行传输跟单信用证修改通知报文(DOCAMA)给受益人。

最后，受益人发送跟单信用证修改响应报文给通知行，表明是否接受修改后的跟单信用证条款。

如果受益人提出修改跟单信用证，应与开证申请人协商，开证申请人同意后向开证银行请求修改跟单信用证。

(3)跟单信用证付款。卖方根据跟单信用证的要求，通过国内的网络，向商检、船运公司等部门发出有关申请或者协议，办理保险单、普惠制格式(FORMA)、产地证和商检证明等报文，然后制作发票报文(INVOICE)，开立直接借记报文，连同跟单信用证需要的其他报文，通过银行向开证行请求付款。

3. 国际贸易支付方式的革新

(1)电子汇付成为重要的付款方式并替代托收。在电子商务条件下，电子汇付正成为重要的付款方式，这是由于交易双方可以在网上实现"凭单付汇"，即出口人通过网络将有关电子单据通过网络传给买方，经买方审核无误后，在网上支付电子货币，从而使买卖双方在网上实现"一手交单"和"一手交钱"。这种网络汇付方式与以往的汇付相比，其最大的特点是买方不付款就拿不到单据，卖方不提供单据就收不到货款，容易被双方接受。其付款过程不需要任何机构介入，就能达到现有通过银行托收的目的，而且比后者更快。因此，电子汇付可以取代托收方式，无须委托银行即可实现网上自动托收。

随着经济全球化的发展，各国外汇管制进一步放松，企业商业信誉提高，电子汇付这种适应电子商务发展的收付方式将得到更为广泛的应用。

(2) 跟单信用证支付面临困难，银行保函、备用信用证更易操作。在国际贸易中，跟单信用证支付方式是以银行信用代替商业信用，解决进出口双方互不信任的问题，在实践中被广泛使用，成为国际贸易结算中一种重要的支付方式。但在电子商务条件下，这种支付方式面临一些挑战。

其一，银行审单面临困难。跟单信用证业务的特点是银行负第一性付款责任，并且严格遵守"单证一致"和"单单一致"的原则。在跟单信用证业务中，只要受益人或其指定人提交符合信用证规定的单据，开证银行就承担付款、承兑或议付的责任，同时开证银行负责严格审核单据与信用证是否相符。由于不同企业的业务范围不同，所提交的单据各异，银行很难开发一套系统代替现有的人工对所有单据进行自动审核和处理。变通的方法是由进口人负责审核单据，如无异议，银行负责支付货款。但这样的支付方式不是真正的银行信用，与信用证支付方式由银行保证付款有很大差距。

其二，支付过程繁杂。现有的跟单信用证支付会涉及6—8个当事人，近10个业务环节，过于烦琐，不适应电子商务快捷、方便的付款方式要求。革新的基本思路是保留开证银行、开证申请人和受益人三个当事人，由开证申请人向开证银行申请开立信用证，开证银行直接通知受益人，受益人直接向开证银行提交单证，经开证银行审核无误后向受益人付款，开证银行通知开证申请人付款赎单。

其三，银行信用面临挑战。一方面，经济全球化的发展，国际贸易货物和外汇管制放松，商业信誉提高，另一方面，电子商务的发展使交易双方获得信息的方法和途径增多，这些都增加了交易双方的信任，降低了交易风险，减少了企业对银行信用的需求。

相对于跟单信用证，银行保函和备用信用证更具有灵活性，特别是备用信用证更适宜在网上交易中使用。备用信用证是开证银行应开证申请人的请求对受益人开立的承担一项义务的凭证，当开证申请人未能按时履行其义务时，开证行负责为其支付。多数情况下不需要银行审核和处理单据，却为受益人提供了银行信用。

随着电子商务的发展、电子货币支付体系的建立、交易双方信任程度的提高及风险的降低，传统的跟单信用证将更多被电子汇付方式所替代，实现买卖双方在网上"一手交单、一手交钱"，加快货款的收付。

二、电子支付发展的现状

(一) 网上银行的发展

网上银行(Network Bank)是在网络上开办的银行服务系统,其功能包括转账等一系列服务,是线上交易和从事金融业活动的基础。在网上银行进行交易,客户只需访问相应金融机构的网址,就可以办理所需的各种业务,如进行支付、转账、存款、取款、修改密码、挂失存单等,可以查询账户信息、交易明细、对账单,网上银行还可提供各种有价值的金融信息。

1995年10月,全球第一家网上银行"安全第一网上银行"在美国诞生。这家银行的营业厅就是网页,所有交易均通过Internet进行,员工的主要工作是对网络进行维护和管理。它的员工只有几十人,但存款余额却高达数百亿美元。

(二) 网上银行与传统银行的不同

网上银行与传统银行的区别在于,网上银行以计算机技术为基础,打破了传统银行的服务时间限制,降低了经营成本,方便了顾客,并通过网络提供各项金融服务。

1. 网上银行是以计算机网络与先进通信技术为依托的现代化银行

网上银行的产生、发展与Internet的发展息息相关,而Internet是计算机技术与通信技术相结合的产物,为客户提供安全、方便、快捷的金融服务是网上银行的立足之本。

2. 网上银行突破了传统银行业务在时间上的限制

传统银行的营业时间有一定的限制,客户只能在限定的营业时间范围内办理所需业务。网上银行的出现使银行可以更好地满足客户需要。由于银行内部网络与Internet网相连,客户只要联入有关网上银行的站点,就可以根据屏幕上的提示通过一定的身份认证进行开户、存款、转账、付款及贷款等业务。网上银行是全天候运营,客户可24小时在世界的各地办理各项业务。

3. 网上银行能降低成本、提高效益

美国一家仅有几十名员工的网上银行拥有的客户遍及全美50个州和其他国家,吸收存款数百亿美元,可见网络可以带来低成本、高效益。同时,网上银行的客户可以通过网络完成与银行间的各种交易,免去了来回奔波的麻烦;异地或国外的客户节省了长途电信费用,大大节约了交易费用。

4. 网上银行实现了交易无纸化、业务无纸化和办公无纸化

网上银行取消了纸币的使用,全面使用电子货币,即使用电子钱包、电子信用卡、电子现金等。通过将信用卡的信息资料输入计算机(主要是存款信息),保存在电子钱包内,形成了电子信用卡。一切银行业务的办公文件和凭证都改用电子化文件、电子化票据和证据,签名也采用电子签名。不再以邮寄的方式进行银行与客户间的纸面票据和各种书面文件的传送,而是利用计算机和数据通信网传送,利用 EDI 进行往来结算。

网上银行无纸化提高了银行业务的处理速度和操作水平,大幅度降低了服务成本,提高了服务的准确性和精确度,减少或消灭了差错,提高了服务质量。无纸化银行服务和电子化票据、电子化现金传递,使"瞬间传递"变为现实,在几秒钟内就可把巨额资金传送到世界各地。因此,及时、准确、快捷、方便、可靠的高质量服务是网上银行的突出特点。

三、电子支付在国际贸易中的应用

国际贸易要通过国际电子资金汇兑系统才能完成国际资金支付。国际汇兑信息通常是通过 SWIFT 系统传输的,而国际资金结算通常是通过 CHIPS 系统来完成的。因此,SWIFT 和 CHIPS 是国际资金调拨的两个最重要的系统。

(一) 国际电子支付机制

国际电子支付过程很复杂,一笔国际电子汇兑业务往往要经过不同国家多个同业的转手才能完成。

举例来说,若甲银行的客户 A,要求甲银行的企业银行系统代为支付一笔款项给某国乙银行的客户 B。甲银行接到这个请求后,根据甲银行与乙银行之间的不同关系情况,可以有不同的做法。

如果甲、乙银行之间并非往来银行,则需通过另一个与甲、乙银行都有往来关系的第三者协助处理。譬如,甲、乙银行均与 Citibank(花旗银行)有往来关系,而且甲银行与 Citibank 均为 CHIPS 的会员银行,则甲银行可通过 CHIPS 将款汇至 Citibank,Citibank 再将该款项转入其客户乙银行的户头中,并通知乙银行;该款项的收款人为客户 B。乙银行接到通知后,则通过自身的企业银行系统通知客户 B 汇款已到账。整个过程如图 5-1 所示。该图所示的资金调拨过程,涉及三个银行。这三个银行可分属不同的国家,也可以在同一国家。

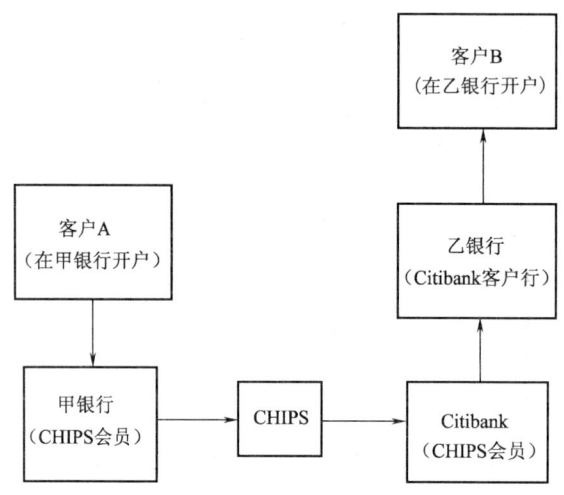

图5-1 客户A通过甲银行企业银行系统给客户B的电子汇兑过程

(二)汇兑过程

汇款客户要把一笔款项汇给受益方,必须向其开户银行发出汇款指令。发指令的机制很多,可通过 Internet、专用网络、邮寄、电话、电报、FAX 等办理,随着网络的发展和企业银行系统的推广,客户愈来愈多地通过 Internet 或专用网络来发送汇款指令。

银行接到客户的汇款指令后,首先要验证汇款客户和汇款指令的真实性。验证方法取决于所采用的发令机制。例如,对于邮寄指令,银行必须检验发令方的签字;对于电话指令,必须回打给发令方予以验证;通过 Internet 或企业银行系统传送的指令,则要检验用户名、口令、数字签名和信息识别码(MAC)。

在验明身份和指令的真实性和完整性后,银行进行支付处理和提交处理。在美国,跨行的大额汇兑主要是通过 FedWire、Bankwire、CHIPS 或 SWIFT 等网络来进行电子资金转账的。银行同这些系统有接口,就可自动接收这些系统发来的汇兑信息。一旦发生一笔资金转账,收款银行就通知受益方。通过电子资金转账的资金,一般当天或第二个工作日就可解付。

第四节 案例两则

一、招商银行"一网通"网络银行

(一) 基本情况

1997年2月28日,总部设在深圳的招商银行在因特网上正式推出企业主页,使客户"足不出户"就能即时查询其在银行的账务变动情况,动态了解当天银行的利率,了解外汇汇率、股市行情等金融信息。在此基础上,1998年4月,招商银行正式推出"一网通"网络银行。"一网通"是指通过因特网或其他公用信息网将客户的电脑终端连接到银行,实现将商业银行服务直接送到客户办公室或家中的服务系统。2000年4月,"一网通"获得了国家商标注册,成为招商银行的重要无形资产和服务品牌。规模较小的招商银行依靠网络银行的领先优势大大提升了其在国内银行业的竞争力和市场地位。

"一网通"采用 SSL 协议加密,所有交易数据均加密传输;网上购物专户是在"一卡通"户下另行开设的,并规定限额为2 000元,这样就不会有太大的安全风险;同时向网上商家发放 SSL 证书,从销售和支付两方面设置安全保护。

(二) 提供的产品和服务

目前,"一网通"提供的服务产品和服务包括"企业银行""个人银行""网上支付""网上证券""外汇交易""基金交易""网上商城""网上房城""招商信息"等,及时提供股市行情、银行利率、汇率、国际金融信息。"个人银行""企业银行""网上支付""网上证券""网上商城"等是招商银行"一网通"网上银行的核心服务。

1. 个人银行

个人银行分为个人银行(大众版)和个人银行(专业版)两种服务模式,以方便、快捷、安全的方式处理客户个人账务,适用于个人和家庭。大众版客户只要在招商银行开立了普通存折或"一卡通"账户,即可通过 Internet 网查询其账户余额、当天交易和历史交易等信息,并可获得修改账户密码、计算按揭贷款月供等服务。专业版个人银行则建立在严格的客户身份认证的基础上。

2. 企业银行

企业银行以方便、快捷、安全的方式处理客户对公账务,为客户提供如下网上服务功能。

(1) 账务查询。包括账户余额明细和账户当天、历史交易明细查询,付款方信息查询(包括付方名称、交易日期、付方开户行及专用于 BtoB 电子商务的附加号等),以及协定存款的合同额度、起始日期、基本存款和协定存款的余额和滚动积数查询。

(2) 内部转账。用于在招商银行开户的本企业账户之间的资金划拨。

(3) 对外支付。用于向在招商银行或其他银行开户的其他企业付款。

(4) 活期、定期存款互转。将活期存款账户中暂时闲置的资金转为定期存款;将定期存款转为活期存款;对未办理存款证实书的企业,可随时将定期存款转为活期存款,包括提前(部分或全部)支取、到期支取。

(5) 发放工资。用于向本企业员工发放工资。

(6) 信用管理。查询在招商银行发生的信用情况,包括各币种、各信用类别的余额和笔数,授信总金额和当前余额、期限、起始日期,以及借款借据的当前状态和历史交易。

(7) 子公司账务查询和信用查询。集团/总公司可根据协议查看子公司的账务信息和信用情况,方便财务监控。

(8) 集团公司/总公司对子公司收付两条线的管理。对于实行资金集中式管理的公司,集团公司/总公司可以根据协议实现分支机构货款向总部的迅速回笼和集中,也可以集中向分支机构支付各种费用。

(9) 网上信用证。以交易双方在 BtoB 电子商务交易平台上签订的有效电子合同为基础,提供网上申请开立国内信用证和网上查询、打印来证等功能,同时向交易平台的管理者提供信息通知服务,使交易平台的管理者可实时了解信用证结算的交易进程。

(10) 金融信息查询。提供实时证券行情、利率、汇率、国际金融信息等。

(11) 银行信息通知。银行通过"留言板"将信息通知特定客户,如定期存款到期通知、贷款到期通知、开办新业务通知、利率变动通知等。

3. 网上支付

网上支付向客户提供网上消费支付结算。该行网站已通过国际权威 CA 认证且采用了先进的加密技术,客户在使用"网上支付"时,所有数据均经过加密后才在网上传输,安全可靠。网上支付功能使用的过程如下。

(1) 申请网上支付服务的客户必须到该行任一网点办理本项服务的申请手续,取得网上支付卡和支付密码(只有该行"一卡通"用户可享受此项服务)。

(2) 专户转账。在成功申请网上购物功能后,银行即为客户在活期储蓄账户下设立了"网上支付"专户,在进行网上消费前需将资金转入此账户。

(3)可以在任何提供招商银行"网上支付"服务的网上商户选购商品和服务,当选购完商品和服务并确认后,鼠标点击"一卡通付款"栏,就会自动被引导到该行网站并进入支付程序,每次网上支付金额最高为人民币2 000元,每日累计交易额最高为5 000元。

(4)依次输入网上支付卡号及网上支付密码,客户终端显示以下信息的一种:扣款成功;专户余额不足,请客户通过电话银行向专户补充存款;通信故障,请稍后进行交易。

(5)交易确认。为避免出现由于商户库存不足而无法供货等情况,所有购物交易均需经商户确认后方告成立。客户可随时通过招商银行网页"网上支付"专栏查询订单是否已被确认,如有疑问,可拨打网上商户服务热线,向商户直接询问。

4. 网上证券

"一网通"的网上证券能实现使用"一卡通"在网上进行证券委托交易、证券账户查询、行情查询,以及证券专户与银行账户之间的转账功能,使用方便、安全、快捷、一目了然。

5. 网上商城

"一网通"还提供到各网上商场的链接,以便于储户直接进入购物环境,实现网上购物消费,既沟通了商家与消费者,也扩大了银行业务量。

6. 手机银行

招商银行将网络银行业务扩展到移动电话上,只要客户手机支持WAP2.0协议,并开通了GPRS上网功能,即可使用手机银行,在手机屏幕上完成账户查询、资金转账、证券买卖、外汇买卖等多项业务。

案例思考题

1. 招商银行网络银行有哪些特色?
2. 招商银行的网络银行还可以拓展哪些业务领域?

二、第三方网络支付平台——支付宝

支付宝服务于2003年10月在淘宝网推出,经过不断改进,功能日趋完善。2004年12月支付宝公司正式成立,借助阿里巴巴、淘宝网等品牌资源,为网络交易用户提供安全支付服务。

支付宝公司成立短短10年多,已成为网上交易的主要支付平台,截至2016年年底,支付宝实名用户达到4.5亿,手机支付用户超过70%。目前,支付宝的使用范围已不仅限于阿里巴巴网站、淘宝网站,支付宝已经成为向中国所有电子商务企业提供支付服务的平台。上海2016年人均支付金额达到14.8万元,是2015年的1.5倍,位居各省市之首。

(一)支付宝的特点

支付宝的实质是作为信用中介,在买家确认收到商品前,由支付宝替买卖双方暂时保管货款的一种增值服务。支付宝的特点归纳起来有三点:安全、方便、快捷。

1. 安全

支付宝作为中国最大的第三方网络支付平台,其最大的特点是采用"收货满意后卖家才能拿钱"的支付规则,在流程上保证了交易的安全可靠。同时,支付宝拥有先进的反欺诈和风险监控系统,可以有效地降低交易风险。支付宝做出了"你敢付,我敢赔"的服务承诺,只要在淘宝网使用支付宝进行交易,如出现欺诈等行为,支付宝一经核实,为会员提供全额赔偿,让消费者购物没有后顾之忧。

2. 方便

目前,共有数十万网上商店支持支付宝交易。卖家可以通过支付宝商家工具将商品信息发布到各个网站、论坛或即时沟通软件中,找到更多买家。还可以根据需要将支付宝按钮嵌入自己的网站、邮件中,简单方便地使用支付宝。

支付宝提供的服务是多方面的,不仅能免费为用户监控交易过程,替买卖双方暂时保管货款,保证交易双方的资金和货物安全,还可以为买卖双方提供交易资金记录的查询和管理,为用户提供在银行账户和支付宝账户之间的资金划转服务。

3. 快捷

支付宝与国内各大银行建立了合作伙伴关系,支持国内外主要的银行卡,实现了与银行之间的无缝对接,交易双方使用原有银行账户就能利用支付宝完成交易。在交易过程中,支付宝用户可以实时跟踪资金和物流进展,快捷地处理收付款和发收货业务。

支付宝采用免费短信提醒业务,对交易双方来说,任何资金的变动都能立刻得到通知。支付宝公司有近200名专业服务人员,为用户提供7×24小时全天候无间断服务,任何与支付宝相关的问题,都能得到及时答复。

(二)支付宝的功能和使用流程

支付宝网站(www.alipay.com)界面简洁明了,主页上主要的功能模块分别是"我要收款""我要付款""交易管理""我的支付宝""商家工具"。

通过"我要收款",作为卖家的会员可以用"支付宝账户"来接受买家支付的货款。同样,通过"我要付款",作为买家的会员可以用"支付宝账户"的余额去完成支付,不需要每次支付都去银行转账,也可以直接通过与支付宝合作银行的网上银行在线支付。"交易管理"为用户提供了强大的查询和管理用户所有网上交易的功能,引导用户轻松完成整个网上购物和支付的过程。"我的支付宝"为用户提供了自我管理账户信息的窗口,用户可以对自己的信息进行修改。"商家工具"则向客户提供了高效而实用的网络工具,灵活运用它,就可以将卖家的商品信息及时而广泛地发布到互联网上。

支付宝的基本使用流程如下。

第一,注册。用户在支付宝注册成为会员时,如果已经是淘宝网的会员,则可以用淘宝会员名快速注册。如果还不是淘宝网会员,则可以用电子信箱作为用户名注册。一旦注册成功,支付宝会发出邮件确认,并让用户激活注册账户。

第二,开通网上银行。为了顺利开展网络贸易,用户开通网上银行是必需的。阿里巴巴公司与各大银行合作推动网上支付,因此,用户只要凭银行卡开通了网络银行业务,就可以与支付宝无缝连接,将资金从网上银行账户转至支付宝账户。支付宝提供账户充值与账户提现的功能。

在众多的银行中选择用户已开通网上支付功能的银行,并输入充值金额,单击"下一步",支付宝弹出有关用户充值信息确认与特别提醒窗口,除核对充值的信息外,还告知用户网上银行对于网上支付的一些规则。

当用户核对充值信息并浏览特别提醒信息后,单击"去网上银行充值"按钮,就可以直接进入网上银行窗口,如果用户已经开通网上银行服务功能,则可以直接将资金转入支付宝账户;如果尚未开通网上银行服务功能,则可以立即申请。

当用户进入网上银行支付页面后,网上银行提供订单的详细信息,供用户核对,同时选择支付方式。不同的银行界面有些不同,但支付流程基本相同。

第三,使用支付宝购物。买方浏览商品,选中需要购买的商品,并且支持支付宝交易,单击"立即购买"按钮,即会弹出确认购买窗口。如果有关交易的信息不完全,就需要填写一些资料,如交易数量、购买者电话、邮政编码、联系地址、商品邮寄地址等。然后单击"确认"按钮,系统就会返回信息核对窗口,同时将检测用户的支付宝余额并告知用户,以便用户确定是否有能力完成交易。当用户余额足以支付所购买商品的货款时,填入支付宝支付密码,再单击"付款"按钮,就可以将货款划给支付宝了。支付宝将弹出支付成功窗口,接下来就是等待卖方将商品发送给买方了。

买方收到货物无误且满意,则登录支付宝确认同意付款。支付宝提醒客户收到商品后距离支付的最后期限及同意支付后所产生的后果。一旦得到确认,支付宝就会将货款转入卖方的账户,整个交易完成。接下来就是到相关网站对卖方在交易中的表现做出评价了。

(三)支付宝集成

为了使支付宝会员更广泛、方便、快捷地利用支付宝进行交易,支付宝公司还为商家开发了"支付宝按钮",其作用是用 HTML 代码形式将支付宝交易按钮或者支付宝交易链接直接嵌入到用户的网页、电子邮件、聊天窗口中,方便地实现支付宝交易。这样,用户就可以将所创建的支付宝交易按钮通过网页、邮件或者聊天工具的方式传递给交易的对方,对方则可以单击按钮或者以链接的方式进行支付宝交易。

创建支付宝按钮,应单击支付宝网站主页上的"商家工具"按钮。需要经过填写商品信息、生成支付按钮代码、保存支付按钮三个步骤。在"商家工具"窗口的右侧有两个按钮,分别是"创建支付宝交易按钮"和"管理支付宝交易按钮"。单击"创建支付宝交易按钮"进入支付宝按钮创建页面。此时,需要填写一些商品与价格的信息,当有关商品的信息填写完毕后,单击窗口下方的"保存"按钮,系统就提供给用户在各种不同场合使用的支付宝按钮代码。

对于聊天工具与电子邮件,用户可以将相应的代码复制到聊天窗口中或者邮件中,并配上简要的商品说明,发送给对方。对方点击该链接就可通过"支付宝交易"购买商品。对于网页来说,用户可以将相应的按钮代码复制到网页的 HTML 代码中,再配上简要的商品说明,有关页面就成为一个支持"支付宝交易"的平台。

❓ 案例思考题

1. 第三方网络支付平台应具备什么特点和功能?
2. 你如何评价支付宝"你敢付,我敢赔"的安全服务承诺?

本章思考题

1. 什么叫金融电子化？它有哪些基本内容？
2. 金融创新具有哪些积极效应与消极效应？
3. 试比较中国与发达国家的金融电子化发展状况。
4. 试比较国外主要的电子金融系统。
5. 电子支付的含义和内容是什么？
6. 简述国际电子商务信用证支付模型。
7. 试比较电子支付与传统支付的异同,分析电子支付具有哪些优势。
8. 网上银行具有哪些优点？
9. 国际贸易支付方式出现的革新趋势是什么？
10. 简要描述国际电子支付机制。

相关内容网站

1. 中国银行　www.boc.cn
2. 招商银行　www.cmbchina.com
3. 中国工商银行　www.icbc.com.cn
4. 美国花旗银行　www.citibank.com
5. 美国 Wells Fargo 银行　www.wellsfargo.com
6. 支付宝网站　www.alipay.com
7. 万事达卡　www.mastercard.com

第六章 国际网络营销

学习要点与要求

通过本章的学习,应掌握国际市场信息的采集和交换、网络广告策略、网络客户关系管理和国际网络营销的组织管理。

了解国际市场信息的特点、分类和采集,掌握网络广告的特点、优越性和各种形式,网络广告的定价和策划,熟记网络客户关系管理的含义、管理形式以及客户保持的各种手段。

第一节　国际市场信息采集

一、国际市场信息的特点

当前的国际市场信息一般具有以下特点。

（一）市场信息量剧增

由于科学技术的迅猛发展，人类认识世界的能力空前提高，新知识、新技术、新产品大量涌现，知识的更新替代以几何级数推进，国际市场上充斥大量各种各样的信息，是名副其实的"海量信息"。

（二）专业化、职业化的信息机构发展迅速

现代信息社会中，许多发达国家的信息业已成为其骨干产业。例如，目前美国信息产业产值占比超35%，就业人口中有65%的人与信息的生产和处理有关，而在20世纪50年代这一数字只为17%。

（三）信息处理现代化

以现代通信技术和计算机技术为主要标志的现代信息处理技术应用于企业的经营管理，使企业的信息处理工作发生了根本变革。如美国通用汽车公司的销售管理信息系统，用计算机网络把分布在49个州的65个销售部门，分布在11个州的18个产品仓库和分布在21个地区的制造部门，统统并联起来，形成反应灵敏的信息网络。当顾客通过电话或E-mail订货时，该信息网络便立即开通，不仅能通知顾客在最近的仓库提货，还可自动办理开具发票、登账和通知销售人员等一系列活动。

国际市场信息量不断增大以及信息系统的高度现代化，对我国的国际营销既是一个机遇，也是一个挑战。市场信息量大，通信技术发达，为企业进行国际市场调研、搜集信息提供了丰富的资料和便利条件；但是，虽然有大量的市场信息，企业管理者们要获得对自己营销有用的信息却实为不易，市场上往往充斥着大量无用或错误的信息，或者因未能及时送到而使重要信息变为毫无用处的信息；另外，与发达国家相比，我国的信息工作起步较晚，企业信息化程度较低，无论硬件、软件，都难以充分满足企业进行国际市场调研的需要。所以，审时度势，我国企业建立起适合自身需要的国际市场信息系统是完全必要的。

二、国际市场信息分类

国际市场营销是一种跨越国界的营销活动,其活动范围和距离都比国内营销更广、更长,需要搜集的信息也更多。为了便于掌握信息,有必要对纷繁复杂的信息进行分类。国际市场信息往往分类如下。

(一)经济信息

宏观方面包括:国民生产总值、国民收入、经济增长率、通货膨胀、工商业周期趋势、股票指数、汇率、就业率等。微观方面包括:某种特定产品的价格、某种特定商品的库存与订货情况、某种特定商品的替代品市场行情等。

(二)社会和政治环境信息

社会和政治环境信息包括影响本部门业务的种种非经济信息,该国的政治体制、政府政策、政局状况、文化属性、地理特征等。此外,还包括生态环境、安全标准等。

(三)市场条件信息

市场条件信息包括以市场细分法分析本部门面临的国内外市场条件,目标市场所在国的商业习惯、市场垄断与资金集中情况、信贷制度、行业协会和工会组织情况等。

(四)有关技术环境的信息

有关技术环境的信息包括科技能力和科研机构及人才发展状况、交通运输条件、通信状况与信息基础设施等。

(五)有关竞争者的信息

有关竞争者的信息包括竞争对手所占市场份额、基本生产和技术水平、在国内外市场上所采取的战略等。

国际市场营销信息所涉及的面非常宽广,而且这些信息对于任何正确的市场营销决策都是必不可少的,每进入一个新市场都必须搜集这类基本信息。这不同于国内营销,国际市场营销人员面临的工作压力更大。

三、国际市场信息的采集

市场调查的方法实际上也是市场信息采集的方法,选择调查方法也就是选择信息搜集的途径,其目的在于节省调查费用,提高调查效率。国际市场信息的采集方法主要有:间接调查采集法、直接调查采集法和委托法。

(一)间接调查采集法

间接调查采集法又称检索法。国际市场信息浩如烟海,企业既不可能,也没有必要自己采集如此庞杂的信息,而是可以通过检索现有的情报资料取得有关信息。由此取得的情报资料称为第二手情报资料。搜集第二手信息资料的时间短、费用少,应在国际市场信息采集中充分利用。

第二手信息资料,一方面来自企业内部提供的各种数据和资料,另一方面是从企业外部市场及营销环境采集的各种信息资料。

来自企业内部的信息资料主要是企业自己的档案资料和各种记录,如各种销售记录、发票、送货单、推销人员的工作报告、生产记录、企业经营规划、商情预测与分析研究等。

来自企业外部市场及营销环境的资料可以从以下几个方面获得。

第一,向有关单位索取或订购。各个国家都有官办和民办的科研机构、情报机构、咨询机构和各种信息业务机构,可以提供公开出版的信息资料。例如,中国国内的资料有:《国际商报》《中国贸促报》《国际经贸消息》《外贸调研》《国际市场》《国际贸易》《中国对外贸易》《国际经济合作》等。美国有:《商业周刊》《纽约时报》《财富》《现代商业概览》《全球市场调查》《海外商业报告》《国别市场调查》《商业统计》《外国经济趋势报告》等。英国有:《经济学家》《国际商业》《金融时报》等。

第二,有关国际机构采集和发布的各种经济资料。例如,联合国出版的《月度统计公报》《国际贸易统计年报》《统计年报》《行业统计年报》《世界贸易年鉴》《亚太统计年报》《拉美统计年报》,国际货币基金组织出版的《国际金融统计》,世界银行出版的《世界发展报告》和《世界银行统计表》,经济合作与发展组织出版的《经济调查》和《金融统计》,联合国教科文组织出版的《联合国教科文组织统计年报》,以及世界贸易组织、联合国跨国公司中心等国际组织发表的各种资料数据。

第三,各国商会和行业协会提供的资料。各国商会都可提供本会的成员名单、各国贸易情况和贸易法规等有关资料。国际商会的会员是各国商会,总部设在巴黎。除了商会以外,许多国家还有不少的行业协会,如美国的制造商协会、日本的汽车进口商协会等,它们汇集了大量的专业信息,有的还定期出版统计资料和年鉴,为行业内部的企业提供资料。这些都是很有价值的信息资料来源。

第四,本国驻外机构提供的信息情报。本国驻国外的大使馆、领事馆的商务机构,可以比较及时、系统地采集各驻在国的经济信息和市场情报;同时,各国驻国外的外交、经济、商务机构也都提供本国的有关出版物。

第五,企业在国外的分支机构、办事处以及国外的经销商、代理商、市场研究机构、广告公司等也可以提供必要的信息资料。

第六,各种信息发布会、展览会、订货会、商品展销会、交易会、学术报告会、经验交流会以及各国新闻媒介提供的各类信息情报,同时,企业还可派人出国考察、谈判,获取感性的和重要的信息情报。

(二)直接调查采集法

在国际市场调研中,有相当一部分信息情报资料的获得是利用二手资料,但有些针对性较强的信息资料往往需要调研人员亲自去调查采集,以获取第一手资料或原始资料。这种直接调查采集法费时、费力,但能得到及时、准确的情报,因而是国际市场信息采集的重要方法。这类信息采集方法主要有以下几种。

1. 观察法

观察法是指调查者不直接向被调查者提出问题,而是亲临现场观察事情发生的过程,以判断消费者在某种情况下的行为、反应或感受。观察法又包括直接观察法和行为记录法。

(1)直接观察法。即派人到现场观察,如到商场观察购买者在购买某类商品时的具体选择。

(2)行为记录法。即使用照相机、录音机、摄像机等技术手段对顾客的购买行为和对某类广告宣传的反应情况进行观察记录。

2. 询问调查法

询问调查法是由调查者向被调查者询问有关问题,根据被调查者的回答来搜集信息资料的方法。询问法分为口头询问和书面询问两种。

(1)口头询问法。即调查人员亲自向被调查者询问,根据其口头回答取得资料。询问可以采取自由式交谈,也可以事先拟定好提纲进行提问;可以采取个别询问形式,也可以采取开调查会的形式;如果是个别询问,还可以采用电话询问的形式。

(2)书面询问法。即调查人员事先设计好调查表,然后分发给所有被调查者,根据被调查者的书面回答来收集资料。该方法的优点是调查覆盖面广,被调查者有充分的时间来考虑问题。其缺点,一是回收率往往较低,根据国外经验,调查表回收率能达到60%以上即算是成功的;二是费用较高,因为凡要求对方回答问题的,一般都付给相应的费用或至少给对方一些小礼物,否则很难保证调查表的回收率。

3. 实验调查法

实验调查法是当某种产品在设计、质量、包装、价格、广告、分销渠道、销售方式等方面有所改变时,先在一个小规模的市场范围内进行实验,以便了解由此引起的市场变化和反应。它是把自然科学中实验求证的方法应用于市场调查。常用的实验调查法有两种。

(1)实验室实验调查法。即找一部分或几组被调查者,以询问、品尝、试穿、试用等方式,就产品的味道、式样、颜色、包装、商标、价格、使用效果等问题,向被调查者进行调查,以获得有关信息。此方法也常被用于研究广告效果和选择广告媒介。

(2)实地实验调查法。其做法是将产品拿到选定的试验市场或试验商店进行试销,观察其销售情况,以分析、判断此项产品正式投放市场后的前景和效益。现行的新产品试销、展销会、定点试销以及时装表演等均属此类方法。

(三)委托法

委托法又称购买法,即企业委托有关国际市场调研机构为之进行信息采集与分析。在商品经济高度发达的今天,市场调查研究已发展成为一个专门的行业。许多国家都有商情服务公司,许多大银行、大公司和各国的行业协会都有类似的专门机构,专业的国际市场调研中心和公司更是不胜枚举。这些调研机构或公司都建立了比较完整的商业信息系统,拥有实力雄厚的市场调研力量和丰富的国际市场调研经验,能向需要服务的企业提供各方面的国际市场信息。如美国市场研究公司,专门为海外企业做关于"消费者对货物欢迎程度"的调查。英国的路透社香港分社,通过为企业安装的终端设备向企业提供商品信息。

第二节 网络广告策略

中国的网络广告市场正在快速扩大,根据艾瑞国际2017年5月发布的调查数据,2016年中国网络广告市场规模超过2 902亿元,同比增长32.9%。

一、网络广告的特点

所谓网络广告,是指在因特网站点上发布的以数字代码为载体的各种经营性广告,企业把有关商品和服务信息传递给潜在用户或发布到网络上,让网民有机会访问了解,其形式有网页标牌广告、E-mail 广告、网上黄页等。

网络广告是既不同于平面媒体广告、也不同于传统电子媒体(如电视)广告的一种特殊形式,其基本特征如下。

第一,利用数字技术制作和展示。

第二,可链接性。这意味着广告主和广告经营者都无法预知和控制广告会被多少个站点拷贝,虽然有时链接者的本意并非宣传广告,但只要被链接的主页被上网者点击,就必然会看到广告,这是传统广告所无法比拟的。

第三,强制性。熟悉因特网的人都有收到 E-mail 广告的经历,而要完全拒绝此类广告在技术上比较困难。

网络广告的上述特点,对广告的法律调整与规范提出了新的课题,在电子商务快速发展的今天,必须从理论和实践上解决网络广告的规制问题。

二、网络广告的优越性

因特网给广告业提供了一种潜力巨大的广告媒体,开辟出了一片崭新的天地,蕴涵着巨大的商机。但它同时也是一个严厉的挑战和考验。如果广告公司不能提供满意、高效、价廉的服务,厂商完全可以甩开他们,自己制作和发布网上广告。与此同时,传统的广告媒介(如报纸、电视、广播等)无一不受到冲击,广告商的经营手法、制作技术也会面临考验。如何才能适应这种新媒介的特点,开发广告资源、发展广告客户,任何广告商都不敢对此掉以轻心。网络广告的优点表现在以下几方面。

(一)覆盖面广,观众数目庞大

Internet 仅用 4 年时间(1993—1997 年)就达到了 5 000 万用户的大众媒体底线(而广播用了 38 年,电视用了 13 年),2017 年已有 35 亿多用户。网上广告没有地理国界限制,可以轻松地被世界各地的商家和消费者了解,所能接触的读者、观众数量是其他广告媒体难以比拟的。正是由于观众数量庞大,网上广告的效率往往比其他媒体广告要高。

（二）不受时间限制，广告效果持久

网络广告存放在主机上，只要主机不关闭，网民每天24小时都可以访问了解，不受白天、夜晚的限制，也没有节假日休息。不像广播、电视受播出时段限制和地区时差影响，也不像报纸广告作用时间短暂。网络广告可以每时每刻、持续地发挥作用。

（三）形式生动灵活，互动性强

目前企业使用较多的是万维网网页广告发布，其多媒体功能可以把文字、图片、图像、声音等结合在一起，可展示三维彩色图像，配上立体音响，形式生动活泼。企业可以根据产品特点和销售意图选择适当的广告制作方式，把产品的形态、用途、使用方法、价格、购买方式等信息全方位展示在消费者面前，更富有感染力和吸引力，能突出企业和产品的形象。网络广告的一大优点是Internet提供的互动性，它可以动态展示商品目录，提供有关商品信息的查询，与顾客做互动双向沟通，客户如果对广告商品感兴趣，还可以在网上即时采取购买行动，商家则能即时接受订单，包装发运货物。现代营销的发展趋势之一是人性化、个性化，而网络促销是一对一、消费者主导、循序渐进的，这正是一种人性化的促销，可通过信息传递和交互式交谈与消费者建立长期良好的关系。

（四）可以分类检索，针对性强

Internet中网站多如牛毛，广告信息浩如烟海，但利用Google、百度、Yahoo、Infoseek、Geocities等网络资源搜索器，客户能够方便地查阅某一类产品的广告，货比多家，择优订购。例如，用户想买汽车，网上服务器就会以菜单形式列出各种各样汽车的牌号，用鼠标点击想查找的汽车，就会即刻在屏幕上出现介绍该汽车的各种信息。若对某项指标有疑问，再用鼠标点击子项目即可调出更详细的相关资料。

厂商只要输入正确的关键词，就能保证自己的广告信息会被有关客户检索到，这样可以有针对性地做广告宣传。网络世界中有各种各样的社区，这种社区通常建立在共同的兴趣上，比如园艺、摩托车、足球、冲浪等。特定人群有共同的爱好，使商家可以有针对性地开展营销活动，提供特殊产品和专业化服务。

（五）制作简便，广告费用低

随着电脑软件技术的发展，网络广告的制作越来越简单快捷，一些看起来很复杂的多媒体广告可以在两三天内完成，制作成本日益降低。发布网上广告的整体费用,也大大低于使用广播、电视、报纸、杂志等广告媒体的费用,往往仅是后者的几十分之一甚至几百分之一,特别是考虑到其庞大的广告受众群,网上广告的费用更显得十分低廉并成为其最大的竞争优势。

(六)广告内容易于更新

在传统媒体上做广告,发版后很难更改,即使可改动,往往也要付出很高的费用。而在 Internet 上做广告,则能根据需要及时变更广告内容,不需附加费用或费用很低。网上广告内容和形式的不断更新,会给消费者耳目一新的感觉,无形中提高了广告的宣传效果。

三、网络广告的形式

(一)页面广告

页面广告主要包括以下几种。

第一,横幅标牌式(Banner)广告。即在网页上显示的一块块广告标志,包括全尺寸和小尺寸两种,可以是静态图片、gif 动画或 Flash 动画等,很像公路上的广告牌,点击某一个标志,即进入该公司的网站,可以获取更详细的企业商品或服务信息。

第二,标识广告(Logo)。它又分为图片和文字两类,访问者对广告内容感兴趣时,即会点击链接到广告发布者的网站上。

第三,按钮式(Button)广告。即以尺寸大小不等的按钮形式出现在网页上的广告,访问者可点击进入浏览。

第四,墙纸式(Wallpaper)广告。企业可以把宣传介绍的内容制作在精美的墙纸中,存放在有关的墙纸网站,供人们下载作为屏幕保护页面。

标牌式广告在所有网络广告中占大多数,目前在绝大多数比较有名的网站上都可以看到标牌式广告。企业发布标牌式广告,一种是采取互换形式,即双方在自己网站上发布对方的广告,互相交换,不必支付广告费;另一种是向网站购买广告空间和时间,根据网站的知名度和广告出现在网页上的位置支付广告费。

(二)搜索引擎加注

搜索引擎收集了成千上万的网站索引信息,并将其分门别类地存放于数据库当中,当人们想寻找某方面的商品或服务网站时,一般都会从搜索引擎入手。有关机构的统计报告显示,搜索引擎查询已经成为上网者仅次于电子邮件的一种最常使用的网上服务项目。每个商家都希望自己的网站能被搜索引擎罗列出来,并且排名靠前,这就必须进行搜索引擎加注,把自己提供的商品或服务信息以一系列关键词形式提交给各搜索引擎网站。目前比较著名的搜索引擎网站有 Yahoo、Google、Infoseek、百度、搜狐等。

(三) 电子分类广告

电子分类广告是在网上提供的按行业及专用目的等进行分类的广告信息,具有针对性强、发布费用低、见效快等优点。提供这种服务的站点通常是一些行业性网站,如冶金、农机、微电子等,也有一些综合经济信息网站,如各种经贸信息网及市场商情网等。

(四) 电子杂志广告

因特网大大降低了出版业的门槛,五花八门的电子出版物如雨后春笋般涌现,网络低成本快速复制和传播的特点使电子报刊如虎添翼,只要电子杂志办得有特色,就可以轻松地把读者群扩展到千家万户。电子杂志的影响日益受到商家们的重视,他们除了积极创立自己的电子杂志外,还充分利用那些已成名的电子报刊做广告,使自己的商品和服务信息直达千千万万的潜在用户。

(五) E-mail 广告

电子邮件广告是一种重要的网络广告形式。电子邮件广告往往以邮件列表(Mailing List)的形式发送,一个广告发布者可以同时向许多个信箱发布广告邮件,成本低廉,效果直接,强制性强,这种不期而至的广告比上门推销员更难拒绝。但电子邮件广告既有正面作用,也有负面影响,许多人都深受电子邮件广告的骚扰之苦,如果不尊重消费者的个人意愿和个人隐私,厂家就有触怒消费者的危险,结果即会适得其反。

(六) 网络竞价排名

企业可以根据自己经营商品的特性和类别,在搜索引擎上设置"关键词",吸引潜在客户访问企业网站以增加交易机会。企业可以控制每次点击的价格而决定企业在该关键词的广告排名位置,支付较高的价格就可以让企业名称(网址)出现在点击该关键词后列出的所有相关企业的靠前位置,更容易吸引客户注意。做广告的企业按点击次数向搜索引擎网站支付广告费用,而不是按网络广告投放的时间长短支付广告费,因而广告支出与广告效果相关性较高。

(七) 专题论坛广告

在因特网上有数以万计的专题论坛、聊天室或新闻组,它们往往是由具有相同兴趣的人按自愿原则组合在一起的网民群体,就共同关心的议题互通信息,交流意见。因为因特网庞大的用户数,所以专题论坛的成员通常都比较多,有的甚至达到近百万人,少则也有几千人。在专题论坛发一条广告非常简单,只要把消息发往离自己最近的某个专题论坛服务器,在几个小时内,通过一个复杂的相互复制功能,散布在全球的论坛成员就都能收到广告。值得一提的是,这种以专题论坛的形式发广告是免费的,所以很多企业很乐意在此做广告。当然,在专题论坛上做广告也必须遵守一些基本原则:第一,广告的主题内容必须与专题论坛的主题相一致。如汽车广告可发往有关汽车的专题论坛,美容品广告可发往有关美容的专题论坛等。第二,在广告中应着重给专题成员提供商品信息,而不是宣传吹嘘。例如,可介绍产品特点、使用方法、权威机构对产品的检验结果等。第三,只能以纯文本的形式发布,不能上载图像。第四,发布的广告信息应简洁、清晰、富有诱惑力,这样才能有效地吸引读者并节省阅读时间。第五,专题论坛中的信息一般只保存两周左右,所以这种广告方式要周期性地持续做工作,不断开发出新的产品信息内容。

(八) 博客、微博、微信广告

随着工厂技术和通信手段的进步,近些年博客、微博、微信用户以几何倍数猛增,提供了新的广告手段和发展空间,越来越受到商家和广告商的重视,包括 IBM、GE、微软、三星在内的国际知名企业纷纷采纳新的广告手段,大量中小企业跟进。自 2005 年我国和讯网在洪波个人博客投放第一个广告起,新媒介广告发展极快,目前达到每天数十万项的规模。

四、网上广告的定价

因为在专题论坛上和利用邮件目录发布广告都是免费的,所以这里网上广告定价指的是在 Web 服务器站点租用空间发布广告的收费。大致有三种。

(一) 每千人次访问费用模式 (Cost per Thousand Impressions, CPM)

广告的目的就是让人观看,Web 站点广告可按访问人数进行收费,一个访问率高的站点比访问率低的站点收取的广告费用可能高出许多倍,但广告主花钱也物有所值。

（二）每千人次连通收费模式（Cost per Thousand Click-through，CPC）

一些电子广告商采用广告主喜欢的连通收费模式，即按照观众对客户的网上广告的每千次点击连通计费。另一种类似方法是按照点击率收费，点击率（Click-through Ratio）即网上广告被点击的次数与页面被浏览次数之比。点击率可以反映广告效果，也是网上广告吸引力的一个标志。

（三）关键词收费模式（Key Word Cost）

一些Web站点面向特定读者群提供相关的广告，许多信息检索网站把广告与一些特定的关键词联系起来，在读者使用关键词查询信息的同时显示相应的广告。比如，美国航空公司广告赞助"旅行"和"航班"这两个关键词，包含这两个词的查询都会看到美国航空公司的广告。Yahoo站点的关键词广告收费高达每月每个关键词数千美元。

五、网络广告策划

网上广告可采用多种形式，不同的广告形式其效果往往不同，费用也相差悬殊。那么，如何才能根据企业的实际情况寻找到最合适的广告形式呢？一般说来，一份好的网上广告策划要经过如下几个步骤。

（一）观察学习

首先要观察学习他人如何在网上做广告，了解较长时间从事网上广告的同行有什么经验教训，作为参考借鉴。学习的方法是多种多样的，如参加各种专题论坛，观察讨论的热点问题是什么，自己也可以提出问题，征询意见和答案；通过访问广告网站，查阅各种电子广告单页，观察他人如何树立企业形象，如何宣传产品，在方法上有什么可取之处等。知己知彼，百战不殆，观察会使人眼界大开，学到做广告的诀窍和办法。

（二）计划

所谓计划，是指充分分析网上广告应解决和涉及的问题，大致有：①做网上广告的目的是什么，是仅仅希望树立良好的企业形象，还是要全面介绍企业的各项业务，或推销某种具体产品；②希望广告到达哪一个层次的用户，是给他们留个良好印象，还是想直接激发他们的购买欲望；③广告是否只用文字表达，还是需要图像来补充;④是广播式广告,还是需要用户的反馈;⑤如何评价某一轮的广告效果等。在制订计划的过程中,聘请一个熟悉网上广告的代理是很有帮助的,因为他有充足的网上广告经验,熟知各种形式网上广告的收费情况、哪些电子广告商的广告服务比较出名、查阅的人较多、在不同的专题论坛发布广告应掌握什么尺度等。

(三)实施

不管网上广告计划做得多么完美,在实施阶段都可能会出纰漏,所以应采取循序渐进的方式。在开始时,要尽量选用一些省钱的广告形式。例如,通过电子邮件给客户发送新产品消息,在选定的专题论坛中发布少量广告等。然后可选定一家电子广告商,把自己的广告放入他的广告服务器中。如果初步的广告取得成功,就可逐步加大网上广告投入。

(四)反馈

为了保证广告的效果,必须按广告计划书规定的期限定期检查网上广告的效果。一般来讲,一轮成功的广告有如下明显特征:①从外界发给企业的电子邮件增加2—3倍;②在2—3个月的周期里,询问企业产品的信件明显增长;③如果是通过网络做客户调查,则应有相当多的回复;④收到正面与反面回复的比例大于30∶1。

如果广告没有达到预期的目标,那么应对广告计划适时进行调整,但不能操之过急,要有耐心,因为众多用户需要一段时间才会注意到你的广告并采取行动。

第三节 国际网络营销的组织管理

一、跨国网络营销的法律管辖权

因特网是无国界的,网上买卖双方进行商品交换、资金转移等,不论是由于技术原因或是人为因素,都有可能发生跨国争议甚至法律诉讼。为此,电子商务和网络营销的法律效力及司法管辖权问题必须予以明确。联合国国际贸易法委员会1996年制定了《电子商务示范法》,支持电子商务在国际贸易中的应用,认可通过电子手段达成的合同,规定了约束电子合同履行的标准,定义了构成有效电子书写文件和原始文件的条件,提出了为法律和商业目的而做出的电子签名的可接受程度;该法律还支持在法庭上和仲裁过程中可使用计算机证据,但关于国际电子交易纠纷的管辖权和适用法律问题,还有待总结分析实际案例,逐步完善规定。

二、国际网络营销的规范

美国、日本等发达国家为了推动电子商务的发展,对网络广告等网络营销活动的管理都采用比较宽松的模式,即除非有重大的不正当竞争和恶意广告,通常政府对网络营销尽量减少干预。网络具有与传统媒体迥然不同的开放、互动的结构,因此,不可能采用传统媒体的办法来规制网络营销活动,而应当采用一种比较有弹性的规制办法。这需要注意以下几个方面。

(一) 政府管理与 ISP、ICP 自律相结合

ISP 和 ICP 是网络运作与管理的重要环节,离开了 ISP 和 ICP,政府就无法对网络实施有效的管理。这里所说的 ISP 和 ICP 的自律包含两层含义:一是 ISP 和 ICP 自身必须遵守广告法和相关法规,抵制不正当竞争和虚假、欺骗广告等;二是 ISP 和 ICP 应当在经营的范围内,控制所托管的主页,一旦发现恶意网络营销行为,要立即制止并给予相应惩戒。

由于电子商务面世的历史并不长,法律不大可能预先完善规则,这就需要行业规章在法律正式出台前的空白期起到游戏规则的作用。例如,对商业网站的规制、对个人主页的管理都必须有一个基本规章。ISP 和 ICP 在用户电子邮件地址的管理上,负有特殊的责任,也应当制定一定的标准和规章,保护消费者和商家的合法权益。

(二) 知识产权保护问题

知识产权保护也是因特网上开展营销活动的必要条件,尤其是商用信息服务。在这方面,除了制定切实可行的法律规章外,使用技术手段也是十分有效的途径。例如,Digimarc 公司开发了一种保护电子知识产权的"秘密武器",这项技术可以把电子签名或系列编号直接嵌入相片、录像、录音等产品。这种电子签名不但可以包含能够证明版权的信息,还可以容纳诸如许可证权限、制作数据或发行渠道等信息,知识产权持有者可根据具体情况选择私人专用代码或工业标准代码加密模式。由于电子签名与图像融为一体,因此信号无论如何转换,电子签名都始终保持不变。在一般情况下,电子签名听不到也看不到,但必要时知识产权持有人的唯一加密代码通过简单的计算机分析,即可显示上述电子签名信息,不知道加密代码者不能检测或消除这一电子签名。这样,知识产权持有者的权利就能得到有效的保护。

(三) 保护个人隐私问题

在网络营销活动中如何保护个人隐私也是大家所关注的,国内外的多次调查显

示,大多数消费者不希望别人了解他们的私人信息。因此,一方面需要制定相应法规,防止商家在营销活动中擅用或滥用客户的个人信息资料;另一方面要提供技术保护手段。微软公司开发的"私人通信技术"(PCT)安全标准就是为了保证网上商业信息交流和个人通信的安全保密,其主要功能是保护个人隐私、验证身份和相互确认等。

第四节　网络客户关系管理

一、客户关系管理的含义

客户关系管理(Customer Relationship Management,CRM)的概念由美国的Gartner Group提出,表述建立一种使企业在客户服务、市场竞争、销售及服务支持方面彼此协调的关系系统,帮助企业确立长久的竞争优势。CRM的思想可以追溯到20世纪80年代初期的"接触管理"(Contact Management),即专门收集整理客户与公司联系的全部信息;90年代初期又演变成为包括电话服务中心和支援资料分析的"客户关心"(Customer Care);90年代中期以后,在先进信息技术的推动下,才产生了鲜明的CRM理念并将其迅速推广。当今的CRM概念可以从三个层面来表述。

(一)CRM是一种现代经营管理理念

作为一种管理理念,CRM源于西方的市场营销理论,市场营销的理论和方法长期以来推动了西方国家工商业的发展,深刻地影响着企业的经营观念以及人们的生活方式。近年来,信息技术的快速发展为市场营销管理理念的创新开辟了广阔空间。以客户为中心、视客户为资源、通过客户关怀提高客户满意度等是这种新理念的核心。

(二)CRM是一整套解决方案

作为解决方案,CRM集合了当今最新的信息技术,它们包括Internet和电子商务、多媒体技术、数据仓库和数据挖掘、专家系统和人工智能、呼叫中心以及相应的硬件环境,还包括与CRM相关的专业咨询等。

(三)CRM是一种应用软件系统

作为应用软件系统,CRM凝聚了市场营销等管理科学的核心理念,销售管理、客户关怀、服务和支持等构成了CRM软件模块的基石。

综合起来,对CRM的理解可以分为理念、战略、技术三个层面,正确的战略、策略是CRM理念实施的指导,信息系统、IT技术是CRM成功实施的手段和方法。

传统企业的客户服务与营销是分开的,营销依靠具有说服技巧的业务人员,客户服务则多依赖维修工程师等。客户关系管理则将营销与客户服务合为一体,将客户服务视为另一种营销途径,把新产品推荐给老客户或者依照老客户的特定需求创造新产品,都可以通过根据CRM观念建立的新型客户服务中心处理,因此称为"后端营销"。通过网络、电话与数据挖掘等,客户服务中心本身成为公司的市场调研中心、新产品的开发中心,与前端营销形成合作协调的互动促进关系。

对企业前台的销售、市场、客户服务及技术支持等部门而言,CRM是一个使企业各业务部门可以共享信息和自动化的工作平台。它可以协调并改进原有的商业流程,使企业在所有的业务环节更好地满足客户需求和降低运营成本,从而保留现有客户,发掘潜在客户,提高赢利机会。

对企业后台的财务、生产、采购和运输等部门而言,CRM又是提供有关客户需求、市场分布、市场对产品的反应及产品的销售状况等信息的重要来源。CRM丰富的数据资源和智能化分析,成为企业进行决策和经营活动的科学依据。

二、网络客户关系管理

(一)网络时代的客户价值判断

互联网在为人们带来种种利益的同时,也要人们为此付出代价。这些利益与代价都与以前有了不同含义,网络时代的客户价值已发生了改变。

1. 客户价值的含义

按照菲利普·科特勒的定义,提供给客户的价值(Customer Delivery Value)是指整体客户价值与整体客户成本之间的差额部分。在网络时代,所谓整体客户价值,是指互联网用户在上网过程中期待得到的所有利益;而整体客户成本,则是指用户在上网过程中必须付出的所有代价。

2. 整体客户价值的内容

整体客户价值的内容可分为以下五项。

(1)信息价值。互联网上有上亿多万个数据库,人们足不出户就能查到所有需要的信息,最大限度地实现了资源和信息的共享。

(2)沟通价值。借助网络,企业完全可以实现与客户"7×24"沟通模式,真正实现全天候、无障碍的交流,网络的互动功能使信息发出与信息反馈很好地结合起来,顺利实现双向沟通。另外,由于网络传播的无疆界特性,企业比任何时候都更关注自己的形象和为客户提供的价值,真正实现了长期以来所宣传的"客户是上帝"的宗旨。

(3)休闲价值。这是主要针对个人客户的一项价值。现代社会的显著特点是生活节奏快、工作压力大、竞争激烈,人们希望在工作或学习之余利用网络来放松自己。休闲娱乐网站可以满足用户的这方面需求。

(4)服务价值。虽然人们的个性化需求并不是有了网络才出现的,但是借助网络能够更好地实现。客户可以向企业提出不同于普通产品或服务标准的要求,企业在尽可能短的时间内为其提供定制的产品或服务。

(5)经济价值。互联网较好地消除了信息不对称问题而大幅度降低了交易成本。如在线采购可以使消费者轻松地货比多家,并从中获得实惠。

3. 整体客户成本的内容

整体客户成本的内容可分为以下四项。

(1)上网费用。即电脑和软件购置费用、通信、Internet 服务费用等。

(2)时间成本。上网要花费时间。

(3)机会成本。上网使人们从事其他活动的时间和收益减少。

(4)精神成本。上网使人们要承受新的精神压力,如信息的可信度、网络完全问题。另外,由于上网的环境原因,也会对用户的身心造成负面效应,如因网络速度等引起心情焦虑。

网络时代的客户价值概念为企业经营者提供了一个指导原则,即增加整体客户价值的同时降低整体客户成本,只有这样,企业的网站才能吸引并留住更多的网上客户。

(二)网络客户关系管理

所谓网络客户关系管理,是指企业借助网络环境下信息获取和交流的便利,并充分利用数据仓库和数据挖掘等先进的智能化信息处理技术,把大量客户资料加工成信息和知识,用来辅助企业经营决策,以提高客户满意度和企业竞争力的一种过程或系统解决方案。

网络客户关系管理的产生应归功于网络技术的快速发展和普及。企业关注与客户的及时交流,而 Internet 及电子商务则提供了最好的途径,企业可以充分利用基于 Internet 的销售和售后服务渠道,进行实时的、个性化的营销。因特网把客户和合作伙伴的关系管理提高到了一个新阶段。网络客户关系管理系统可以有以下三种应用程序结构。

1. 网上型

随着因特网的普及,客户关系管理系统开发商所关心的是如何把他们现有的产品应用于网络,实现这个目标最直接的方法就是将应用程序连接到主页上。这种结构被称为网上应用程序结构,它适合在已有客户机/服务器结构的应用程序上实现客户关系管理。

2. 浏览器增强型

浏览器增强型应用程序利用内置于浏览器的技术来实现更多的功能,使界面更丰富,如动态 HTML 技术等。

3. 网络增强型

在某些情况下,动态 HTML 技术不能满足应用程序的要求,而需要借助操作系统和虚拟机功能,这些应用程序往往采用 Java 等技术。

三、客户保持的手段

(一)建立并充分利用客户数据库

企业必须重视客户数据库的建立、管理工作,注意利用数据库来分析现有客户的基本情况,并找出客户特征与购买模式之间的联系,为客户提供符合他们特定需要的定制产品和相应的服务,并通过各种现代通信手段与客户保持密切联系,从而建立起持久的合作关系。

信息技术的发展使得数据库营销成为可能,它使企业能够利用客户偏好、购买行为等信息的多元数据库进行综合分析,以便更好地留住老客户并争取新客户。例如,可对多个客户档案和多组相关数据进行组合分析,对特定客户的多次购买行为进行分析,识别出各个客户的购买模式;也可以按照任何标准对客户源进行各种归类,有的放矢地联系交流。

(二)通过客户关怀提高客户满意度

客户关怀活动应包含在购买前、购买中到购买后的客户体验的全部过程中。购买前的客户关怀活动主要是在提供有关信息的过程中的沟通与交流,这些活动为公司建立与客户之间的关系打下基础,这就好比向客户开启了一扇大门,作为鼓励和促进客户购买产品或服务的前奏;购买期间的客户关怀与公司提供的产品或服务紧密地联系在一起,包括订单处理以及相关细节,都要与客户期望吻合;购买后的客户关怀活动,集中于高效的服务跟进和产品的维护修理等相关步骤。持续客户关怀的目的是提高客户的满意度和忠诚度,使客户重复购买公司的产品,并向其周围的人多做对产品有利的宣传,形成口碑效应。

(三)利用客户抱怨,分析客户流失原因

企业失去客户的原因有很多,如客户搬迁、转行、因他人建议而改变主意等,但

最重要的原因往往是厂商漠视他们的要求。为了提高客户保持率,必须及时了解和分析客户的投诉或抱怨。如果客户对产品或服务不满时不说出来,而是一走了之,那对企业而言是更大的损失,企业连消除他们不满的机会都没有,而且难以发觉产品的缺陷在哪里。

例如,某汽车生产企业专门建立"顾客抱怨跟踪系统",借助这个系统,公司可以轻易地查询顾客的历史资料、疑难处理经验数据库,并以电子化流程掌握客户投诉案件的处理进度,进行客户投诉问题的交叉分析等,以确保每一位顾客的要求都确实得到迅速关注,并明了产品及服务改善的方向,从而不断增强企业竞争优势。

第五节 案例两则

一、戴尔(Dell)公司的"客户三角"

戴尔计算机公司成立于1984年,是全球成长最快的个人电脑公司。戴尔公司还是电子商务的早期应用者,每天在线销售额已达上亿美元。戴尔公司最成功的地方,在于它的"直线订购模式",即按照客户要求制造计算机,并向客户直接发货。直线订购模式源于供应链管理的基本理论,使公司与客户结成了无形的、和谐的战略联盟。

(一)直线订购模式的技术手段

伴随着信息技术的发展,戴尔公司的直线订购模式也经历了两个阶段:电话时期和电子商务时期。

1. 电话时期

戴尔公司的业务遍及欧洲、亚太地区以及美国本土,通过拨打免费电话,客户可以与精通多国语言的销售人员或技术代表取得联系,获取有关销售和技术方面的信息。由于客户能直接和负责生产、服务和技术支持的人员联系,提出有关软硬件要求、价格、安装和技术支持等问题,技术和商业条件都能迅速确定,以至于在客户发出订单后的7个工作日内,戴尔就能完成产品的生产并发货。

2. 电子商务时期

客户的需求可以通过因特网传递给戴尔公司,戴尔公司通过电子邮件与客户沟通联系。由于电子商务的普遍应用,使得公司的物流速度明显加快,库存期压缩到只有6天,大大降低了成本。戴尔公司的网上商店于1996年7月开业,每天销售约3 000万美元的产品和服务,每年约110亿美元,占公司收入的40%。

(二) 直线订购模式的优点

直线订购模式的优点很多,主要包括以下四方面。

第一,不必通过经销商销售电脑,每卖一台电脑都取得现金,现金流量大,提高了企业营运的弹性。

第二,订单与库存信息联系互动,有订单才进货,因此大幅降低了库存成本。

第三,将先进信息技术与供应链管理理论有机结合,使得售前活动、生产制造、产品发送、系统安装、技术支持等环节形成一条和谐的供应链,使各个环节成本降到最低。

第四,通过网上直销渠道,戴尔公司直接与消费者建立关系,公司可以提供个性化的服务,而且充分掌握所有客户的资料。在线销售方式的核心是灵活地对待客户,形成所谓"客户三角"(如图6-1所示)。戴尔公司实行基于客户重要性的在线信息政策,客户收到的信息因客户级别而异(见表6-1),越重要的客户收到的信息越全面,得到的服务越广泛,价格往往也更优惠。

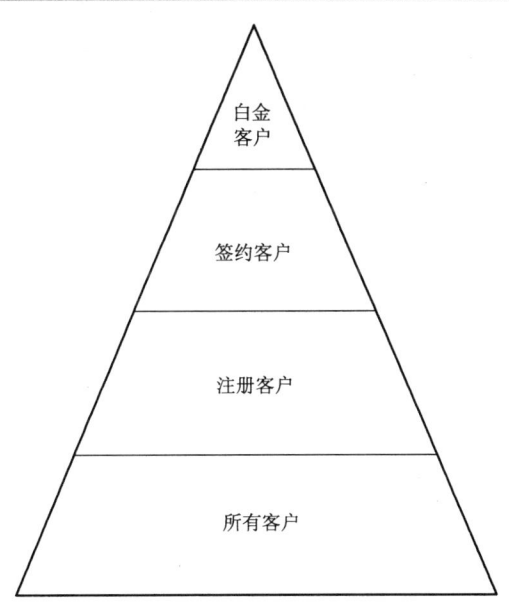

图6-1 戴尔公司的客户三角

表 6–1　　　　　　　戴尔公司不同级别客户所得到的信息

客户层次	所得到的信息范围
所有客户	产品信息、订购信息和备货时间、电脑订购、配置器（价目清单）、投资者关系、雇用情况、支持和表格
注册客户	新闻稿、电子邮件服务
签约客户	折扣定价、订购历史情况、习惯链接和广告
白金客户	上述服务的定制、客户自己的主页、客户互联网站的复制

戴尔公司的客户三角反映了在各个级别中客户数量与客户收到的信息范围之间的对应关系。在这个三角的底部是"所有客户"层，这一层覆盖面最广，对任何访问戴尔公司网站的人都适用；接下来的各个层次关系越来越紧密——注册、签约，这时的关系已经扩展到正式的采购协议；在三角的顶部是白金客户，双方建立了广泛牢固的业务往来关系。

戴尔公司的所有客户层得到的信息都比较充分，包括产品细节、配置一部电脑的能力、报价清单、一般技术支持、用户论坛，以及其他与公司有关的信息。从注册用户开始，公司提供附加的个性化信息。一个注册用户可以要求对有关信息的跟踪，比如，当新的特定信息出现时，戴尔公司就向其自动发出一个电子邮件；此外，客户还可自己定制在线新闻稿件。签约客户的采购历史都得以保存，他们可以查询这些历史资料，了解累计的销售额，建立习惯链接，享有定制化的服务和特殊折扣。白金客户得到的服务最具有个性化，公司翻译了18种语言，在36个国家设立了客户网站，白金客户可以在线与产品设计者讨论，进而保证新产品能够充分满足个性化的需求。

戴尔公司对客户关系良好管理的前提是拥有全面的客户信息。可以说，戴尔公司成功的最大优势在于信息占有。以对白金客户之一 Oracle 公司的服务为例，只要Oracle公司一有新员工报到，戴尔公司就立即会把该员工所需要的电脑配置齐全，使他能很快上网工作。

向不同层次的客户提供不同层次的信息和不同级别的服务，使公司的活动能够反应客户个人的特殊需求和希望。客户与公司之间方便、灵活的互动帮助戴尔公司建立并不断加深与客户的关系,使公司从相对固定的客户群中获得了利益的最大化和关系的持久发展。

案例思考题

1. 戴尔公司的直线订购模式能否被其他企业学习复制?
2. 戴尔公司对客户分级服务的理由是什么?其作用怎样?

二、高迪亚公司的电子贸易

(一)公司背景

上海高迪亚电子系统有限公司(以下简称高迪亚公司)成立于1996年,位于上海松江高科技园区内,建有2万平方米的现代化工业厂房。公司致力于中央空调电控系统的研发与生产,产品被国内、国际许多知名空调厂家采用,York、海尔、清华同方、山东贝莱特、扬子必威、德州亚太等都是其合作者。另外,高迪亚公司也从事自动化控制系统软硬件设计开发、计算机系统集成、单片机技术在电子集成电路控制领域的应用开发等项目,在计算机软件与系统集成等方面,拥有许多科研成果,形成了具有自主知识产权的高新技术产品系列。

高迪亚公司的主营产品是电子产品、电器机械、计算机、非专控通信设备等,同时经营本企业及自身产品所需的机械设备、零配件、原辅材料的进出口业务。自2000年起产品进入国际市场。

(二)重视网上宣传

高迪亚公司主要通过阿里巴巴网站发布供货信息,以节省产品宣传费用。因为公司的产品比较特殊,基本上是定做的,所以客户一般很少会到展览会上寻找产品。自2005年4月高迪亚公司开始在阿里巴巴上做宣传后,客户明显增多,市场也相应扩大了。现在公司的海外客户有10多家,主要分布在泰国、西班牙、丹麦和阿联酋等国。

(三)根据市场需求生产商品

高迪亚公司的目标市场主要是中东,该地区的业务占到公司全部出口份额的60%—70%。这些发展中国家的客户要求相对简单,确认订单的时间短,这就使得公司可根据客户的需求生产产品(比如把温控器的按键简化成3个,方便消费者的操作),从而扩大了市场销售。公司原来还有其他一些不太适合市场需求的产品,经过改进后投放市场也成为很受欢迎的产品。

(四)重视收款安全

因为公司产品通常是专门定制的,一旦客户退货或者拒收就会给公司造成很大损失,所以高迪亚公司全部出口产品都采用T/T付款方式,要求客户在生产前全部付清货款。例如,有个也门的客户,预付30%货款后要求生产,但公司坚持全部付款后才能生产,结果,客户在深圳办事处的人员提着余下的70%货款到公司,公司才开始生产。这充分体现公司十分重视货款的安全的原则。

案例思考题

1. 高迪亚公司从网络贸易中获得了什么利益?
2. 高迪亚公司为什么把主要精力放在产品研发上?

本章思考题

1. 如何对国际市场信息进行分类?
2. 什么叫信息的间接调查采集法?如何进行采集?
3. 信息的直接调查采集法有哪些优点?这种方法又可以分为几种类型?
4. 网络广告具有哪些优点?
5. 网络广告有哪些形式?
6. 网络广告的定价有哪些方式?
7. 网络广告的策划一般要经过哪些步骤?
8. 请你自选商品或服务,策划一份网络广告。
9. 国际网络营销的规范需要注意哪些方面?
10. 什么是网络客户关系管理?

相关内容网站

1. 戴尔公司　www.dell.com

2. 淘宝网 www.taobao.com
3. 亚马逊 www.amazon.com
4. 网上零售 www.netgrocer.com
5. 美国互动广告协会 www.iab.net

第七章 电子商务环境下的国际物流

学习要点与要求

通过本章的学习,应掌握电子商务和现代物流的关系,国际物流技术的发展,国际物流和物流的国际化。

了解电子商务企业的物流环节,掌握物流技术的发展过程,熟记国际物流的概念、特点和发展历程,了解国际物流系统和联合国贸易效率计划,以及中国迎接物流国际化的应对措施。

从人类开始生产劳动活动起,物流活动就成为人类劳动的一种形式,随着社会分工的深化和商品生产及交换的发展,物流的功能和作用也不断强化,在社会经济生活中发挥着不可替代的重要作用。由于电子商务大幅度减低了商流、资金流和信息流的成本和时间,如何提高物流领域的效率就成为提高整个社会经济运行速度和效益的一个关键环节,特别是对物流基础设施和管理方法相对落后的发展中国家而言更是如此。

第一节 电子商务与现代物流

商业交易过程是复杂的,包括信息收集、询价、报价、发送订单、应答订单、发货、接货、支付汇兑等,涉及资金流、物流、信息流。当上述过程都借助电子工具完成时,可称为一次完善的电子商务过程。电子商务与物流之间是一种互为条件、互为动力的关系。

一、现代物流是电子商务发展的必备条件

(一)现代物流技术为电子商务快速推广创造了条件

电子商务是各参与方之间以电子方式完成的业务交易。通常,每笔成功的电子商务交易都需具备三项基本要素:物流、信息流和资金流,其中,物流是基础,信息流是桥梁,资金流是目的。每天在全球范围内发生着数以百万计的商业交易,每一笔商业交易的背后都伴随着物流和信息流,贸易伙伴需要这些信息以便对产品进行发送、跟踪、分拣、接收、存贮、提货及包装等。在信息化高度发展的电子商务时代,物流与信息流的相互配合变得越来越重要,在供应链管理中也必然要用到越来越多的现代物流技术。

从广义上讲,物流技术是指与物流要素活动有关的所有专业技术的总称,包括各种操作方法、管理技能等,如流通加工技术、物品包装技术、物品标识技术、物品实时跟踪技术等。物流技术还包括物流规划、物流评价、物流设计、物流策略等。物流业在采用某些现代信息技术方面的成功经验,为电子商务的推广铺平了道路。

电子商务的发展还处于成长期,但可以基本明确物流对电子商务可以起到如下作用:集成电子商务中的商流、信息流与资金流,提高电子商务的效率与效益;扩大电子商务的市场范围;协调企业电子商务发展目标,优化资源组合,实现基于电子商务的供应链集成;支持电子商务的快速发展,使电子商务成为更具竞争力的商务形式。

(二)物流配送体系是电子商务的支持系统

现代物流配送可以为电子商务用户提供多方面的服务,根据电子商务的特点,对整个物流配送体系实行统一的信息化管理,按照用户网上输入的订货要求,配送服务商家在物流基地进行理货、配货作业,并根据计算机选择的最优路线将配好的货物送交收货人。先进的配送方式对企业提高服务质量、降低物流成本,从而提高企业的经济效益及社会效益具有重要意义。

回顾配送制的发展历程,可以说经历了两次革命。初期阶段就是送物上门,为了改善经营效率和巩固市场地位,许多商家直接把货送到买主手中,这是物流业的第一次革命;第二次物流革命是伴随着电子商务的出现而产生的,这次变革不仅影响到物流配送本身,也影响到上下游系统,包括供应商、消费者。物流配送的信息化及网络技术的广泛应用所带来的影响,使物流配送效率大为提高,下面对此略加分析。

1. 电子商务给传统的物流配送观念带来深刻的革命

传统的物流配送企业需要置备大面积的仓库,而电子商务系统网络化的虚拟企业将散置在各地的分属不同所有者的仓库通过网络系统连接起来,使之成为"虚拟仓库",进行统一管理和调配使用,服务半径和货物集散空间都放大了。这样的企业在组织资源的速度、规模、效率和资源的合理配置方面都是传统物流配送所不可比拟的,相应的物流观念也必须是全新的。

2. 网络对物流配送的实时控制代替了传统的物流配送管理程序

一个先进系统的使用,会给企业带来全新的管理方法。传统的物流配送过程是由多个业务流程组成的,受人为因素和时间因素的影响很大。网络的应用可以实现整个过程的实时监控和实时决策。新型的物流配送业务流程都由网络系统连接,当系统的任何一个神经末端收到一个需求信息的时候,该系统都可以在极短的时间内做出反应,拟定详细的配送计划,通知各环节开始工作。这一切工作都是由计算机根据人们设计好的程序自动完成的。

3. 物流配送时间在网络环境下大大缩短,对配送速度提出了更高的要求

在传统的物流配送管理中,由于信息交流的限制,完成一个配送过程的时间比较长。现在随着网络系统的介入,这一时间会变得越来越短,任何一个有关配送的信息和资源都会通过网络管理在几秒钟内传到有关环节。

4. 网络系统的介入,简化了物流配送过程

传统物流配送过程较为烦琐,在网络化的新型物流配送中心里可以大大缩短这一过程。

（1）集货、拣货、配货的成组技术在网络环境下可以更加顺利流畅地使用，物流配送周期会缩短，其组织方式也会发生变化。

（2）计算机系统管理可以使整个物流配送管理过程变得简单和容易，节省人员，减少误差。

（3）网络可以使交易过程变得更有效率、费用更低，提高物流配送企业的竞争力。随着物流配送方式的发展，行业竞争日趋激烈，信息的快速收集、有效传播和低成本使得传统方法可获取的利润越来越薄。而因特网的出现又使信息不对称所带来的赢利机会越来越少，任何投机取巧的机会在信息共享的阳光下迅速化为乌有。因此，只有具有创新实力、不断推出创新成果的企业才能获得超额利润。

（4）网络的介入，使人们的潜能得到充分的发挥，自我实现的需求成为多数员工的工作动力。在传统的物流配送企业中，大多数人从事简单的重复劳动，人是机器、数字和报表的从属者，劳动单调重复，劳动强度较大。实行网络化管理的新型配送企业，大量机械性、重复性的工作都会交给计算机和网络系统去处理，留给人们的是能够给人以激励、挑战的工作，人们自我实现的心理需求得到了较高程度的满足。

二、电子商务为物流企业提高效率和效益提供了技术条件和市场环境

物流系统中货物的快速移动完全依赖信息，物流信息系统缺乏精确性是当今物流渠道集成的最大障碍。目前，多数公司仍把主要精力集中在交易系统上，虽然交易系统对公司的日常操作十分重要，但它们不能解决快速反应和战略决策问题，而快速反应能力是物流企业高水平管理和高效率运作的重要标志。

电子商务的兴起，为物流产业带来了更为广阔的增值空间，网络技术为物流企业建立高效、节省的物流信息网提供了最佳手段。当然，目前我国物流业因不能适应电子商务的快速发展而暴露出了种种不尽如人意之处，但这恰恰是现代物流服务产业无限商机的源泉。物流业在电子商务时代获得了前所未有的发展机会，电子商务对配送需求的多样性与分散性，为物流企业整合系统内资源提供了内在动力与外在需求，电子商务同时为物流功能集成化、物流服务系列化和增值化提供了运作空间。

（一）电子商务为物流功能集成创造了有利条件

电子商务的发展必将加剧物流业的竞争，竞争的主要方面不是硬件而是软件，是高新技术支持下的服务，提高知识含量，是物流业介入电子商务的实质。电子商

务可以表现为很多技术的应用,但这只是一种重要的形式,只有通过技术和业务的相互促进,才能实现形式与内容的统一。电子商务公司希望物流企业提供的配送不仅仅是送货,而希望其最终成为电子商务公司的客户服务商,协助电子商务公司完成售后服务,提供更多增值服务内容,如跟踪产品订单、提供销售统计、代买卖双方结算货款、进行市场调查与预测,提供采购信息及咨询服务、协助选择与规划物流方案、提供库存控制策略建议、实施物流教育培训等系列化服务,进一步增加电子商务公司的核心服务价值。

(二)电子商务为物流企业实现规模化经营创造了有利条件

电子商务这一现代商业模式为物流企业实施网络化与规模化经营搭建了理想的业务平台。物流企业借此契机,可以较方便地建立起自己的营销网、信息网、配送网。当然,网络化经营的运作方式不一定全部要由物流企业自己来完成,第三方物流企业更多的应是集成商,通过对现有资源的整合来完善自己的网络,实现物流功能的集成化。这一集成化的重点在于将物流与供应链的其他环节加以集成,诸如物流渠道与商流渠道的集成、物流渠道之间的集成、物流功能的集成、物流环节与制造环节的集成等。物流系统的竞争优势主要取决于它的一体化,即功能整合与集成的程度。

(三)电子商务促进物流基础设施的改善和物流管理水平的提高

1. 电子商务促进物流基础设施的改善

电子商务高效率和全球性的特点,要求物流服务也必须达到这一目标。而物流服务要达到这一目标,良好的交通运输网络、通信网络等基础设施则是最基本的保证。

2. 电子商务促进物流技术进步

物流技术主要包括物流硬技术和软技术。物流硬技术是指在组织物流的过程中所需的各种材料、机械和设施等;物流软技术是指组织高效率的物流所需的计划、管理、评价等方面的技术和管理方法。从物流环节来考察,物流技术包括运输技术、保管技术、装卸技术、包装技术等。物流技术水平的高低是决定物流效率高低的基本因素,要建立一个适应电子商务运作的物流系统,提高物流的软硬件技术水平是必不可少的。

3. 电子商务的虚拟技术为提高物流经营管理水平提供了工具

物流管理水平的高低直接决定和影响着物流效率的高低,也影响着电子商务高效率优势的实现问题。只有提高物流的管理水平,建立科学合理的管理制度,将科学的管理手段和方法应用于物流管理当中,才能确保物流的畅通运行,实现物流的合理化和高效化,促进电子商务的发展。

电子商务的虚拟化与全球化发展趋势促使物流企业加强自身的网络组织建设。电子商务的发展要求物流配送企业具有在最短的时间内完成广阔区域(包括国际)物流任务的能力,同时保持合理的物流成本。如果没有这种能力,商品供应、补货及配送的及时性就得不到保证,也就会影响企业信誉以及商品市场占有率。要完成这种任务,必须建立全程服务的物流配送网络。总体而言,我国整个物流产业的网络化程度不高,尚处于发展完善阶段。为适应网络经济时代的要求,物流企业应该通过互联网整合、重组现有的物流手段,加强与其他物流服务商的联系,充分利用虚拟技术提供的便利条件,以网络化带动海陆空一体化物流平台的建设,发展物流网上交易市场,从而提高物流资源综合利用率和服务水平。

(四)电子商务影响和改变着物流运作形态

1. 电子商务可使物流企业实现网络实时控制

传统的物流活动在运作过程中,不管是以生产为中心,还是以成本或利润为中心,其实质都是以商流为中心,从属于商流活动,因而物流的运动方式是紧紧伴随着商流来运动。而在电子商务环境下,物流的运作是以信息为中心的,信息不仅决定了物流的运动方向,而且也决定着物流的运作方式。在实际运作过程中,通过网络上的信息传递,可以有效地实现对物流的实时控制,实现物流的合理化。

网络对物流的实时控制是以整体化物流为基础的。在传统的物流活动中,虽然也有依据计算机对物流的实时控制,但这种控制都是以单个的运作方式来进行的。比如,在实施计算机管理的物流中心或仓储企业中,计算机管理信息系统大都是以企业自身为中心来管理物流的。而在电子商务时代,网络全球化的特点可使物流在全球范围内实现整体的系统的实时控制。

2. 电子商务改变着物流企业对物流的组织和管理

在传统经济条件下,物流往往是从某一企业出发来进行组织和管理的,而电子商务条件下,则要求物流从社会的角度来实行系统的组织和管理,以打破传统物流分散的状态。这就要求企业在组织物流的过程中,不仅要考虑本企业的物流组织和管理,也要考虑全社会的整体系统。

电子商务环境下的物流是信息化物流。物流企业采用网络化设备、软件系统及先进的管理手段,严格按用户的订货要求,进行一系列的分类、编配、整理、分工、配货等理货工作,定时、定点、定量地交给广阔地理范围内的各类用户,满足其对商品的需求。这种新型物流更容易实现信息化、自动化、现代化、社会化、智能化、合理化和简单化,使货畅其流,物尽其用,既减少生产企业库存,加速资金周转,也提高物流效率,降低物流企业成本。

3. 电子商务改变着物流企业的竞争状态

在传统经济活动中,物流企业之间存在激烈的竞争,这种竞争往往是依靠本企业提供优质服务、降低物流费用等方面来进行的。在电子商务时代,这些竞争内容虽然依然存在,但重要性却降低了,原因在于电子商务需要全球性、综合性的物流系统来保证商品实体的合理流动。对于单个企业来说,即使它的规模再大,也难以达到这一要求。这使得企业之间出现了竞争与合作的双重需要,要求物流企业形成一种协同竞争的状态,以实现物流高效化、合理化、系统化。

由于竞争方式的变化,电子商务环境对物流人才也提出了更高的要求,不仅要求物流管理人员具有较高的物流管理水平,而且要具有电子商务知识,并能在实际运作过程中将二者有机地结合在一起。

(五) 电子商务环境要求物流企业创新客户服务模式

电子商务的即时性要求物流企业创新其客户响应模式,建立良好的信息处理系统和传输系统,构建供应链系统的信息平台。当经济的原动力已从实物的传递转向大规模的信息电子化传递时,提供专业化的物流服务不但要求物流硬件网络的建设,同时要求信息网络的建设和物流管理水平不断升级。因此,要注重积极开发物流信息技术,增加企业管理中的信息科技含量,建立物流管理信息系统。在大型的国际配送公司里,都建立有高效客户反应(Efficient Customer Response)系统,以便对客户要求在第一时间做出反应。随着互联网的普及,市场竞争的优势不再取决于企业拥有的物质资源的多少,而在于它能调动、协调以及最终能整合多少社会资源来增加自己的市场竞争力。因此,企业竞争将是以物流系统为依托的信息联盟或知识联盟的竞争。在电子商务条件下,速度已上升为物流企业最主要的竞争手段。所以,在物流体系内采用 EDI、GIS、GPS 等技术已成为重要趋势,从而可以在物流联盟企业之间建立起稳定的信息沟通渠道。

(六) 电子商务推动着物流社会化

信息技术和电子商务的发展,推动着传统物流向现代社会化物流的方向发展。Internet 在这一转变过程中起到了关键作用,Internet 在物流领域的应用使物流效率极大地提高,加快了对客户需求的反应速度,削弱了行业和地区界限,减少了物流环节,简化了物流过程,提高了客户服务水平,合理降低了实物库存水平,并且不降低供货服务水平。Internet 的关键作用主要表现在以下三个方面。

1. Internet 有利于社会资源的整合

Internet 将物流的空间概念转化为时间概念,减少了硬件设施的投入,降低了成本,有利于对现有社会经济资源的整合。目前各地正在或准备建设一些大型的物流配送中心,而基于互联网的信息则可以避免重复建设,只需利用 Internet 整合现有的硬件资源即可达到提高物流能力的目的。

2. Internet 为物流企业的发展提供了同等机遇

Internet 的平等特性使大型物流企业的信息、技术优势相对削弱了,中小物流企业通过信息共享、运力调配、仓储设施共享等,也可以增强市场竞争地位,这有助于打破行业寡头垄断,发展跨行业社会化服务。从市场营销的角度来看,现在顾客所要求的不仅是商品的质量、性能、价格,他们更需要的是无形的服务,并且是连续性的、自始至终的服务。在客户服务要求激增、时间性成本管理和经济全球化的趋势下,真正的竞争已不存在于单个的企业间,而成为供应链之间的竞争。物流是供应链的重要环节,也面临提供高附加值服务的内外压力。传统物流企业的物流服务能力面临严峻考验,如物流时间长、物流过程复杂、物流成本高、库存管理效率差以及高风险性等,而缓解这些矛盾的唯一途径就是实现物流网络化,通过物流合理化、物流资源共享化等措施来提升物流服务的竞争能力。

3. 推动物流信息网络的建设

物流营运网络的建设过程也是物流信息网络的建设过程。研究表明,大型企业通过社会化配送中心进行市场配销,可比自行设立物流网络节省成本二至三成。对企业而言,可大幅降低成本;对整个社会来说,可避免重复建设,节约社会经济运行成本。

(七)电子商务推动着物流国际化

信息革命和电子商务的兴起,促进了经济全球化的进程,使国际物流也得到了极大的发展。1980—2013 年,我国国民生产总值保持年均 9% 的增长速度,对外贸易增长速度为 17.2%,集装箱货运量年均增长 23%。2016 年,我国进出口贸易额达 24.33 万亿元,进出口货运量达到 39.8 亿吨。我国对外物流规模与对外贸易额远超过同期国民生产总值的增长速度,国际贸易的发展离不开有效的国际物流作为保障。

目前,世界上共有跨国公司 4 万多家,其分支机构遍布全世界,跨国公司的产值已占到发达国家总产值的 40%,控制着世界贸易额的 50% 以上,跨国公司的内部贸易额和投资额分别占世界贸易额和全球直接投资额的 1/3 以上。作为电子商务的积极推动者,跨国公司正在向战略协同方向发展,从而对国际物流提出了更高的要求。我国大型企业要跻身世界企业强手之林,也必须提高国际物流的支持能力。

三、电子商务企业的物流环节

(一) 我国电子商务企业在物流方面的问题

因特网的无边界性特点导致了电子商务客户区域上的离散性与不确定性,这要求物流企业具备很强的信息管理能力和技术手段才能提供集约化的高效物流服务,这方面国内企业还要继续完善。发达国家的经验已经证实,哪个物流企业能抓住电子商务推广这一机遇,率先采用数字化技术,就可以占据市场竞争的有利位置。美国的联合包裹公司(UPS),正是抓住了电子商务这一良机,才实现了由传统物流企业向电子物流企业的技术性跨越。现代通信技术和网络技术的发展和应用,使得跨地区的即时信息交流和传递成为可能,加上网上支付正在推广,使构建跨地区的物流网络更为简便可行。物流业积极参与电子商务的配送,组建全国性的、辐射城乡的物流配送体系,是市场的需要。在完善物流配送功能时,物流企业必须保持合理的经营规模,规模太小达不到规模经济的要求,规模过大也会带来许多负面的影响。

(二) 电子商务企业的物流模式

电子商务的具体实施有多种模式可以选择。由于从事的专业不同,ISP、ICP 及其他信息服务提供商更多地从如何建立电子商务信息服务网络、如何提供更多的信息内容、如何保证网络的安全性、如何方便消费者接入、如何提高信息传输速度等方面考虑问题,而网上购物的物流支持体系的建立则涉及另一个不同的领域。完整的电子商务应该能够顺利完成商流、物流、信息流和资金流四方面的交流,在商流、信息流、资金流都可以在网上快速完成的情况下,现代物流体系的建立被看作是电子商务发展的决定性业务环节。电子商务物流体系可以考虑以下几种组建模式。

1. 电子商务与普通商务活动共用一套物流系统

对于已经开展普通商务的公司,可以建立基于 Internet 的电子商务销售系统,同时可以利用原有的物流资源,承担电子商务的物流业务。拥有完善流通渠道的制造商或经销商开展电子商务业务,比 ISP、ICP 或因特网站经营者更加方便。

国内从事普通销售业务的公司主要是制造商、批发商、零售商等。制造商直接销售的趋势在 20 世纪 90 年代表现得比较明显,从专业分工的角度看,制造商的核心业务是商品开发、设计和制造,但为了提高市场竞争力,越来越多的制造商不仅建立了庞大的销售网络,而且有覆盖整个销售区域的物流、配送网,有些大型制造企业的生产人员可能只有四五千人,但营销人员却有上万人;有些制造企业的物流设施比专业流通企业的物流设施更先进,完全可能利用原有的物流网络和设施支持电子商务业务,而基本不需新增物流、配送方面的投资。对这些企业来讲,比投资更为重要的是物流系统的重新设计和物流资源的合理规划整合。批发商和零售商应该比制造商更具有组织物流的优势,因为其主业就是流通,其物流业务可以与一般销售的物流业务一起安排。

2. 自己组建物流企业

因为国内的物流公司大多是由传统的仓储、运输公司匆忙转型而来的,往往不能满足电子商务的物流需求,因此,国内一些企业与国外的信息企业合资组建电子商务公司时,解决物流配送问题的办法往往是自己组建物流企业。国外企业希望借助他们在国外开展电子商务的先进经验在中国开展物流业务,但因为信息业务与物流业务是截然不同的两种业务,企业必须对跨行业经营产生的风险进行严格评估,新组建的物流公司必须按照物流的客观规律运作才可能成功。在电子商务发展初期阶段、物流配送体系不够完善的情况下,不要把电子商务的物流服务水平定得太高,可以注意培养和扶持物流服务供应商,让专业物流服务商为电子商务提供物流服务。

3. 外包给专业物流公司

将物流外包(Out-sourcing)给第三方物流公司(TPL Service Provider)是跨国公司管理物流的通行做法。按照供应链的理论,将不是自己核心业务的业务外包给从事该业务的专业公司去做,从原材料供应到生产和销售等各个环节的各种职能,都由在某一领域具有专长或核心竞争力的专业公司互相协调和配合来完成,这样形成的供应链将具有更强大的竞争力。比如,康柏公司(Compaq)将物流外包给Exel 公司;戴尔公司(Dell)将物流外包给联邦快递(FedEx);亚马逊公司(Amazon)在美国国内的电子商务物流业务由自己承担,美国以外的物流业务则外包给联合包裹公司(UPS)去做。将物流配送业务外包给第三方是电子商务经营者组织物流的较为理想的方案。但我国的第三方物流企业目前还相对落后,要适应电子商务的发展需求进行改造。中国加入 WTO 后,发达国家的物流公司已经进入中国物流领域提供服务,这会加剧国内物流行业的竞争,同时对促进我国电子商务的发展大有好处。

4. 第三方物流企业建立电子商务系统

区域性、全国性或全球性的第三方物流企业具有物流网络上的优势,这些企业发展达到一定规模后,会将其业务沿着主营业务向供应链的上游或下游延伸,向上延伸到制造业,向下延伸到销售业。比如,1999 年美国联邦快递决定与一家专门提供 BtoB 和 BtoC 解决方案的 Intershop 通信公司合作开展电子商务业务,联邦快递一直认为自身公司从事的不是快递业而是信息业,公司进军电子商务领域的理由有两个:第一,公司已经有覆盖全球 211 个国家的物流网络;第二,公司内部已经成功地建立了信息网络(Powership Network),可以使消费者在全球通过因特网浏览跟踪其发运包裹的状况,这样的信息网络和物流网络的结合完全可以为消费者提供完整的电子商务服务。像联邦快递这样的第三方物流公司开展电子商务销售业务,完全有可能更充分地利用现有的物流和信息网络资源,使两个领域的业务经营都实现专业化。

第二节 物流技术的发展

一、条码技术

条码技术是在计算机的应用实践中产生和发展起来的自动识别技术,是为实现对信息的自动扫描而设计的数据采集的有效手段。条码技术的应用解决了数据录入和数据采集的"瓶颈"问题,为物流管理提供了有力的技术支持。

由于条码技术具有输入速度快、信息量大、准确度高、成本低、可靠性强等优点,因而发展十分迅速。在 40 余年的时间里,它已广泛应用于商业、邮电、仓储、交通和工业生产控制等生产及流通领域。条码技术的出现,在国际范围内为商品提供了一套完整可靠的代码标识体系,为产、供、销等生产及贸易环节提供了通用的"语言",为商业数据的自动采集和电子数据交换奠定了基础。

(一)条码技术的起源和发展

1. 条码技术的起源

对条码的研究始于 20 世纪中期,20 世纪 50 年代美国就出现了有关铁路车辆采用条码标识的报道。1960 年,美国的两家计算机公司推出了它们的第一套条码扫描系统。1970 年,美国在食品杂货业首先进行了条码应用的全行业实验。70 年代中期,美国统一代码委员会 UCC 选定 IBM 公司提出的条码系统作为北美的通用产品代码(UPC)。

1974 年,欧洲 12 个国家(英国、法国、联邦德国、挪威、丹麦、芬兰、比利时、奥地利、意大利、瑞士、瑞典、荷兰)的制造商和销售商代表决定成立欧洲条码系统筹备委员会,专门研究在欧洲建立统一的商品编码的问题,并于 4 年后开发出了与UPC 兼容的欧洲物品编码系统,简称为 EAN 码。欧洲物品编码协会成立后,会员国迅速增加,会员范围不断扩大,于 1981 年改名为国际物品编码协会,仍简称为EAN。EAN 的建立,不但在组织上为建立全球性统一的物品标识体系提供了保障,同时还促进了条码识别技术在商业、工业、交通、邮电等各个领域的应用。

2. 统一条码技术的发展

（1）EAN 与 UCC 的联盟计划。在 1987 年 EAN 会议上，国际物品编码协会（EAN）与美国统一代码委员会（UCC）达成了一项联盟协议，同意 EAN 成员国（地区）的出口商可根据需要通过当地的 EAN 编码组织向 UCC 申请 UPC 厂商代码。

（2）EAN 与 UPC 系统的兼容性。EAN 码是在与 UPC 码兼容的基础上设计出来的，由 13 位数字代码构成。在一般情况下，EAN 系统的扫描设备可以识读 UPC 条码符号，双方是兼容的。随着 EAN 组织成员国数量不断增多，EAN 码在世界各国逐渐普及，已确立了其作为国际通用的商品标识体系的地位，发展趋势是成为国际范围内唯一的通用商品标识系统。

（二）条码技术的内容

1. 研究对象

条码技术属于电子与信息科学领域的高新技术，涉及的技术领域宽广，是多项技术相结合的产物。条码技术的核心内容是通过光电扫描设备识读条码符号，来实现机器的自动识别，并快速、准确地把数据录入计算机进行处理，从而达到自动管理的目的。条码技术的研究对象主要包括标准符号技术、自动识别技术、编码规则、印刷技术和应用系统设计技术五大部分。

条码应用系统由条码、电子计算机、识读设备、通信系统组成。

2. 条码技术的特点

信息输入技术可采用各种自动识别技术，而作为一种图形识别技术，条码与其他自动识别技术相比又有着以下特点。

（1）简单。条码符号的制作相对较为容易，扫描操作也较为简单。这是条码受到用户普遍欢迎和迅速推广的重要原因。

（2）采集信息量大。利用条码扫描，一次就可以采集十几位字符的信息，而且可以通过选择不同码制的条码来增加字符的密度，使录入的信息量成倍增加。

（3）信息采集速度快。普通计算机的键盘输入速度是每分钟 200 个字符，而用条码扫描录入信息的速度可以是键盘输入的 20 倍。

（4）设备结构简单，成本低廉。采用条码技术成本较低，可以节省企业开支，提高经济效益。

（5）可靠性高。利用键盘录入数据的出错率为三千分之一，利用光学字符识别技术的出错率大约为万分之一，如果采用条码扫描录入方式，误码率仅为百万分之一，首读率可达 98%。

(三) 商品条码技术的应用

1. 商品条码技术的普及

商业是最早应用条码技术的领域之一,在商业自动化管理过程中,商品条码的普及显得尤为关键。美国的食品零售业为了提高销售率,从20世纪70年代初,在全行业开始试用条码。1982年,美国国防部颁布标准,要求军需品生产企业的产品都必须标上条码符号,这对条码普遍推广到各种商品发挥了推动作用。

2. 建立商店自动销售管理系统(POS系统)

在商品上附加条码的目的是要实现商店管理的自动化,货物条码化是建立供应链和实现仓储自动化的基本条件,也是POS系统快速准确收集销售数据的必要手段。POS系统的建立对实现商品管理的数据化和对外作业的自动化具有重要意义。

POS系统把现金收款机作为终端机与计算机连接,并通过光电识读设备为计算机录入商品信息。当商品通过结算台扫描时,商品条码所显示的信息被录入到计算机,计算机从数据库文件中查询到该商品的名称、价格、包装、代码等,经过数据处理后,打印出数据。零售商店主机的条码数据和商品价格可每天或定期更新并下载至店面微机。店面微机具有两个功能:一是管理前台POS,包括通过扫描器收集数据的POS终端;二是管理后台POS,包括分析销售数据、下电子订单、打印产品价格和条码标签。目前较先进的POS系统后台具有较强的功能,可以检验货物,进行存货控制、点数、账务与供应商管理。

借助条码,POS系统可以实现商品从订购、送货、内部配送到销售、盘货等零售业循环的一体化管理,使商业管理模式实现三个转变:一是从传统的依靠经验管理转变为依靠精确的数字统计分析管理;二是从事后管理(定期盘点)转变为"实时"管理,在营业过程中可随时对销售、库存情况通过计算机进行查询;三是从商品大类管理转变为单品管理,对每一商品品种、规格、包装样式等进行细账管理。销售商可随时掌握商品销售情况,调整进货数量和频率,减少脱销和滞销带来的损失,并可加速资金周转,有利于货架安排的合理化,提高销售额。

3. 实现商品信息的EDI

采集商品信息的目的是为决策提供服务,而条码作为商品信息的载体,不仅成为生产商、批发商和零售商联系的纽带,而且为电子信息交换提供了通用的"语言"。推广商品条码的目的在于实现商业信息的自动交换,通过EDI系统及时、准确地获得所需要的商业信息,从而提高生产和经营效率。

国际物品编码协会根据联合国的UN/EDIFACT标准,制定了电子通信标准,它的主要作用是为用户提供切实可行的国内和国际电子通信标准,包括用户信息、订单、汇款、发票等方面的标准报文格式。条码商品交换信息系统的出现,使顾客、商店、工厂可以通过计算机联网,获取各自的有用信息,实现电子数据交换。

(四)物流条码

物流条码是物流过程中用以识别具体实物的一种特殊代码,它是由一组黑白相间的线条组成的图形,可被识读设备自动识别,自动完成数据采集。运用物流条码可使信息的传递更加方便、快捷、准确,充分发挥物流系统的功能。

举例来说,一个配送中心要为100多家零售店服务,日处理几十万个纸箱。计算机在夜班打印出隔天需要向零售店发运的纸箱的条码标签。白天,拣货员在一只只空箱上贴上条码标签,然后用手持式扫描器识读。根据标签上的信息,计算机发出拣货指令。在货架的每个货位上都有指示灯,表示哪里需要拣货以及拣货的数量。当拣货员完成该货位的拣货作业后,按一下"完成"按钮,计算机就会更新数据库。装满货品的纸箱经封箱后运到自动分拣机,扫描器识别纸箱上的条码后,拨叉把纸箱拨入相应的装车线,集中装车运往指定的零售店。

物流条码与通用商品条码相比,有一些不同之处。

1. 标识对象不同

通用商品条码的唯一标识是最终消费单元,而物流条码的唯一标识是货运单元。消费单元是指最终用户通过零售渠道得到的商品包装单元,货运单元是若干消费单元组成的集合,这种货运单元主要应用在仓储、装卸、运输、收发货等物流业务中。

2. 应用领域不同

通用商品条码的应用主要在对零售业的现代化管理上,而物流条码则主要用于物流现代化的管理,贯串于物流的整个过程之中,包括包装、仓储、分拣、配送等众多环节。

3. 采用码制不同

通用商品的条码采用的是 EAN/UPC 码制,而物流条码主要采用 UCC/EAN – 128 条码。EAN/UPC 码制条码长度比较固定,信息容量少。而 UCC/EAN – 128 条码的长度不固定,信息容量较大,易于制作和推广。

4. 标准维护复杂程度不同

通用商品的条码已经实现了国际化和标准化,不用经常更新,标准维护的难度低。而物流条码属于可变性条码,内容随着贸易伙伴的具体情况需要不断地补充、丰富,因此,对物流条码标准维护程度相对较高。

(五)条码技术在我国的应用

20世纪70年代,我国开始条码技术的研究,学习和跟踪世界先进技术是当时的主要工作。随着计算机应用技术的推广,80年代后期,条码技术在我国的仓储、邮电、生产自动化控制、图书管理等领域得到了初步应用。由于我国条码工作起步较晚,人们对此还缺乏认识,在一些方面的应用还处于无序状态。如图书馆的图书借阅管理系统,应用条码技术虽然大大方便了用户,提高了图书馆的管理水平和借阅效率,但由于各图书馆所选码制不统一,影响了联网和馆际互借,有些领域还采用非标准条码,给扫描设备的配置造成困难,影响了与外部的交流。

20世纪90年代初,出口商品进入国际市场的标识需要,大大推动了条码技术在我国的推广应用。1991年4月,中国物品编码中心代表我国加入国际物品编码协会,为在我国开展条码工作创造了有利的条件,中国商品编码系统的成员数量迅速增加。1991年,我国只有600多家企业申请了厂商代码,到2013年已达到7万多家。

国家质量技术监督局从1998年12月1日起实施《商品条码管理办法》,这是我国第一部关于商品条码的具有法律效力的规章,明确规定了各项条码实施的要求和细则,使中国条码工作进入了规范阶段,目前商品条码已纳入强制性国家产品质量标准体系。

二、无线射频识别

(一)无线射频识别技术原理

无线射频识别(Radio Frequency Identification,RFID)是一种非接触式的自动识别技术,其基本原理是电磁场理论,通过射频信号自动识别目标对象并获取相关数据。识别工作无须人工干预,甚至无须光亮,并可同时识读多个对象。只要将嵌有RFID晶片的标签贴在商品上,就能通过无线电扫描仪对晶片进行跟踪,并在远达20多米范围自动读取晶片上的所有信息。此技术始于第二次世界大战中盟军判断敌友,避免士兵在城市作战中被友军炮火误伤。美国国防部军需供应局(Defense Logistics Agency,DLA)也采用RFID技术保证军需物资的供应。在美国对伊拉克的战争中,所有进入战区的物资都贴上RFID标签,实现了军需物资供给的快速、准确,且不致出现过量供应。

RFID系统由阅读器(Reader)和标签(Tag)组成,标签在商品制造过程中预置,也可以利用RFID打印机以接触或非接触方式随时重写。阅读器可以固定,也可以手持。工作时标签中印制的线圈接收到阅读器天线发出的射频电磁场后感应产生电能,获得能量供标签电路工作,把 ROM(Read Only Memory)里预存的数据发出去,阅读器天线接收后解码并将数据传送到后台数据库中,这种方式是被动式工作方式。主动式则是商品标签内嵌电池,电池寿命最长可达 10 年。

ROM 的存储容量是 128 位,与 IPv6 的 128 位相似,可以给世界上每个商品都分配一个唯一的标识。这一优点是条形码不具备的,现在的条形码必须给每一类产品定义一个类别码,例如,某种饼干的条形码是一样的,但过期的饼干不可能靠条形码区分出来。而 RFID 却可以做到,因为每包饼干上的 RFID 是唯一的。由于是无线工作方式,所以读取 RFID 的能力取决于无线电频率和发射功率。在功能固定的条件下,频率越高,距离越远,其标签也往往越小。

2006 年开始应用的第二代 RFID,其识读器和标签更便宜,可靠性更高,识读的距离比第一代 RFID 增加了 30%。

(二)RFID 的特点和应用

RFID 与条形码不同,RFID 存储的信息量大且可以修改,能读能写,数据加密,可以远距离操作,可识别高速运动物体,并能够区分出每一个具体商品,防水、防磁、耐高温、使用寿命长,读取距离远;而条形码存储信息量小,只能近距离操作,只能识别商品的类别。与现有的条形码相比,RFID 对商品的登记是自动完成的,从而大大降低了人力成本。但 RFID 与条形码的基本关系是互补而不是替代,针对不同的产品,在不同的场合,两者可以各展所长。

RFID 在商业和物流领域可有广泛应用。每个商品的 RFID 晶片都存有独特的商品信息,能准确提供商品的产地、拥有者、地点、有效期、采购期。只要从货架上拿起商品,就会自动将信息传递给企业管理信息系统乃至整个供应链系统。客户结账时只要推着购物车通过识别系统就能一次结清,免去了排队等待的时间,同时仓库知道何时需要补货。

(三)RFID 在我国的应用

我国从 20 世纪 90 年代中期开始使用 RFID 技术,铁道部建立了一个全国性的车辆调度系统,通过火车自动抄车号方案解决了手工统计和火车调度速度慢的难题,实现了统计的实时化和自动化,年经济效益达到 3 亿元人民币。

我国在第二代身份证中也采用了 RFID 技术,北京市则在交通一卡通中采用 RFID 芯片。我国在 2004 年 1 月成立了中国电子标签国家标准工作组,负责无线通信频率的频段分配和物品标码标准问题,我国 RFID 的传送频率采用 900MHz。

三、GIS 技术

（一）GIS 的含义

GIS 即地理信息系统(Geographic Information System)，是 20 世纪 60 年代开始迅速发展起来的地理学研究新成果，是将地理学、计算机科学、测绘遥感学、城市科学、环境科学、信息科学、空间科学、管理科学和信息科学融为一体的新兴学科。GIS 系统是多学科集成并应用于多领域的基础平台，这种集成是对信息的各种加工、处理过程的应用、融合和交叉渗透并实现各种信息的数字化的过程，具有数据采集、输入、编辑、存储、管理、空间分析、查询、输出和显示功能，为系统用户进行预测、监测、规划管理和决策提供科学依据。

GIS 系统以地理空间为基础，利用地理模型的分析方法及时提供多种空间、动态的地理信息，从而为有关经济决策服务。在物流领域应用 GIS，便于企业合理调配和使用各种资源，提高运营效率和经济效益。

（二）GIS 的作用

在具体的应用领域中，GIS 可以帮助分析解决下列问题。

第一，定位(Location)。研究的对象位于何处？周围的环境如何？研究对象相互之间的地理位置关系如何？

第二，条件(Condition)。有哪些地方符合某项事物(或业务)发生(或进行)所设定的特定经济地理条件？

第三，趋势(Trends)。研究对象或环境从某个时间起发生了什么样的变化？今后演变的趋势是怎样的？

第四，模式(Patterns)。研究对象的分布存在哪些空间模式？

第五，模拟(Modeling)。如果假设条件发生时，研究对象会发生哪些变化？引起怎样的结果？

GIS 最明显的作用就是能够把数据以地图的方式表现出来，把空间要素和相应的属性信息组合起来就可以制作出各种类型的信息地图。专题地图的制作从原理上讲并没有超出传统的关系数据库的功能范围，但把空间要素和属性信息联系起来后的应用功能却大大增强了，应用范围也扩展了。在 GIS 系统中，空间信息和属性信息是密不可分的有机整体，它们分别描述地理实体的两面，以地理实体为主线组织起来。此外，空间信息还包括了空间要素之间的几何关系，因而 GIS 能够支持空间查询和空间分析，而空间分析是制定规划和决策的重要基础。

(三) GIS 在物流中的应用

GIS 不仅是一种查询信息的方法,也是一种挖掘信息模式的技术。因此,越来越多的商业领域已把 GIS 作为一种信息查询和信息分析工具,GIS 技术本身也融入了这些商业领域的通用模型,因而 GIS 技术在各个商业领域的应用无论是在深度上还是在广度上都处于不断发展之中。事实上,GIS 技术可以应用在任何涉及地理分布的领域,其在经济管理方面的应用潜力巨大,只是现在还远未挖掘出来。

GIS 在物流领域中的应用主要是指利用 GIS 强大的地理数据功能来完善物流分析技术,合理调整物流路线和流量,合理设置仓储设施,科学调配运力,提高物流业的效率。目前,已开发出了专门的物流分析软件用于物流分析。完整的 GIS 物流分析软件集成了车辆路线模型、最短路径模型、网络物流模型、分配集合模型和设施定位模型等。

1. 车辆路线模型

车辆路线模型用于研究解决在一个起始点、多个终点的货物运输中,如何降低物流作业费用,并保证服务质量的问题,包括决定使用多少辆车,每辆车的行驶路线等。

2. 网络物流模型

网络物流模型用于解决寻求最有效的分配货物路径问题,也就是物流网点布局问题。如将货物从 n 个仓库运到 m 个商店,每个商店都有固定的需求量,因此需要确定由哪个仓库发货给哪个商店,使得运输代价最小。

3. 分配集合模型

分配集合模型可以根据各个要素的相似点把同一层上所有或部分要素分为几个组,用以解决确定服务范围和销售市场范围等问题。如某一公司要设立 x 个分销点,要求这些分销点覆盖某一地区,而且要使每个分销点的顾客数目大致相等,利用分配集合模型即可做到。

4. 设施定位模型

设施定位模型用于确定一个或多个设施的位置。在物流系统中,仓库和运输线共同组成了物流网络,仓库处于网络的节点上,节点决定着线路,如何根据供求的实际需要并结合经济效益等原则,决定在即定区域内设立多少仓库,每个仓库的位置、规模,以及仓库之间的物流关系等,运用此模型均能很容易地加以解决。

四、GPS 技术

GPS 即全球卫星定位系统(Global Positioning System),最早是由美国军方在 20 世纪 70 年代初从"子午仪卫星导航定位"技术发展起来的,是具有全球性、全能性(陆海空)、全天候性优势的导航定位、定时、测速系统。

(一)GPS 的系统构成

GPS 由三大子系统构成:空间卫星系统、地面监控系统、信号接收系统。

1. 空间卫星系统

空间卫星系统由均匀分布在 6 个平面上的 24 颗高轨道工作卫星所构成,每个轨道平面与赤道平面的倾角为 55 度,轨道平面间距 60 度。在各轨道平面内,卫星升交角距差 90 度,每个轨道上的卫星总比西边相邻轨道上的相应卫星超前 30 度。在实际的应用中,空间卫星系统的卫星数量一般要超过 24 颗,以便能够及时更换损坏或老化的卫星,来保障系统正常运行。

每 12 个小时各卫星就要沿着近圆形轨道绕地球旋转一周,由星载高精度原子钟控制无线电发射机在"低噪音窗口"附近发射载波,向全球的信号接收系统不停地播发 GPS 导航信号。运用 GPS 工作卫星组网后,全球的任一地点在任一时刻都可以观测到 4 颗以上的卫星,最多可以达到 11 颗,以此来实现连续、实时的导航和定位。

GPS 卫星向用户发送的导航电文信号包括两种载波和两种伪噪声码(即 C/A 码和 P 码)。这四种 GPS 信号的频率皆源于 10.23MHz(星载原子钟的基频)的基准频率。基准频率与各信号频率之间存在一定的比例,其中以 P 码作为精确码,美国为了自身的利益,只有美国军方、政府机关以及得到美国政府批准的民用用户才能够使用;C/A 码为粗码,其定位和时间精度均低于 P 码,目前,全世界的民用客户均可免费使用。

2. 地面监控系统

地面监控系统由 5 个监测站、1 个主控站和 3 个注入站构成。该系统的作用是对空间卫星系统进行监测、控制,并向每颗卫星注入更新的导航电文。

(1)监测站。监测站的作用就是用 GPS 接收系统来测量每颗卫星的伪距和距离差,采集气象数据,并将这些数据传送到主控点。5 个监测站的数据采集中心均无须人工值守。

(2)主控站。主控站的作用是接收各监测站的 GPS 卫星观测数据、卫星工作状态数据、各监测站和注入站自身的工作状态数据。

(3)注入站。注入站的作用是接受主控站送达的各卫星导航电文并将之注入飞越其上空的每颗卫星。

3. 信号接收系统

信号接收系统主要由 GPS 卫星接收机和 GPS 数据处理软件所构成。

(1)GPS 接收机。GPS 卫星接收机的基本结构分为天线单元和接收单元两部分。天线单元的主要作用是：当 GPS 卫星从地平线上升起时，能捕获、跟踪卫星，接收放大 GPS 信号。接收单元的主要作用是：记录 GPS 信号并对信号进行解调和滤波处理，还原出 GPS 卫星发送的导航电文，以实时地获得定位、测速、定时等数据。

(2)GPS 数据处理软件。GPS 数据处理软件是 GPS 用户系统的重要部分，其主要功能是对 GPS 接收机获取的卫星测量记录数据进行"粗加工""预处理"，并对处理结果进行再处理，从而解得测站的三维坐标、测体的坐标、运动速度、方向和精确时刻。

(二)GPS 技术的分类

GPS 技术按待定点的状态分为静态定位和动态定位两大类。静态定位是指在观测过程中待定点的位置固定不变，如 GPS 在大地测量中的应用。动态定位是指在观测过程中待定点在运动载体上不断发生变化，如 GPS 在船舶导航中的应用。静态相对定位的精度一般在几毫米到几厘米的范围内，动态相对定位的精度一般在几厘米到几米的范围内。

对 GPS 信号的处理从时间上可划分为实时处理和后处理。实时处理就是一边接收卫星信号一边进行计算，获得目前所处的位置、速度及时间等信息；后处理是指把卫星信号记录在一定的介质上，再统一进行数据处理。一般来说，静态定位用户多采用后处理，动态定位用户采用实时处理或后处理。

(三)GPS 在物流领域的应用

1. 货物跟踪

GPS 计算机信息管理系统可以通过 GPS 和计算机网络实时地收集全路列车、机车、车辆、集装箱及所运货物的动态信息，实现对陆运、水运货物的跟踪管理。只要知道货车或船舶的编号就可以立即从铁路网或水运网中找到该货车或船舶，知道它们现在所处的位置，距离运输目的地的里程，以及所有装运货物的信息。利用 GPS 和电子地图可以实时显示车辆或船舶的实际位置，并任意放大、缩小、还原、换图，可以使目标始终保持在屏幕上，还可实现多窗口、多车辆、多屏幕同时跟踪。运用这项技术可以大大提高运营的精确性和透明度，为货主提供高质量的服务。

2. 与 GIS 结合解决物流配送

物流包括订单管理、运输、仓储、装卸、送递、报关、退货处理、信息服务及增值业务,全过程控制是物流管理的核心问题。商家必须全面、准确、动态地把握散布在全国各个中转仓库、经销商、零售商以及汽车、火车、飞机、轮船等各种运输环节之中的产品流动状况,并据此制定生产和销售计划,及时调整市场策略。因此,对大型供应商而言,没有全过程的物流管理就不可能建立有效的分销网络。对于大型连锁零售商而言,没有全过程的物流管理就谈不上建立配送体系。对于第三方物流服务商、仓储物流中心而言,没有面向全过程的物流管理服务就很难争取到客户的物流业务。

物流配送的过程主要是货物的空间位置转移过程,在物流配送过程中,要涉及货物的运输、仓储、装卸、送达等业务环节,对各个环节涉及的问题,如运输路线的选择、仓库位置的选择、仓库容量设置、合理装卸策略、运输车辆调度和投递路线选择等,进行有效管理和决策分析,有助于物流配送企业有效地利用现有资源,降低消耗,提高效率。事实上,仔细分析各个环节存在的问题就可以发现,上述问题都涉及地理要素和地理分布。凡涉及地理分布的领域都可以应用 GIS 技术,因为 GIS 与 GPS 技术是全程物流管理中不可缺少的组成部分。我国自主研发的北斗卫星导航系统与 GPS 的功能相似,可以在物流领域发挥重要作用。

第三节 国际物流与物流国际化

信息革命和电子商务的兴起,加快了世界经济一体化的进程,也使国际物流获得了长足发展。2016 年,我国进出口贸易额达到 24 万多亿元,进出口货运量达到 39.8 亿吨。可以说,国际贸易的发展离不开有效的国际物流作为保证和支持。

一、国际物流的发展

(一)国际物流的概念

国际物流即跨国界物流,它是指合理组织货物在国际流动,也就是发生在不同国家和地区间的物流活动。国际物流的实质是根据国际分工协作的原则,按照国际物流惯例和标准,利用国际物流网络、物流设施和物流技术,实现货物在国际的流动和交换,以促进区域经济的发展和世界资源的优化配置。

国际物流是不同国家之间的物流,是国际有形商品贸易的必然组成部分,各国之间的贸易要借助国际物流来实现。国际物流的目标是为国际贸易和跨国经营服务,即选择最佳的方式与途径,以最低的费用和最小的风险,保质、保量、适时地将货物由一国的供方运到另一国的需方。

(二)国际物流的特点

与国内物流相比,国际物流有以下几个特点。

1. 物流环境存在差异

国际物流的一个重要特点是,各国物流环境存在差异,尤其是物流软环境方面的差异。各国不同的物流法律使国际物流的复杂性远远高于国内物流,甚至会因此阻断国际物流;不同国家的不同经济和科技发展水平使国际物流处于不同科技条件的支撑下,甚至有些地区根本无法应用某些技术而迫使国际物流系统整体水平下降;不同国家采用不同的技术和管理标准,也造成国际"接轨"的困难,因而使建设国际物流系统的难度加大;不同国家的风俗人文差异也使国际物流受到一定的限制。

物流环境的差异使国际物流系统需要在不同的法律、人文、习俗、语言、科技、设施的环境下运行,无疑大大增加了物流的难度和系统的复杂性。

2. 物流系统范围广泛

物流本身的功能要素、系统与外界的沟通已相当复杂,国际物流又在这复杂系统上增加了不同国家的要素,不仅是地域的广阔和空间的广阔,而且涉及的内外因素会更多,所需的时间更长,因而地理范围扩大带来的直接后果是物流的难度和复杂性增加,风险增大。国际物流的风险性主要包括政治风险、经济风险和自然风险。政治风险主要是指由于有关国家和地区的政局动荡,如战争、罢工等原因,使货物可能受到损害或灭失;经济风险又可分为利率风险和外汇风险等,主要是指从事国际物流必然要发生的资金流动和国际汇兑,因而产生的利率风险和外汇风险;自然风险则指物流过程中,因长途运输和长期储存而可能增加自然灾害影响商品质量和数量的概率,如遭遇台风、海啸、暴风雨等引起的风险。

3. 国际物流的标准化要求较高

要使国际物流畅通起来,统一标准是非常重要的,可以说,如果没有统一的标准,国际物流水平就很难提高。目前美国、欧洲基本实现了物流工具、设施的统一标准,如托盘采用 $1\,000 \times 1\,200$ 毫米,集装箱的几种统一规格及条码技术等,大大降低了物流费用,降低了转运的难度。而不采用统一标准的国家,必然在转运、换车底等方面耗费较多时间和费用,从而降低其国际竞争能力。

国际物流还必须有国际化信息系统的支持。国际化信息系统是支持国际物流,尤其是国际联运的重要手段。建立国际信息系统是一项颇有难度的工作,一是管理困难,二是投资巨大。目前因特网的迅速扩展、跨洲光缆的铺设(如亚欧海底光缆、中美海底光缆等)都是国际化信息系统的重要进展。但是也应当指出,由于世界各地信息基础设施发展水平严重不平衡,特别是一些低收入发展中国家的信息基础设施严重不足,信息使用水平极低,在发达国家和发展中国家之间出现了所谓的"数字鸿沟",这也影响到国际物流业务的发展。所以,要扩大国际物流业务,应当重视克服各国信息应用水平的不均衡,发达国家应向发展中国家提供必要的资金和技术支持,以缩小双方的数字差距,减少信息沟通的困难。在物流信息传递技术方面,欧盟各国不仅实现了企业内部的标准化,而且实现了企业之间及欧洲统一市场的标准化,这就使欧盟各国之间的信息交流比其与亚非国家之间的交流更为简便、有效。

(三) 国际物流的发展

1. 当代国际物流的发展历程

第二次世界大战以前,国际已有了不少的经济交往,但是无论在数量还是质量要求方面,都没有将伴随国际经济交往的运输放在主要地位。第二次世界大战结束以来,特别是东西方冷战结束后,国际贸易发展很快。随着关贸总协定八轮贸易自由化谈判成果的落实以及世界贸易组织的建立,国际贸易壁垒比战前或战后初期大为减少,有些地区(如欧盟)已突破国界的限制形成统一市场,这推动了国际贸易的大幅增长,刺激国际物流业规模扩大,国际物流形式也随之不断出现新的调整和变化。

从第二次世界大战结束开始,国际经济交往的规模不断扩大并越来越活跃,到20世纪60年代,国际贸易已达到了非常巨大的规模,交易水平和质量要求也越来越高。在这种新情况下,原有仅为满足运送货物的运输观念已不能适应新的要求,系统物流概念被引入到国际物流领域。60年代开始形成了国际的大规模物流,在物流技术上出现了大型物流工具,如20万吨的油轮、10万吨的矿石船等。

20世纪70年代,特别是石油危机之后,国际物流不仅在数量上进一步增长,船舶大型化发展趋势进一步加强,而且出现了提高国际物流服务水平的要求,大数量、高服务型物流从石油、矿石等物流领域向物流难度更大的中、小件杂货领域深入,其标志是国际集装箱及集装箱船的大幅发展,国际各主要航线的定期班轮都投入了集装箱船,把散杂货的物流水平提升到新阶段,使物流服务水平获得很大提高。为适应国际贸易对国际物流的质量和速度要求进一步提高的需求,这个时期在国际物流领域也出现了航空物流大幅度增加的新局面,同时出现了更高水平的国际联运。

20世纪80年代国际物流的突出特点是,在物流量基本稳定的情况下出现了"精细物流",物流的机械化、自动化水平提高。同时,伴随现代人需求观念的变化,国际物流着力于解决"小批量、高频度、多品种"的物流需求,出现了不少新技术和新方法,这就使现代物流不仅覆盖了大量散装货物、集装干杂货等,而且覆盖了其他多数品种的货物,基本解决了所有物流对象的物流问题。80年代在国际物流领域的另一大发展,是伴随国际物流,尤其是伴随国际联运形式出现的物流信息和国际物流领域的电子数据交换(EDI)系统。现代信息技术使物流向更低成本、更高服务、更大量化、更精细化的方向发展,许多重要的物流技术都是依靠信息技术才得以实现的,这个问题在国际物流中比国内物流表现得更为突出,物流的几乎每个环节都有信息支撑,物流质量取决于信息,物流服务依靠信息。可以说,20世纪90年代以来,国际物流已进入了物流信息时代。

2. 推动国际物流发展的动力

推动国际物流发展的动力主要有四个方面。

(1)信息革命。20世纪80年代,条形码技术、电子数据交换、电子扫描与传输、传真等通信技术的广泛使用,提高了信息的可获得性。到90年代,GIS、GPS将卫星通信的实时跟踪信息的能力引入了物流,为国际物流的发展提供了更大的空间。进入21世纪,电子商务技术的广泛应用更加快了订货需求的传输速度、生产速度、装运速度、清关速度等,节省了国际物流的时间和成本。

(2)经济全球化。20世纪90年代以来,跨国公司迅速发展,世界贸易组织(WTO)作用加强,国际经济合作更加密切,商品和生产要素的国际流动加速,世界经济日益融为一体。在这种形势下,各国之间的依赖加深,推动了企业之间的商流、物流、信息流等方面的交流与合作。对跨国公司来讲,国际物流不仅由商贸活动决定,而且也是本身生产活动的必然产物。企业的国际化战略,要求企业在不同国家和地区生产零配件,在另一些国家组装或装配整机,企业的这种生产环节之间的衔接必须依靠国际物流。目前的发展趋势是,除了已经经营国际化的跨国企业,连一些普通企业也在推行国际战略,企业在全世界寻找贸易机会,寻找最理想的市场,寻找最好的生产基地,将企业的经济活动地域由地区内、国内扩展到国际之间,从而扩大了国际物流业务需求。WTO的《服务贸易总协定》(GATS)推动了成员国物流业的对外开放,在GATS服务部门的参考清单中,与物流国际化相关的部门有交通运输服务、销售服务、金融与保险服务等。其中,交通运输服务与物流业关系最为密切,包括海运、铁路运输、航空运输、公路运输等货运服务,以及报关、仓储、港口等附属交通运输服务。

(3)区域经济一体化。各个国家间的边境壁垒增加了国际物流的时间与资金成本,对国际贸易有阻碍作用。区域经济一体化弱化了政治边境,各个区域经济共同体通过降低进口关税,减少海关程序,统一货物单证以及发展统一运输等措施,以便利区域内的贸易发展。发育最完善的区域性组织是欧盟(EU),在欧盟内部各成员国之间的贸易中,所有的海关单证都已消失;在成员国与非成员国的贸易中,欧盟正在进一步统一海关单证,并将 EDI 引入清关程序。欧盟的组成和顺利运行,改善了欧洲内部的仓储、配送及物流的基础结构,极大地降低了物流费用。北美自由贸易区(NAFTA)的建立改善了北美的跨边界投资与贸易环境,降低了与贸易有关的行政管理成本。亚太经合组织(APEC)的发展也十分迅速,1994 年在印尼茂物举行的 APEC 第二次领导人非正式会议通过的《APEC 经济领导人共同决心宣言》(亦称《茂物宣言》)规定,各成员应进一步减少贸易与投资壁垒,促进货物、服务和资本的自由流通,以与 WTO 一致的方式实现这一目标,并明确规定了自由化的时间表,发达成员于 2010 年、发展中成员于 2020 年之前实现贸易和投资自由化。

(4)供应链一体化。1994 年,美国开始实施合作研究与开发条例,表明美国政府的反托拉斯立场有了很大变化,由限制合作转向鼓励合作。供应链一体化已从企业内部的获取制造支持和实物配送,延伸到客户与供应商,以充分利用内部资源,并发展与供应商、顾客的合作。越来越多的企业认识到了与顾客和供应商合作的重要性,他们利用国际贸易伙伴的专业经验和才能,有效地实现了供应链在全球范围的整合,增强了全球市场的竞争力。供应链一体化的关键是双方对相互依赖性认识的程度。对于制造商来讲,供应链成功的因素有信息分享、相互利益的认同、控制执行、共同的特别任务小组、资源共享及利益实现。

二、国际物流系统和联合国贸易效率计划

(一)国际物流系统

国际物流系统是由商品的运输、仓储、检验、包装、流通加工及其前后的再包装、整理和国际配送等子系统组成的。其中,运输和储存子系统是国际物流系统的主要组成部分。

1. 运输子系统

运输是随着商品生产和商品交换而产生和发展的,没有运输环节,绝大多数商品交换就不可能完成,所以,国际货物运输是国际物流系统的核心。

国际货物运输具有路线长、环节多、时间性强、风险性大、涉及面广、手续繁杂等特点,运输费用在国际贸易商品价格中占有很大比重。国际运输主要包括运输

路线和运输方式的选择,运输单据的处理以及货运投保等。

目前,我国国际货物运输主要存在以下一些问题。

(1)国际货物运输代理机构素质参差不齐。目前全国已有千余家国际货运代理企业,但由于缺少配套的法律法规制度以及缺乏经验,致使无照从事揽货业务或不按规定范围经营等行为时有发生。所以,对国际货运代理企业的审批和行业管理还需加强。

(2)海运船舶和航线不齐,港口利用不合理。我国出口货物80%靠海运,虽然目前已拥有1.6亿吨的运载能力,列世界第3位,但船型结构不合理,特殊船舶短缺。我国港口布局不合理的问题也比较突出,例如,我国内地运往中南美、澳大利亚、新西兰、南太平洋等地的货物许多要运到香港中转,结果造成运费高、运期长,影响了出口商品的竞争力。

(3)航空运输能力不足。民航系统坚持运量大于运力才开通货运班机,从而影响了货运航线的覆盖面;加上运价昂贵,更加重了出口成本负担,难以适应外贸发展的需要。

要解决外贸出口运输的困难,在管理体制上,要规范国际货运代理市场,尽快健全各项法律法规;在硬件上,要加大对物流设施建设的投资,加速沿海港口和码头建设及航空事业的发展。

2. 仓储子系统

随着国际贸易和地区贸易的不断发展,仓储业的作用日益重要,它是国际商品流转中一个不可缺少的环节。国际贸易和跨国经营中的商品从生产厂或供应部门被集中运到装运港口,有时需临时存放一段时间,再装运出口,这主要是在各国港口仓库进行,有时是在保税区和保税仓库进行。

保税制度是对特定的运入境内的货物,在未确定其是否运入关境内或复出口的最终去向前,暂缓缴纳进口关税而采取的一项海关管理措施,主要针对加工贸易和转口贸易。保税仓库是经海关批准专门存放保税货物的仓库,必须具备专门存放、堆放货物的安全设施,有健全的仓库管理制度和详尽的仓库账册,配备经海关培训认证的专职管理人员。保税仓库的出现,为国际物流仓储提供了一种新的既经济又便利的条件。

从节省物流成本的角度,应尽量减少商品储存时间、储存数量,加快货物和资金周转,实现国际物流的高效运转。

3. 商品检验子系统

进出口商品检验是国际商品交换的重要环节。具有独立资格的检验机构是与买卖双方无经济利益关系的第三方,对商品的质量、数量等双方执行合同的情况提供证明。在买卖合同中,一般都订有商品检验条款,其内容主要有检验时间与地点、检验机构和检验证明种类、检验标准与检验方法等。

根据国际贸易惯例,商品检验时间与地点的规定大致有三种:一是在出口国检验,可分为两种情况:①在工厂检验,卖方只承担货物离厂前的责任,对运输中商品的品质、数量变化概不负责;②装船前或装船时检验,其品质和数量以当时的检验结果为准,买方对到货的品质和数量原则上不得提出异议。二是在进口国检验,包括卸货后在约定时间内检验和在最后用户所在地查验两种情况,其检验结果可作为确定货物品质和数量的最后依据。在此条件下,卖方应承担商品品质和数量变化的风险。三是在出口国检验,进口国复验。货物在装船前进行检验,由装运港双方约定的商检机构出具的证明作为议付货款的凭证,但货到目的港后,买方有复验权。如复验结果与合同规定不符,买方有权向卖方提出索赔,但必须出具卖方同意的公证机构出具的检验证明。

进出口商品检验工作范围广,从事商品检验的机构很多,按承担检验任务的部门划分,可分为:①生产企业或卖方的检验;②买方或使用方的验收检验;③国家商检机构的检验、鉴定;④国家商检机构指定检验机构的检验、鉴定;⑤认可实验室的检验、鉴定;⑥委托国外同行检验机构的检验、鉴定等。究竟选择由哪一个机构实施和提出检验证明,在买卖合同条款中必须明确加以规定。

商品检验证明是由检验机构出具的有价值并具有法律约束力的凭证。经买卖双方同意,也可采用由出口商品的生产厂家和进口商品的使用部门出具证明的方法。商检证书是证明卖方所交货物在品质、数量、重量、包装、卫生条件等方面是否与合同规定相符的依据。如与合同规定不符,买卖双方可以此作为拒收、索赔和理赔的根据。此外,商检证书还包括对商品产地、价值、残损等的检验证明。

商品检验可按生产国的标准进行检验,或按买卖双方协商同意的标准进行检验,或按国际标准或国际惯例进行检验。商品检验方法可分为感官检验和理化检验。理化检验大体可分为化学分析检验、仪器分析检验、物理检验和微生物检验等。

4.商品包装子系统

包装不仅是商品的重要组成部分,而且具有不可取代的特殊功能。包装质量的高低、材料选用、工艺技术、图案设计等方面,不仅关系商品的安全和信誉,而且对商品起着宣传、展示乃至增加商品附加值和提高商品售价的重要作用。国际市场上,各种商品的竞争十分激烈,要提高我国出口商品的竞争力,就必须更加重视商品的包装。

为提高商品包装系统的功能和效率,外贸企业和有关物流企业应树立现代包装意识,国内应建立完善一批出口商品包装工业基地,以适应外贸发展需要,满足国际市场、国际物流系统对出口商品包装的各种特殊要求,组织好各种包装物料和包装容器的供应工作。

5. 国际物流信息子系统

国际物流必须有国际化信息系统的支持。在现代技术条件下,如果没有功能完善和强大的信息系统支持,国际贸易和国际物流将寸步难行。国际物流信息子系统的主要功能是采集、处理和传递国际物流和商流的信息。国际物流信息主要包括进出口单证的作业过程信息、支付方式信息、客户资料信息、市场行情信息和供求信息等。

国际信息系统的建立存在一定的难度,一是管理困难,二是投资巨大。由于世界上有些地区物流信息水平较高,有些地区较低,所以会出现信息技术水平不均衡的困难。

建立国际物流信息系统一个简单易行的做法是各国海关的公共信息系统实现联机,以及时掌握有关各国港口、机场和联运线路、站场的实际状况,为供应或销售物流决策提供支持。国际物流是最早发展 EDI 的领域,以 EDI 为基础的国际物流对物流国际化有重要影响,我国应该在国际物流中进一步加强 EDI 和有关电子商务技术的应用。

(二)联合国全球贸易点网络

面对全球贸易和物流电子化、高效化的发展趋势,1992 年 2 月,联合国贸易与发展会议第八届大会发起了一项"贸易效率计划"。该计划的宗旨是通过简化和完善国际贸易程序,借助现代信息和通信技术,在全球范围内建立起新的贸易网络,节省交易时间,降低交易费用,提高贸易效率;同时,促进世界范围内成千上万新的贸易商,特别是中小企业积极参与国际贸易。

贸易效率计划的实质是推动贸发会议成员国各自利用高新技术在城市设立贸易网点,再将这些网点联结起来,最终形成一个基于 Internet 的全球贸易网络(GTPNet),以此来推动先进的科学技术手段与高效率的贸易革新思想的结合,寻找、设计并检验提高国际贸易效率的实施方法,推进电子商务在全球的应用。

所谓贸易点(Trade Point,TP),是一个将国际贸易所涉及的各种服务部门和参与方以"有形"或"无形"的形式聚集在一起的中心。换句话说,每一个贸易点都由相关机构组成,即把贸易主管机构、海关、商检、银行、商会、保险公司、运输公司,以及大学和科研部门,利用电子通信手段连接起来,为贸易商提供一条龙的全面服务。

这些服务包括提供贸易信息(贸易法规、贸易政策、市场信息、商品信息、税率、汇率、支付手段和贸易可能性等)、办理进出口手续(颁发进出口许可证、开立信用证、保险单、原产地证书和商检合格证书等)、提供进出口后勤服务(贷款、银行结算、发货或提货业务、保险业务等)。

贸易点的发展是通过EDI等方式进行的一次贸易革命,其突出特点是改变了传统的利用纸张文件和单证进行交易的做法,用无纸贸易方式替代烦琐的贸易交易过程。贸易商在一个贸易点上就能完成交易所需的一切手续,既省时间,又降低交易费用,因此使贸易效率得到明显提高。同时,由于各职能部门联合办公,还能起到监督舞弊和防止诈骗的作用。

联合国贸发会议发起的全球贸易点网络是一个纵横畅通的多级网络,联合国贸易点发展中心为这个网络的中心,下设区域中心、国家中心和城市贸易网点。

联合国贸易点发展中心是贸发会议为实施贸易效率计划而专门建立的技术支持机构,其开发的信息管理系统(TPENGINE)和信息传递系统(ETO SYSTEM)为网络的运行提供了全球统一规范的互联模式。它与区域中心、国家中心、城市网点之间可互相交换贸易信息,为贸易商服务。联合国贸易点发展中心最初设立在泰国的曼谷,现迁至澳大利亚的墨尔本。

联合国贸易效率计划适应了当前全球贸易发展的迫切需要,1993年在全球选择了第一批16个试点城市(上海市为试点城市之一),作为建立贸易点的实验基地。1996年4月,联合国贸发会议在南非召开了第九届大会,贸易效率计划的实施也推进到了新的阶段,即将全球贸易点网络从交易前的网络发展成一种真正的交易工具,可签订合同并进行实际支付。至2010年,全世界已建立起100多个贸易点,它们分布在70多个发达国家和60个发展中国家和地区,约1万个有关贸易机构参与了贸易效率计划。

中国作为贸发会议的重要成员国,积极参与和推动了贸易效率计划在中国的实施。在联合国贸发会议和我国外经贸部的支持下,联合国贸易点网络北京中心于1997年正式成立。上海和北京两个贸易点的先后建成,为我国的对外贸易和国际物流的发展创造了更好条件。

三、中国迎接物流国际化潮流的措施

(一)建立和完善我国物流网络,促进国际物流合理化

国际物流系统网络是指由多个收发货的"节点"和它们之间的"连线"所构

成的物流抽象网络以及与之相伴随的信息流网络的有机整体。所谓收发货节点,是指进出口货物的各个交接点,如制造商仓库、中间商仓库、口岸仓库、国内外中转点仓库以及流通加工配送中心和保税区仓库。连线是指连接上述国内外众多收发货节点间的运输,如各种海运航线、铁路线、飞机航线以及海陆空联合运输航线。

要建立我国的国际物流系统网络,首先,在规划网络内仓库数量、地点及规模时,要围绕着商品交易需要和我国对国际贸易的总体规划;其次,要明确各级仓库的供应范围、分层关系及供应或收购数量,注意各级仓库的有机衔接;再次,国际物流网点规划要考虑现代物流技术的发展,留有余地,以备将来的扩建。

为了促进我国的物流网络系统更加合理化,可采取以下措施:

第一,合理选择和布局国内外物流网点,扩大国际贸易的范围和规模。

第二,引进和使用先进的运输工具、运输方式和运输设施,加速进出口货物的流转。中国是一个大陆国家,许多工业部门要依靠铁路和公路将货物配送到内地,因此要扩展铁路线和提高铁路集装箱装运能力,也要提高汽车运输能力,并要加快形成集装箱的多式联运体制。

第三,改进港口装卸作业,扩建港口设施,尽量降低港口杂费标准,以吸引更多货流。

第四,减少进出口商品的在途积压。包括进货在途(如进货、到货的待检、待进等),销售在途(如销售待运、进出口口岸待运),结算在途(如托收承付中的拖延付款等),以便节省时间,加速商品和资金的周转。

第五,综合考虑国内物流运输。在出口时,有条件要尽量采用就地就近收购、就地加工、就地包装、就地检验、直接出口的物流策略。

(二)加强物流设施建设

我国物流业务要向国际化发展,必须先搞好物流现代化,加大对物流设施的投资。目前海运是我国对外运输的主要方式和途径,所以应重点投资港口建设。在建设港口时,既要重视港口的集装箱化,还必须考虑诸如石油、煤、原材料、建设材料等大批量散装的能源、物资的装卸;要建设专用的码头货站、自动化立体仓库等,逐步实现包装规范化、装卸机械化、运输集装箱化。要推广和普及计算机应用技术,建立高效的信息传递系统和全球性的物流信息网络,在实现全国范围物流信息联网运行的基础上,逐步向国外发展,实现物流信息在全世界范围内的迅速传递,为参与国际竞争、实现物流国际化创造一个良好的环境。

(三) 加速培养开放型物流人才

要实现物流国际化，就必须拥有一批既有开放意识，又有专业知识和技能的高素质物流人才。目前，我国在这方面的教育还比较落后，设置物流专业和课程的高等院校不足。为适应我国物流业发展的要求，应加快国际物流人才的培养，同时，要加强对物流企业在职职工的教育和培训，有关行业协会应充分发挥协调指导作用，不仅要组织短期培训，还应该组织系统的整体培训。对国际物流人才的培养，不仅要注重物流基本理论知识的传授，更要注重加强计算机、网络、国际贸易、通信、标准化等知识的完善补充。另外，面对世界范围的人才争夺战，中国也要"筑巢引凤"，积极改善员工的生活和工作条件，以吸引国外高级物流管理人才。

第四节 案例两则

一、戴尔公司的电子物流[①]

戴尔公司成立于1983年，其销售额每年以40%的增长率递增，是该行业平均增长率的两倍，目前已是全球个人电脑的第二大供应商，年营业收入达到100多亿美元。用其总裁迈克尔·戴尔的话来讲，戴尔公司的业绩归功于电子商务化物流的巧妙运用。

(一) 戴尔经营模式

戴尔公司是全球最早采用互联网进行虚拟企业运作的计算机公司，日销售额达数千万美元，主要是通过因特网和企业内部网进行。戴尔公司实施电子商务化物流后取得的物流效果是：①成品库存为零；②零部件仅有2.5亿美元的库存量（其年赢利为168亿美元）；③年库存周转次数为50次；④增长速度4倍于市场成长速度。

戴尔公司作为全球成功的计算机制造、销售和发送企业，创造了独特的戴尔模式。所谓戴尔模式，简言之，就是在"直销"和"零库存"两大概念支撑下的一整套网上资源规划和使用系统，以及在这个系统基础上所形成的具有极高效率的供应链管理和客户关系管理。一方面，公司通过电话、网络等与顾客建立起良好的沟通和服务支持渠道；另一方面，公司也通过网络，利用电子数据交换系统，使得上游的

---

① 本案例由吉缅周收集资料编写。

零件供应商能及时准确地知道公司所需零件的数量和时间,从而大大降低库存,这就是戴尔所称的"以信息代替存货"。

(二)戴尔公司的电子商务销售和物流作业

在"零库存、高周转"的直销模式下,戴尔公司接到订货单后,将电脑部件组装成整机,真正按顾客的需求定制生产。在戴尔的直销网站(http://www.dell.com)上有一个跟踪和查询消费者订货状况的接口,供消费者查询已订购的商品从发出订单到送到消费者手中全过程的情况。戴尔公司对待任何消费者(个人、公司或政府部门)都采用定制的方式销售,其物流服务也配合这一销售政策而实施。戴尔公司的电子商务销售有8个步骤。

第一,订单处理。消费者可以拨打免费电话,也可以通过浏览公司的网上商店进行初步检查。当消费者发出网上订单后,戴尔公司首先检查项目是否填写齐全,然后检查订单的付款条件,并按付款条件将订单分类。采用信用卡支付方式的订单将被优先满足,其他付款方式则要更长时间得到付款确认,只有确认支付完款项的订单才会自动发出零部件的订货并转入生产数据库中,订单也立即转到生产部门进行下一步作业。用户订货后,可以对产品的生产过程、发货日期甚至运输公司的发货状况等进行跟踪。

第二,预生产。从接受订单到正式开始生产之前,有一段等待零部件到货的时间,这段时间叫作预生产。预生产的时间因消费者所订系统不同而不同,主要取决于供应商的仓库中是否有现成的零部件。一般的,戴尔公司要确定一个订货的前置时间,即需要等待零部件并且将订货送到消费者手中的时间,该前置时间在公司向消费者确认订货有效时会告诉消费者。订货确认一般采取两种方式,即电话或电子邮件。

第三,配件准备。当订单转到生产部门时,所需的零部件清单也就自动产生,相关人员将零部件备齐传送到装配线上。

第四,配置。组装人员将装配线上传来的零部件组装成计算机,然后进入测试过程。

第五,测试。检测部门对组装好的计算机用特制的测试软件进行测试,通过测试的机器被送到包装间。

第六,装箱。测试好的计算机被放到包装箱中,同时要将鼠标、键盘、电源线、说明书及其他文档一同装箱。

第七,配送准备。一般在生产过程结束的次日完成送货准备,但大订单及需要特殊装运作业的订单可能要花较长的时间。

第八，发运。将顾客所订货物发出，并按订单上的日期送到指定的地点。戴尔设计了几种不同的送货方式，由顾客订货时选择。一般情况下，订货将在2—5个工作日送到订单上的指定地点，即送货上门，同时提供免费安装和测试服务。

（三）戴尔公司供应链的特点

与传统的供应链相比，戴尔的供应链主要有两个特点：首先，它的供应链中没有分销商、批发商和零售商，而是直接由公司把产品卖给顾客。这样做的好处在于一次性准确快速地获取订单信息，而且，由于是在网上提前支付，还解决了现金流问题（戴尔公司几乎无须用自有现金来支持其运转）。其次，因为去掉了零售商所赚取的利润，也降低了成本；戴尔公司还采取服务外包的办法，又降低了一部分运营成本。这样，供应商、戴尔和服务商三者共同形成了一个供应链条。

传统的链条式生产线通常是这样的：一台机器放在生产线一头慢慢移动，每个操作员在他那一站加入自己所负责的零件，一直到生产线的末端。这样的链条式生产线通常适合同一规格产品的大量生产，速度快、效率高，但是弹性较差。戴尔公司全球的生产都是区域式生产线，而非链条式的。它每一个工作区的链条跑过来并不是直接穿过去，而是转个弯到这个区域来，这里摆满了各种各样不同规格的零件，每一台机器上有特定的要求规格，跟其他机器的要求可能完全不一样，甚至一批仅仅一台，它跟前一台或后一台都不一样。这是戴尔公司供应链的最大特色，保证了戴尔电脑很高的特制化程度。

在不断完善供应链系统的过程中，戴尔公司敏锐地捕捉到了互联网对供应链和物流可能带来的巨大变革，不失时机地建立了包括信息搜集、原材料采购、生产流程管理、客户关系管理以及市场营销等环节在内的网上电子商务平台。在戴尔公司的网站上，戴尔公司和供应商共享包括产品质量和库存清单在内的大量业务信息。

戴尔公司给我们提供了电子商务化物流的经验，如何实现电子商务化物流是目前许多企业都面临的问题，而能否提供电子商务化物流增值服务也已成为衡量一个企业物流是否真正具有竞争力的重要标准。

案例思考题

1. 分析戴尔公司物流模式成功的主要原因。
2. 比较戴尔公司物流模式与传统物流模式的差别。

二、Bolero 电子提单

(一) Bolero 电子商务平台

Bolero.net(Bills of Lading Electronic Registry Organization)电子商务平台是在 1985 年由保赔协会 TT Club(Through Transport Club)和 SWIFT(Society for Worldwide Interbank Financial Telecommunication)发起成立的。1995 年成立 Bolero Association Limited 公司,1998 年建立 Bolero International Limited 公司,并于 1999 年 9 月 27 日正式向全球推出。

众所周知,SWIFT 专门为成员国之间金融业务的安全通信提供服务,该组织目前服务于遍布全球 206 个国家和地区的近 8 000 个金融机构,已安全运营几十年,在 EDI 数据安全交换和管理电子交易方面有丰富的经验和极高的声誉。因此,借助于 SWIFT 组织,可以加快实现全球贸易的电子化金融服务。而 TT Club 服务的对象包括 150 个国家的海运、港口、货物承揽等物流运营商,业务覆盖全球 70% 的集装箱船队、2 000 多个港口、4 000 多个物流企业,足以扮演全球贸易物流中心的角色。因此,这两个机构的合作,成为实现跨行业的全程国际贸易服务平台的关键。

在 1999 年春夏季进行的 bolero.net 测试计划中,参与计划的就有 120 家跨国公司,其中包括当时全球第五大公司(日本最大贸易公司)——三井株式会社 Mitsui、全球最大的邮购公司——德国 Otto Versand、全球最大的货品贸易公司——Cargill、全球最大的集装箱海运公司——长荣海运公司(Evergreen Marine Corporation)。目前,Bolero Association 的会员包括了全球几乎所有重要的银行和金融机构、船运公司、保险机构和数百家跨国公司,并有更多的商务机构、管理咨询机构、技术服务提供商不断加入 Bolero,成为其会员(Member)或战略合作伙伴(Partner)。我国内地的中远集团和香港地区的中银集团已经是 Bolero 的重要成员。

Bolero.net 最重要的服务项目有下列两项:

其一,核心商务平台(The Core Messaging Platform,CMP)负责进行用户之间或用户与 Bolero 系统之间的电讯传递,并对所传递的电讯进行记录和跟踪,对电讯内容保存一段合理的时间以备查询。

其二,权利注册系统(The Title Registry)是记录电子提单的内容、相应权利和义务关系设立及变更的数据库。在一定意义上,该系统能行使纸质提单功能。电子提单的创建、修改和流转均必须由有权用户采用向权利注册系统发出"权利注册指令"的形式进行。Bolero. net 提供的电子式海运提单称为 Bolero 提单(Bolero Bill of Lading, BBL)。

(二)Bolero 电子提单的使用

Bolero 电子提单的创建、转让、质押、交回均需以电讯形式向权利注册系统发出指示,通过在其中创建、更改记录的方式完成。同时,核心电讯系统会监控每一份电讯并进行记录备查(电讯的摘要最长可以保存 20 年)。

1. 创建

当承运人按发货人的要求签发一份电子提单时,他应通过核心电讯平台向权利注册系统发出一个指令创建一份提单,按规定的格式输入发货人、收货人(或通知方)、货物描述等提单上须载明的内容,然后指定一个提单的持有人。

2. 流转

提单的流转将通过指定另一个提单持有人的方式进行,"指定"必须由当前的提单持有人向权利注册系统发出指令完成。

3. 修改

提单内容的修改必须由承运人根据持有提单的发货人的请求,来修改权利注册系统中的记录。

4. 提货

当最后收货人(或通知方)成为提单的持有人时,他可以将提单交回给承运人或承运人指定的其他人并要求提货。

(三)Bolero 电子提单的安全性

我们可以将电子提单的安全要素概括为网络的安全性、交易者身份的真实性、数据电讯的机密性和完整性、数据电讯的合法有效性。Bolero 提单较好地解决了上述问题。

1. 电子提单网络安全体系的建立

Bolero 与用户之间使用安全套接层协议(SSL)连接。在标记语言方面,Bolero 系统主要使用 XML(扩展标记语言)。作为一种较新的语言,XML 使设计者容易以标准化的、连续的方式来描述并传输来自任意应用程序的结构化数据。

2. 电子提单的安全认证机构

在 Bolero. net 中,Bolero International Limited 不仅担任信息中介的角色,同时身兼认证机构的功能,负责用户的资格审查。Bolero 系统中的电子证书是将特定的公开密钥和确定的人关联起来的数字记录。由于公开密钥与私人密钥是一一对应的,电子证书表明用于创建数字签名的私人密钥的持有人,数字签名可以用于认定该人。Bolero International Limited 是目前在 Bolero 系统中使用的所有证书的证明者,对每个操作服务合同中签发的证书承担重要责任和义务。

3. 信息加密——数据电讯的机密性

SSL 协议有两种安全级别:40 位和 128 位,Bolero.net 使用的是 128 位。虽然其安全系数较高,但在加密技术的使用和进出口方面,各国的法律限制太多,尚有待国家之间的法律协调。在 Bolero 为考察其法律可行性进行的调查所涉及的国家和地区中,法国控制加密技术的进口和使用。大多数对加密技术实行国内控制的国家(如澳大利亚、加拿大、日本、新西兰、美国、大多数欧盟成员国)采取不透明的控制体制,没有明确对密钥长度的规定。

4. 数字签名的技术方式

Bolero.net 使用散列函数签名法,此法亦称数字摘要法(Digital Digest)、数字指纹法(Digital Fingerprint)。跟单独签名的 RSA 数字签名不同,它是将数字签名与发送的信息捆在一起,更适合在电子商务中使用。

在 Bolero.net 中,每个电讯必须数字签名,使用已经登记的 Bolero.net 用户的已经被鉴定的私人密钥,否则,Bolero 系统将抛弃此电讯。每个用户的电讯上的数字签名用 Bolero 系统数据中的证书核实。电讯在 Bolero International Limited 的数字签名下继续发送。接收者的用户系统应当可以核实 Bolero International Limited 的数字签名,而证书可以证实 Bolero International Limited 已经核实了原始电讯的数字签名。所有通过 Bolero 系统发送的文件和权利注册指令都附上数字签名和经核实的电讯,每个电讯、文件和权利注册指令的真实性因此而得以保证。

(四) **Bolero.net 在中国的最新发展**

为实现国际贸易的电子化和无纸化,将交易信息通过数据形式进行交换,必须实现贸易文件的数据化。Bolero 联合其各行业的会员,对世界贸易过程中所使用的单据进行了标准化研究,按照既定的标准政策(Standard Policy)和版本政策(Version Policy),并借鉴 SWIFT 报文标准,对贸易过程中的文件信息进行了分析和简化,制定出了 80 多种文件(单据)的电子化标准。

2006 年 4 月 12 日,Bolero.net 与中国上海亿马物流系统公司签订了合作意向书,合作的主要内容是帮助亿马公司处理其客户信用证的相关问题。

上海亿马物流系统有限公司成立于 2002 年 7 月 22 日,由上海亿通国际股份有限公司和 A.P.Moller 旗下的全资子公司马士基数据共同投资建立。上海亿通国际股份有限公司是上海地区口岸物流的权威公司代表,在国际经贸领域及口岸物流信息化的开发和运行管理方面有比较丰富的经验。在上海市政府的支持下，该公司负责提供通过电子支付平台支付包括海关税费等的服务项目。在亿马的日常业务中，客户对能够提供稳定资金融通的信用证自动支付系统的需求不断增加，中国快速发展的对外贸易也需要安全可靠的贸易融资工具。Bolero.net 将帮助亿马完善其支付系统平台，帮助其降低在处理信用证中产生的风险。

通过与 Bolero.net 的合作，亿马可以向其客户提供一套 Bolero 格式的信用证，而作为可以信赖的第三方，Bolero.net 在电子商务应用过程中，能够较好地解决公司与银行之间融资中的信任和安全问题。

案例思考题

1. 从提单性质角度来分析 Bolero 电子提单的安全性问题。
2. 比较 Bolero 电子提单与传统纸质提单的区别。

本章思考题

1. 电子商务与现代物流的相互关系如何？
2. 电子商务企业通常采取哪些物流模式？
3. 电子商务为物流企业提高效率和效益提供了什么条件？
4. 物流技术主要包括哪些内容？
5. 条码技术的特点是什么？
6. GIS 可以帮助解决什么问题？
7. 为什么说现代物流是电子商务发展的必备条件？
8. 什么是"贸易点"？
9. 联合国"贸易效率计划"的目的和内容是什么？
10. 我国如何应对物流国际化的挑战？

相关内容网站

1. 中国商务部　www.mofcom.gov.cn
2. 中国仓储物流网　www.ccwlw.cn
3. 中国物流网　www.chinawuliu.cn

4. 商店网　www.Intershop.com

5. 联邦快递　www.fedex.com

6. 中国邮政速递物流　www.ems.com.cn

7. 戴尔公司　www.dell.com

第八章 电子政府与海关电子化管理

学习要点与要求

通过本章的学习,应掌握电子政府的意义和作用,海关的电子化管理以及电子商务管理的国际协调与合作。

掌握电子政府的内涵、特征、职能和作用,了解中国海关的电子化管理的特点和发展现状,熟悉电子商务国际协调和合作的内容、特点及电子商务协调的各种国际组织。

第一节 电子政府的意义和作用

信息技术的发展不仅加快了经济全球化的步伐,也对政府管理提出了严峻的挑战。电子政务在国家信息化建设中处于举足轻重的地位,已经引起政府的高度重视。面对信息化的挑战,改进管理方式,推行电子政务,提高行政效率,降低行政成本,形成行为规范、运转协调、公正透明、廉洁高效的行政管理体制,已成为当务之急。

一、电子政府的内涵和特征

(一)电子政府的含义

"电子政府"或称"电子化政府",是政府信息化发展的目标和结果,它是基于Internet网络的政府信息服务和事务处理系统,服务对象既包括政府机关工作人员,也涉及其他机构、企业及民众。电子政府是国家机关在政务活动中,全面应用现代信息技术、网络技术以及办公自动化技术等进行管理和为社会提供公共服务的一种全新的管理方式。它的主要目的就是运用信息技术打破政府人为的界限,实现政府职能的电子信息化,使人们从不同渠道获得政府的信息及享受服务。电子政府的内涵有以下三层。

第一,运用信息以及通信技术打破行政机关的组织界限,建构一个电子化的虚拟机关,使公众摆脱传统的层层关卡以及书面审核的作业方式。政府机关之间以及政府与社会各界之间也经由各种电子化渠道进行相互沟通,并依据人们的需求、人们可以获取的形式、人们要求的时间及地点等,给人们提供各种不同的服务选择,从应用、服务及网络通道三个层面进行电子政府基本架构的规划。

第二,各级政府机构的政务处理电子化,主要包括政务电子化、信息公布与发布电子化、信息传递与交换电子化、公众服务电子化等。

第三,电子政府即把官僚制模型的政府转变为公共管理的新体系,以适应虚拟的、全球性的、以信息为基础的知识经济,同时也适应社会的根本转变。新型的公共管理体系即电子政务的核心是:大量频繁的行政管理和日常事务都通过设定好的程序在网上实施,越来越多的决策权下放给团体和个人,政府重新确立自身的职能。

(二)电子政府的特征

1. 强调现代信息技术应用

政府有效运用现代信息和通信技术,并将其整合到政府管理中去,使政府充分有效地提供服务,从而创造更高的附加值。

2. 政府信息公开和可获取性

电子政府要求政府使其信息公开化,并以更便利的方式使民众能够获取更多有价值的信息,达到政府优质服务的目的。

3. 政府与民众之间的互动回应机制

通过建立政府机关、企业与民众之间的互动机制,电子政府可使公民有效地获取政府的信息和服务,政府也通过此渠道了解民众的需要,从而达到政府与民众之间关系的和谐,促使政府机关工作人员增强责任感。

4. 高效率

通过预定程序,以及信息化的过程,电子政府使政府行政程序简单化、统一化,政府业务电脑化、网络化,从而可提高政府效率。

因此,电子政府的核心就在于通过信息和通信技术转换政府职能,从而使之成为一个全方位开放的、有回应力的、负责任的、有效率的政府。

二、电子政府的职能

现代化的电子政府应该具备以下几个基本职能。

(一)网上服务窗口

各级政府在因特网上开设自己的网站,社会公众可以通过上网办理与政府有关的事务,如税务申报、工商注册、户籍申报等,告别传统的层层书面审核的作业方式。公众可以通过因特网发表意见与建议,参与政府政策的制定和决策过程,并通过网络及时向各级政府反映情况,监督政府行为。作为政府的窗口,电子政府能加强与社会公众的沟通与联系,增强政府工作的透明度,树立良好的政府形象。

(二)办公自动化

政府通过组建内联网,在内联网上构建自己的办公自动化系统,实现日常办公事务的无纸化、自动化、网络化、电子化处理,提高办公效率和工作的标准化、规范化水平。同时,各部委、各级人民政府之间,通过网络互通互联,高效传输各种电子文档,可减少公文中转和时延,加强政府部门之间的沟通与合作。

（三）网络办公

利用现代无线通信技术，综合利用手机、掌上电脑、笔记本电脑等现代通信和移动计算设备，在工作现场及时获取总部的信息资源和计算能力，提高现场办公的效率与工作能力。政府通过网络采集各种社会信息，及时进行综合处理，通过网络及时反馈处理意见，做出科学决策。

（四）虚拟机构

利用现代网络与通信技术，打破行政机关的组织界限，在网络上构建一个虚拟的政府机构，用来协调和处理涉及众多部门的政府事务。虚拟化政府的各部门之间、工作人员之间，可以通过电子邮件、论坛等方式，传递、交流信息，协同工作。

（五）信息服务

政府信息是政府部门为履行职责而产生、获取、利用、传播、保存和负责处置的信息，它是人们全面了解社会情况，从事政治、经济、科技、军事和文化活动所必不可少的宝贵资源。电子政府利用高效可靠的政府信息网络，将政府信息快速、方便、廉价、准确地传递给社会公众，减轻公众为此需要付出的经济和时间负担，通过适当的信息提供与发布制度，使公众能够享受方便、快捷的信息服务。

总之，电子政府是政府信息化建设的目标，它不仅可大大提高人员利用效率及工作效率，加强政府管理的管控力度，提高政府部门之间的沟通能力，增加公民对政府的信任度，还能促进政府勤政、廉政，更加开放和透明，从而更好地为社会公众提供公共服务。

三、电子政府的作用

（一）促进国民经济信息化建设

建设电子政府需要建设信息网络，采购大批的信息产品和服务，包括物理网络、数据库、信息采集和发布系统、网络安全设计和系统维护等，这给信息厂商和信息产业的发展带来机遇，带动信息产业和服务业的繁荣发展，进而促进整个国民经济的信息化建设。另外，电子政府也会对企业上网、学校上网、家庭上网产生连带效应，使信息化观念深入人心，提高整个社会的信息化水平。除了政府的相关职能上网之外，电子政府的建设也极大地丰富了网上信息资源，为信息产业的健康发展形成一个良好的"生态环境"。

(二) 办事程序大大简化，工作效率显著提高

电子政府的出现，必将对政府组织结构和运作方式产生变革和冲击。从世界各国的情况来看，电子政府已使传统的科层组织朝着网络组织方向发展，它不仅打破了地域、层级、部门的限制，促进了政府组织和职能的重构，使行政程序简单化、统一化，使政府业务电脑化、网络化，而且提高了政府的办事效率，进而节省了人事成本。另外，电子政府也大大节省了政府的办公费用，如电子邮件节省了传真和电话费用，电子公文减少了纸张浪费。在政府内部，各部门之间可以通过 Internet 相互联系，各级领导也可以在网上做出指示，指导各部门的工作，并能及时进行意见反馈，从而节省了时间。

(三) 增强政府透明度，树立政府良好形象

电子政府的一个前提就是政务公开。政府信息除了国家机密、商业机密、个人隐私等不宜公开外，其名称、职能、机构组成、办事程序、政策文件、档案等一般都可向外界公开，接受公众的监督。企业和个人从中可以获得更多直接信息，大大限制"暗箱"操作的空间，减少权力滥用的可能，减少腐败现象，促进勤政、廉政。电子政府建立以后，也可以使世界各国更好地了解本国政府，加强国内外交流，树立良好的国际形象。

(四) 促进政府和百姓之间的实时沟通

电子政府建立了跨越政府、社会和民众三者之间的桥梁，打破了时空限制，实现了全天候服务，即使遇到法定假期，仍能提供 24 小时办公。这样，一方面使得政府部门的政务信息能够及时准确地向公众传播，以贯彻政府的政策；另一方面，也能将民众的反映收集上去，及时了解基层的最新动态，为政府决策提供正确的依据，在政府和民众之间形成良性互动关系。同时还可以就一些热点问题展开网上调查，作为政府各部门工作的参考。这样，政府拥有了更多的直接了解公民需求的途径，也能使公民更多、更全面地了解政府工作，从而增进双方的理解。

第二节　中国海关电子化管理

海关是我国最早使用计算机的行政执法部门之一。1978 年，第一台国产 DJS130 计算机在深圳罗湖口岸投入使用，揭开了海关信息化的序幕。1986 年，经国务院批准，成立了全国海关电子计算中心(全国海关信息中心的前身)。20 世纪

90年代以来,在中央政府的重视和有关部门的支持下,海关信息化发展的速度更快了。从总体布局上看,我国海关信息化建设由三项内容构成:一是"电子海关"建设,主要是海关通关管理信息化;二是"电子口岸",即"口岸电子执法系统"建设,主要是口岸行政管理和执法部门之间数据交换和联网核查,同时为企业提供通过互联网办理口岸手续的服务;三是"电子总署",主要是业务监控、决策支持等,海关政务内网建设与应用属于"电子总署"建设的一部分。

一、我国海关电子化管理政务的网络建设

根据国家信息化领导小组《关于我国电子政务建设指导意见》的规定,海关计算机网络分为政务内网和政务外网,海关内部分别称之为"红机网"和"业务网",两网之间实行物理隔离。其中,海关政务外网又从逻辑上分为业务管理网和业务运行网。因而,海关内部将政务内网、业务管理网和业务运行网称为"三网"。

海关政务内网的前身是全国行政首脑机关第二代电子邮件系统,于1999年底建成。2001年,海关政务内网延伸到各直属海关单位(海关系统在行政上分三个层级:海关总署—直属海关—隶属海关),成为第一个将政府专网延伸到下属单位的部门。与地方委、办、厅、局不同,各地海关是通过海关总署接入全国政府系统专网的,与当地政府没有直接联网,这是根据海关实行垂直领导体制和海关已有网络条件较好而确定的方案。

二、我国海关电子化的特点

电子政务系统关键在于实现在线管理功能,以确实保证企业能够安全迅速地办理有关业务手续。我国的海关电子化具有以下几个特点。

(一) 功能完善

区域信息化系统涵盖了通关申报(预录入)、加工贸易、保税仓储、减免税货物后续管理、卡口管理以及区内企业管理、企业相关人员管理等功能,各子系统有机衔接,信息共享,区内加工企业、仓储企业足不出户就可以通过"海关区域信息化管理系统"平台与海关实时联网,在线办理有关海关手续。

(二) 联网监管模式日趋成熟

海关自1998年初实行加工贸易计算机联网监管,取消手册,设立电子账册,实行联网滚动核销。通过几年运行,系统已经比较成熟。新开发的区域信息化管理系统,又考虑了IT企业的需要,使加工贸易监管模式更加成熟;报关、备案、转让等

可以网上即时实现;以企业为单元,以区域为整体,对加工贸易实现全过程计算机联网管理。

(三)海关监管严密

首先,通过计算机联网管理实现对企业进出口及生产经营状况的全过程动态实时监控。由于实行计算机联网管理,海关关员得以从繁重的单证管理中解脱出来,有更多的时间和精力从事实际的物流监控。

其次,建立了以载货清单为基础的卡口管理模式。货物通过卡口出保税区必须提交载货清单,加上设在保税区卡口的视频监控系统,确保对物流的有效监控。

再次,通过对企业的考核和对企业网络操作员的考核,规范企业的联网操作行为和经营行为。

(四)促进贸易便利化

积极推进计算机管理,特别是区域信息化管理系统的启用,在线办理所有海关业务,加快了通关速度,促进了贸易便利化。海关还可以通过网络及时公告有关政策法规,发布各类信息,企业也可以通过网络向海关提出业务咨询投诉等,实现便捷的信息双向交流,有利于政务公开。

三、我国海关电子化管理系统的发展

(一)现代海关业务信息化管理系统(H833)

以往我国从事进出口贸易的许多企业采取以"手册"为核心、手工操作为主的报关、通关、商检方式,这种操作方式异常复杂,需要大量的人力、物力,同时也难于计算汇总。为适应企业"电子化"通关方式的要求和电子化海关建设的需要,从20世纪80年代到90年代,我国海关以原有的"现代海关业务信息化管理系统"和企业自身的信息系统为基础,利用集成化EDI技术和网络技术,开发出以电子账册为核心的海关联网监管系统。该监管模式缩短了企业通关的周期,提高了海关人员监管的准确性,减轻了海关的工作强度。

海关"电子化"报关系统由三个子系统组成:海关系统、企业内部资源管理系统和中间平台即电子账册联网系统。海关联网监管系统结构原理参见图8-1。

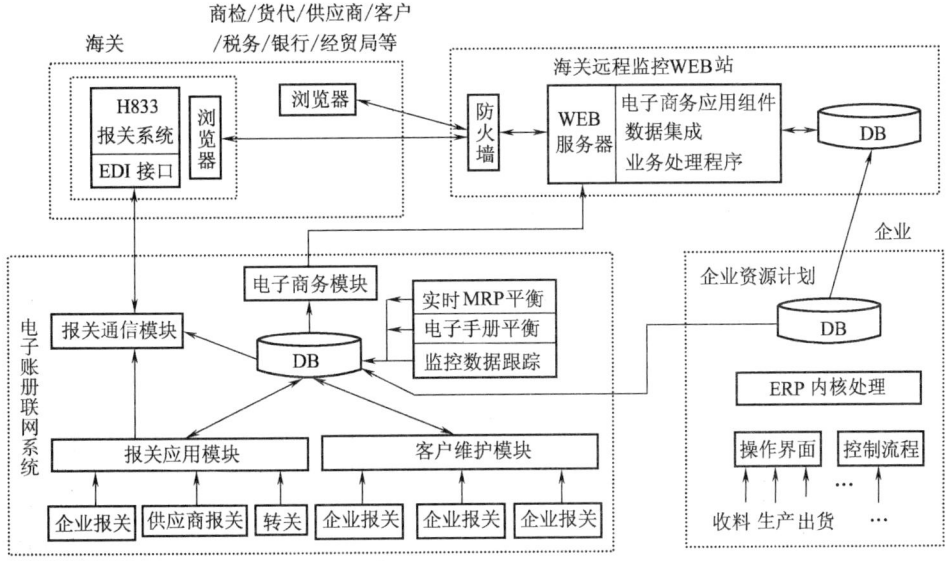

图 8-1 海关联网监管系统

(二) H2000 系统

限于当时的技术和应用水平,H883 也存在一些缺陷。H883 是集中开发、分散应用的信息系统,各通关口岸在现场可对部分参数和具体业务流程进行调整,还可以根据本地特色业务在 H883 上开发新模块。H883 由各海关口岸自行维护,数据也存储在本地,每天晚上向海关总署集中传送。由于网络不稳定等原因,时常出现数据传输中断现象。

为了解决这些难题,1996 年海关总署决定建设集中应用的核心业务系统,称为 H2000。2003 年底,首先在北京海关和广州海关进行现场试验;2004 年底推广到全国。为海关信息化立下汗马功劳的 H883 逐步退出历史舞台。

H2000 不仅方便了进出口企业报关,而且方便了一线关员审单。关员审单过程中涉及很多法律法规,常常需要打开多个数据库。以前,必须退出 H883 才能进入其他信息系统,而 H2000 实现了单点登录多窗口应用,不同的系统可以在一个平台上来回切换。若报关员发现报关单货物分类有问题,可以在 H2000 上进入其他系统查阅相关税则;若对企业本身有怀疑,可以直接进入相关系统查阅企业历史记录。

更重要的是,H2000较好地解决了各口岸执法系统不统一的问题。现在各口岸海关可以把自己的需求上报总署,由全国海关信息中心开发,然后把新模块增加到H2000中,变成公共模块。

2004年底,H2000通关管理系统在全国各海关推广完成。目前,我国海关信息化实现了真正意义上的应用集中,既大大缩短了报关时间,又保证了数据的完整性和准确性。全国各地海关每分每秒发生的报关单都保存在信息中心的服务器内,数据的完整性和准确性得到了有效保证。

第三节 电子商务管理的国际协调与合作

作为一种新型的商务运作模式,电子商务对外部环境提出了新的要求,在由互联网所构建的虚拟空间里,世界已融为一体,有关外部环境的概念,也突破了传统地域或国别的框架,因此,电子商务管理的国际协调是必不可少的。

一、国际协调的重要性

Internet是一个无国界的全球性网络,不受任何国家的管辖;网上交易往往具有国际贸易的性质,且各国海关更难对其进行监管。因此,要对电子商务实行有效的监督管理,在完善国内各项法规的同时,各国政府必须加强电子商务管理方面的国际协调与合作。1996年6月14日召开的联合国国际贸易委员会专门会议通过了《电子商务示范法》,数据电文与书面文件一样得到法律的承认,在全球范围内为电子商务提供了法律保障,有利于促进国际电子商务的发展。

目前需要各国政府协商解决的问题仍有许多:其一是修订法律规章和调整商务监管机制,以适应无纸贸易的商务环境,为网上公司的注册和跨国运营提供法律保证,防止有人利用Internet进行非法活动和产生黑色经济;其二是资助和推动信息高速公路建设,发达国家应从资金和技术上帮助最不发达国家发展信息基础设施,消除数字鸿沟,以形成完整的全球信息高速公路网络,并提高网络运行的可靠性,为国际电子商务的扩大铺平道路;其三是加强电子商务技术的国际协调,如加密技术、传输技术、网络技术等,以降低电子商务的运行成本;其四是通过政府间协商,建立争议解决机制和仲裁规则,以保障交易双方的合法权益,减少交易风险。

应当指出,因为各国有不同的利益和考虑重点,这种国际协调工作将是费时费力的过程。各国国内法规的差别也是电子商务管理困难的一个方面,比如,加拿大顾客通过网络从墨西哥商家处订购家庭用 HIV 测试用具,在墨西哥这样做是正常合法的,而加拿大法律则不准向个人家庭出售 HIV 测试用具,这项交易应当适用销售地法律还是消费地法律、是否合法就成为一个新的问题。

二、电子商务管理国际协调的内容

电子商务管理国际协调是指世界各国谋求电子商务发展环境相互兼容和统一所做的努力。目前,有关经济活动国际协调的途径已较多,既有像世界贸易组织、世界银行和国际货币基金组织这种与联合国有关系的国际经济机构,也有如欧盟、北美自由贸易区和亚太经合组织等区域性经济组织。此外,像二十国集团(G20)以国际会议形式,也能进行一些国际经济协调。但是,就在全球的影响力而言,国际经济机构无疑是最重要的。近几年,一些国际性和区域性经济组织,纷纷将电子商务国际协调作为近期自己的工作议题,如世界贸易组织、欧盟、亚太经济合作组织等。当前,电子商务管理的国际协调主要侧重以下几个方面。

(一)电子商务范围的界定问题

因各国电子商务发展水平差异较大,分析角度也不统一,所以,迄今国际上尚未形成电子商务的统一定义。即使在不同的国际机构中,针对电子商务的解释也千差万别。这种状况显然不利于电子商务国际协调的开展,因此,对于如何合理地界定电子商务的问题,目前世界各国仍在积极研究和相互协调中。

(二)电子商务市场开放问题

目前,以美国为首的西方发达国家占据电子商务市场的绝对优势,为了更快地打开他国市场,这些国家利用各种场合,极力推动各国电子商务市场的开放和自由化。广大发展中国家则因为本国电子商务发展水平落后,多数持保护与开放并举的策略。由于观点和做法不同,双方也需要协商和协调。

(三)电子商务交易的安全性问题

电子贸易既不同于传统的口头合同贸易,也不同于传统的书面合同交易,怎样从法律上对电子商务提供保障,各国法律界正在进行协调。此外,安全性问题还涉及网上隐私权保护、网上知识产权等,这也是当今电子商务管理国际协调的重要内容。

(四)电子商务税收问题

电子商务交易是通过网络实现的,对这种新型的交易方式要不要征税以及怎样征税,需要各国协调立场。

三、电子商务管理国际协调的特点

与其他领域经济活动的国际协调相比,电子商务管理的国际协调具有以下一些特点。

(一)电子商务规则国际协调早于国内立法

按照惯例,一般经济规则的国际协调是在各方国内立法的基础上进行协调。然而,由于20世纪90年代以来电子商务发展迅速,因此,电子商务规则的国际协调是在多数国家国内还没来得及立法的情况下开展的。比如,联合国贸易法委员会的《电子商务示范法》,便是在多数参与方国内尚未立法的条件下协商形成的,因而《电子商务示范法》反过来成为许多成员有关国内立法的参照和依据。

(二)电子商务国际协调对贸易自由化程度要求较高

世界贸易组织在1998年5月通过的《关于全球电子商务的宣言》中规定,在1999年底前不得对互联网上贸易活动征税。该期限后来被世界贸易组织的部长会议多次延长。另外,像世界贸易组织《全球基础电信协议》要求各成员方向外国公司开放其电信市场,《信息技术协议》要求所有参加方将主要信息技术产品的关税降为零等,也从不同侧面对电子商务自由化提出了要求。这种对电子商务自由化如此之高的条件,在以往其他国际协调中,是没有出现过的。

(三)电子商务国际协调中发达国家占据主导地位

由于在电子商务资金、人才、技术等方面拥有绝对优势,发达国家在当前电子商务国际协调中始终占据主导位置。以世界贸易组织中的电子商务议题为例,从理论上讲协商应由各成员共同参与,但实际情况是,在提交世界贸易组织总理事会的电子商务报告中,与发达国家年年提出大量报告和提议相比,发展中国家参与电子商务管理国际协调的影响力相当微弱。

(四)电子商务国际协调中的技术标准主要来自发达国家的跨国公司

目前很多电子商务的国际技术标准,其实最初是由发达国家跨国公司制定的,然后才被一些国际组织采纳和推广。例如,安全电子交易(Secure Electronic Transaction,SET)标准即是由Visa和MasterCard两大集团于1998年2月1日共同制定,并在 IBM、Microsoft、Netscape、CTE 等公司的支持下形成的。

四、电子商务管理国际协调的进展

（一）对电子商务合同法律形成了示范性规定

联合国贸易法委员会1996年通过的《电子商务示范法》规定,应承认通过电子商务自动订立的合同法律效力,承认数据电文的可接受性和证据力。另外,它对电子商务中数据电文发生及收到的时间和地点等,也做出了示范性说明。

（二）对电子商务贸易自由化和市场开放形成了决议

1998年5月世界贸易组织通过了《关于全球电子商务的宣言》,尽管它所规定的电子商务零关税政策是临时性的,但却是迄今电子商务国际协调中最重要的成果。此次会议还确立了在世界贸易组织内电子商务的总体框架。此外,像《全球基础电信协议》《信息技术协议》等,也规定了一些与电子商务贸易自由化相关的原则。

（三）对电子商务中加强知识产权保护达成了共识

目前,人们已普遍认识到网上交易知识产权保护的重要性,在世界贸易组织的谈判中,加强电子商务知识产权保护成为重要议题。此外,像世界知识产权组织1996年通过的《WIPO版权条约》《WIPO表演与录音制品条约》,也都注意到电子商务知识产权保护的问题,因而这些条约被称为互联网条约。

第四节　案例两则

一、南海的"电子政府"

广东省南海市(2003年改制为佛山市南海区)是国内最早启动"电子政府"工程的城市之一,已成为国内电子政府的样板。南海通过全面推行电子政务管理和服务,有力地推动了信息技术的广泛应用,提高了全市的信息化水平。南海市公安局有"安全交通指挥中心"系统、110报警系统、流动人口管理指纹识别系统;南海市统计局已实现与华东沿海城市和珠三角城市统计信息的联网,提高了对经济社会和社会发展数据统计分析的效率。此外,南海图书馆的图书管理系统、检察院的智能办公系统、档案局的档案管理与检索系统、劳动局的再就业系统、气象局的气象信息系统、人事局的人才交流信息系统等,均有效地将社会管理服务水平推上了新的台阶。由于建成了从市、镇延伸到农村的电子政务体系,南海市的政府管理架构和运作模式发生了根本性的变化,显示出精简、高效、廉洁的特点。

(一)"电子法院"

2001年11月,南海市劳动局下属的罗村劳动管理所通过工资监控系统,发现某陶瓷厂已濒临倒闭,但仍积欠工人多年的工资,市劳动局于是找到该厂负责人,了解何时可以解决已欠工资,负责人表示无款可付。案件被移交到南海市法院不到一个月,法院就将一张52万元的支票转交给劳动局,100多名工人领到了全部工资和被非法扣留的押金。这在很大程度上应归功于南海"电子法院"的高效率。

南海虽为县级市,但外来工有近100万人。近几年,随着经济的日益活跃,经济纠纷等也不断增加,法院受理的各类案件以年均20%的幅度递增,1999年突破1万件,2001年增至近1.6万件;而全市法官却多年未增一人,工作量是以往的几倍甚至十几倍。面对"案多人少"的突出矛盾,南海市法院探索发挥电脑网络的作用,全面推进"电子法院"的建设。

自1999年起,该院在全国同级法院中率先研制使用案件流程管理系统,并建立了相应的立案查询系统、电子监控系统。同时,借助电子显示屏等辅助设施,案件从立案、审理、执行到归档都应用电脑网络管理、追踪,有效克服了"案多人少"的困难。举例来说:实施流程管理前,受理某行政部门申请执行案件200件,立案庭需动用6名工作人员花费6天左右的时间才能完成;如今,受理同样多的案件,只需2人在2天内便可办妥。

(二)提高政务透明度以遏制腐败

南海市的经济重心在村、镇一级,全市农村分散管理着几百亿元的资产,逾八成村委会每年有超过100万元的财务收支,镇级财力每年则在20亿元左右。据此,南海市以"制度+技术"的模式,通过市、镇、村三级电子政务系统,从源头上对各单位财务行为实现全过程实时监控,进而有效遏制了腐败。

1999年,南海市的243个行政村全部实行了电算化管理财务。2001年1月起,全市18个镇(区)成立了财务结算中心,并正式投入运作,对镇(区)所属行政事业单位的财务实行集中统一管理。2001年12月,市政府成立了市级会计结算中心,将市直属行政事业单位的财务纳入"中心",实行集中和电算化管理。村民使用家中电脑或公众触摸屏就能查阅村务状况,财务结算中心对每笔账目实时在线监控,财务信息的公开形成了对腐败行为的强有力制约。

近年来，南海市还对药品招标采购、重大工程项目、土地拍卖等活动全部实现网上公开招投标。2001年，南海土地交易中心通过网上发布信息，公开招标拍卖土地29块，面积近26万平方米，成交价14 848万元，比底价高18.66%。同年，全市政府招标采购办共招标69批（次），中标金额7 520万元，与市场优惠价相比，共节省资金1 054万元，节约开支12.3%。

2004年1月，南海市成立了专门的政府采购中心，负责全区150个行政事业单位的非土建工程、货物和服务的采购，全部采购信息在网上公开发布，并接受电子投标，至2005年底，共完成采购项目658项，实际采购金额26 014万元，比采购预算金额节省3 829万元，节约率为13.1%。

（三）建立全新的政府运作模式

1998年以来，南海市在经济信息化不断推进的基础上，开始在社会管理层面广泛运用信息网络技术，逐渐建成了一个"横到边、纵到底"的电子政府和社会管理运作的信息管理系统。

从村、镇到区级机关，政府管理上网，为南海营造了一个公开、公正和高效的社会环境。如今，南海市除了公文、请示、会议通知可以在政务网络上运行之外，社会保险、计划生育、劳动就业、村务管理、社会管理、国土资源管理等8个领域的管理也都被先后纳入南海政务网。全区90%的政府职能部门通过统一的信息平台进行联网，电子政府功能日益增强。2002年1月—2006年8月，南海政府共受理企业和居民网上申请和投诉等事项696 673件，办结695 926件，办结率达到99.89%。

南海市还完成了市民信息卡工程。信息卡输入每个人的身份证、居住情况、劳动保险、医疗保险、计划生育、服兵役、救济情况等，个人情况发生变化时，卡上的内容也可随之更改，有利于实现居民信息资料管理的无纸化、实时化和网络化。

案例思考题

1. 通过南海市的案例，你认为电子政府对遏制腐败有什么作用？
2. 南海市为什么要搞"横到边、纵到底"的政府信息管理系统？

二、美国的电子政务

美国最著名的政府站点是白宫站点，它的内容既包括正式严肃的最新要闻以及联邦热点事件,也包括较为轻松的有关总统、副总统的家庭情况介绍等话题。白宫站点实质上是所有美国官方网站的中心站点,该站点有一个美国联邦政府站点的完整列表,可以连接到美国政府所有已上网的官方资源。同时,白宫站点以及所有内阁级站点都提供文本检索功能,可以通过关键词查找这些站点上的所有文献资料。目前,美国3.2亿人口中有3/4的人不同程度地使用互联网。1985—2015年,美国人在办公场所和家里使用电脑的比例从30%增长至90%以上,拥有电脑、手机上网的美国家庭比率从15%猛增到95%以上。大量民众使用电脑和手机上网,是美国建立电子政府的良好社会基础。

(一)政府的积极推进和各方监督

在美国,从政府到民众,都对"电子政府"建设持积极支持的态度。克林顿总统在2000年6月宣布,在90天内建成一个超大型网站——"第一政府网"(first-gov.gov),目的是减少"橡皮图章",创建一个"高效率、高技术的政府"。从内容分类来看,该网站一方面按地区划分,囊括了全美50个州以及地方县、市的有关材料及网站链接;另一方面又按农业与食品、文化艺术、经济与商业等行业来划分,各行各业的有关介绍及网站也是随点随通。布什总统上台后提出,要加速完善"电子政府"的功能,包括投资10亿美元改进残疾人上网条件、拨款4亿美元改进网上教育等。到2013年,美国各级政府从网上接收10亿多份来自企业和民众的各种申请和报告,在政府网站上推出了1.4万种网上申请服务项目。

为保障政府的信息化发展,美国制定了《政府信息公开法》《个人隐私权保护法》《美国联邦信息资源管理法》等一系列法律法规,对政府信息化发展起着保障和规范的作用。根据《政府纸张消除法案》的要求,美国在2003年10月前实现多数政府办公程序的无纸化作业,使公民与政府的互动关系实现了电子化。2002年12月,美国国会通过由总统签署的《2002年电子政府法案》。2003年,美国总统办公室发表了《电子政务战略》。

由美国联邦政府及一些社会团体联合组织,共组成10个监管政府信息化的机构,冠以一个总名称——政府技术推动组。这些机构主要有:政府信息化促进协会联盟、IT产业顾问协会、州级信息主管联盟、国家电信信息管理办公室、政府评估组、首席信息化小组等。政府信息化所涉及的各种日常事务均由他们承担。

(二)美国电子政务发展的特点

一是网站多。美国联邦级的行政、立法、司法部门都拥有独立网站,州及地方政府也拥有规模不小的网站,就连偏远地带的一些小镇也照样建立了网站。

二是分类细。美国电子政务网中既有政治、经济、军事方面的网站,也有国民求职、贷款、消费等方面的网站。日常生活中凡是与政府有关的事情,总有相关网站提供信息或服务。

三是网网网。美国联邦一级的部门已经实现了网套网、网网网。联邦部门的网站不只介绍本部门的情况,提供相关服务,而且将下属机构的网站也连接起来。各州的网站则既有全州范围的内容,也有州内各县、市网络的链接。

(三)美国电子政务的用户和类型

美国的电子政务,按照用户的不同可分为四大类型。

第一,政府—公民,简称 GtoC。其主要目的是建成一站式在线服务,并引入现代管理工具,以改善服务质量和效率,使公民得到高质量的政府服务。

第二,政府—商界,简称 GtoB。其主要目的是通过大量削减数据收集的冗余度,减轻商界的负担,为商界提供顺畅的一站式支持服务,使用 XML 与商界建立数字化通信系统。

第三,政府机构之间,简称 GtoG。其主要目的是整合和共享联邦、州和地方三级政府的数据,以改善对信息系统的应用,为各种政府行为(如救灾行动等)提供更好的综合服务。

第四,政府内部,简称 IEE(内部效率和效能)。其主要目的是借鉴产业界的先进经验(如供应链管理、财务管理和知识管理),利用现代化技术减少政府支出,改善联邦政府机构的行政管理,提高工作效率,消除工作拖沓现象,改善雇员的满意度和忠诚度。

(四)美国电子政务的内容

一是政务公开。美国各级政府都广泛利用功能强大的政府网站向社会公开大量政务信息。这些信息包括:政府领导人的重要活动及演讲,政府工作的最新动态,民众到政府办理注册、登记等事项的有关信息,与政府工作相关的研究、支持机构的有关信息等。可以说,大部分与民众相关的政府事务,都能及时通过政府网站获得详尽的信息。例如,在美国教育部网站,打开有关政府资助的栏目,就可以查阅到政府资助的项目及具体要求,包括申请书如何填写以及以往资助项目的详细情况等。

二是提供网上服务。美国各政府网站,大都在首页设有网上服务(Online Service)栏目,用于为民众提供各种查询、申请、交费、注册、申请许可等服务。这些栏目充分发挥了网络的优势,将分属政府各部门的业务集中在一起,具有"单一窗口"的特点,体现了网上虚拟政府的优越性,方便了民众办事。

三是实现资源共享。各级政府通过政府网站,向大众提供政府所拥有的公用资料库信息资源,从而实现公共信息资源的充分利用。例如,洛杉矶市政府将地理信息系统(GIS)用于为市民提供环境信息查询(My Neighborhood),市民只需键入自己的家庭地址,即可在地图上清楚地了解到周围政府部门、医院、学校等与市民生活相关的各种公共服务机构的信息。各种社会经济统计指标、地区经济发展状况、旅游资源状况、网上图书馆、网上地图也在政府网站提供的服务之列。

四是内部办公电子化。美国政府部门一般较少层层下达强制性文件,机关内部的办公事务都主要依靠电子邮件、电子表格来传递信息,同时,传统的纸质文件、书面签名方式仍然在处理一些重要事务时使用。政府机关内部的办公软件主要包括文档处理软件、电子邮件系统以及各种专门业务处理软件。会议通知、政策宣传、法规颁布、意见调查等,这些都以电子邮件方式处理,以加快信息的流通。

案例思考题

1. 美国政府是如何实现电子政务应用的?
2. 美国电子政务的经验有哪些可以被我国政府借鉴?

本章思考题

1. 什么是电子政府?
2. 电子政府的作用是什么?
3. 电子政府的主要功能有哪些?
4. 简述建立电子政府的重要性。
5. 我国海关电子化管理系统的发展情况怎样?
6. 我国海关电子化管理系统的特点有哪些?
7. 简述电子商务管理国际协调的重要性。
8. 电子商务管理国际协调的内容有哪些?

相关内容网站

1. 中国政府网 www.gov.cn
2. 美国白宫 www.whitehouse.gov
3. 经济合作与发展组织 www.oecd.org
4. 南海区政府网站 www.nanhai.gov.cn
5. 世界贸易组织 www.wto.org
6. 首都电子商城 www.beijing.com.cn
7. 中国国际电子商务网 www.ec.com.cn

第九章 国际电子商务法律制度

学习要点与要求

通过本章的学习,应掌握国际电子商务的法律框架,电子商务法与电子签名法,网上知识产权和隐私权的保护,电子商务税收制度等。

了解国际电子商务的立法概况,国际电子商务法律的内容,掌握电子商务中的电子证据、电子合同的法律规定及电子签名法,掌握网上知识产权和隐私权保护的内容。

第一节　国际电子商务法律框架

一、国际电子商务立法概况

为了应对电子商务对传统法律制度所产生的多方面挑战、促进电子商务的发展,国际社会十分关注电子商务的立法问题,并在不长的时间内取得了丰硕的成果,全球范围内电子商务法律的规则体系已初见端倪。国际组织和各国关于电子商务的立法,已批准生效的有200多项,已制定有关电子商务或者电子签名法律的国家或地区有70多个,还有一些国家正在进行这方面的立法工作。

(一)全球电子商务立法的类型

1. 创新立法型

创新立法型即对电子商务进行专门立法,系统规定数据电文的效力、电子签名与认证关系、电子合同等问题,并辅之以其他相应的配套法规。联合国国际贸易法律委员会制定的《电子商务示范法》就属于这种类型。采取这种体例的国家和地区较多,如美国、新加坡、澳大利亚、韩国、马来西亚、意大利等。

2. 修法型

修法型即不制定具体规定调整电子商务各种关系的专门立法,但对现有与电子商务有关的(涉及电子数据效力、安全、知识产权等)法律进行一揽子修订的方式。属于这种类型的国家以德国、印度为代表。如印度的《电子商务支持法》并没有规定电子商务法的具体规则,而是将有关刑法、证据法、合同法、电报法、银行账簿证据法等进行了一次性系统修订。

但以上类型的划分也不是绝对的,比如创新立法型的国家也有根据电子商务发展的需要对原有法律予以修订者。

(二)全球电子商务立法的共同点

1. 立法内容方面

从各国电子商务法所调整的内容来看,因各国立法进度不一致,立法所关注的方面也有所不同。但凡有电子商务立法的国家,不论采取什么体例,均对电子商务的核心问题——数据电文的法律效力进行了规定,而且其内容基本相同,均与联合国《电子商务示范法》的规定保持了一致。另有不少国家还制定了电子签名法。

2. 立法技术方面

这里的技术并非指信息技术,而是指法律的专业技术。各国立法技术的共同点表现在"破"和"立"的关系处理方面,都是有破有立,都强调把电子商务纳入传统商事交易规范之下,而不是将原有的商事法律体系推倒重来。比如,关于承认数据电文法律的效力问题,传统商事法律的书面形式要求是电子商务发展的一大障碍,如何消除这一障碍呢?各国一般遵循联合国《电子商务示范法》的"功能等同"原则,即不否定或突破传统法律的书面形式要求,不将数据电文规定为可以突破传统书面形式限制的另一种独立的全新形式,而是在数据电文具备一定条件时,规定它在功能上与书面形式等价。

3. 立法形式方面

英美法系、大陆法系国家基本上均采用成文法的形式制定电子商务法。英美法系国家的商法规则本来大量表现为判例法形式(也有部分成文法,如美国1952年《统一商法典》和英国1893年《货物买卖法》),判例法的核心是"先例拘束力原则",它有3个具体要求:第一,同级法院先前的判决对今后的判决有拘束力;第二,上级法院的判决对下级法院有拘束力;第三,只有最高法院才能推翻其先前的判决。以此保障法律规范的稳定性。显然,电子商务法不适宜采用判例法的形式,一方面用判例形成法理,受到判案周期的限制,跟不上电子商务迅猛发展的实际需要;另一方面也较难实现电子商务规则的兼容性。电子商务立法在美国较为发达,基本采取成文法的形式。

4. 立法所追求的价值目标

各国电子商务立法所一致追求的价值目标包括:促进电子商务发展、技术中立、保障安全(包括个人信息方面的安全及其保障、信息系统的安全、对网上经营者的要求、认证机构的资格及管理、密码使用等)。

(三)国际电子商务法律统一的基础

目前,各国电子商务立法的步伐并不一致,已有的电子商务立法仍然存在一定的差异。但是,协调全球电子商务法律,形成统一的国际电子商务法律制度还是有一定基础的。

1. 国际社会对统一化有共识

国际社会的共识表现在三个方面。其一,国际组织的积极推动。如联合国国际贸易法委员会、世界贸易组织、经济合作与发展组织、国际商会等均在积极研究并拟订电子商务法律规则。其二,各国政府的共同促进。其中,发达国家在推动电子商务法律规则的全球化方面最为积极。比如,1997年美国颁布的《全球电子商务纲要》，作为美国政府电子商务发展政策的纲领性文件，也反映了产业部门、消费群及网络界的广泛要求。至今，美国分别与日本、法国、加拿大、荷兰、爱尔兰、澳大利亚、韩国、菲律宾、智利、埃及等国签署了《电子商务联合宣言》。宣言确立了这些国家与美国一致的电子商务发展原则，内容基本上是《全球电子商务纲要》的翻版。其三，商业界的努力。这主要体现在通用技术标准成为行业惯例或直接上升为法律规范。技术标准由市场选择，好的技术标准将通过因特网迅速传遍全球，从而实现全球统一化。

2. 统一化已有一定基础

全球电子商务法的统一有两大基础。首先，迅速发展起来的各国电子商务立法存在重要的共同点，特别是在电子商务立法的核心问题，即数据电文的法律效力问题上，各国已经取得一致，这为全球电子商务法其他方面规则的统一打下了良好的基础。其次，在电子商务出现以前，国际贸易规则的统一已取得了相当的成果，这体现在1980年《联合国国际货物销售合同公约》、国际商会的《国际贸易术语解释通则》《跟单信用证统一惯例》等之中，有些成果已对无纸贸易的相关问题做了规定，今后就是解决如何使这些国际贸易规则惯例全面适用于电子商务环境的问题了。

3. 较强的技术性、专业性及开放性减弱了统一化的阻力

任何法律规则的全球统一化均面临国家利益特别是国家主权原则的阻隔，然而，在电子商务法律领域，特别是其交易的程式性规则，以及交易的实体规则方面，由于其技术性、专业性较强，并具有开放性（法律规则体系保持一定的灵活性以适应快速发展的电子商务实践），而国家主权或者法律传统的影响较小，即电子商务的法律问题在世界范围内具有共性，与国别基本无关，不同法系、不同社会制度、不同发展水平的国家在电子商务法统一方面并无根本利害冲突，这有利于其全球统一化。

4. 经济全球化的客观要求

近年来，经济全球化浪潮席卷全球。虽然人们对经济全球化的态度不尽相同，然而，经济全球化已经成为不以个人意志为转移的趋势。全球化意味着各国越来越相互依赖，跨国境的物资、人员、资金与信息的流量越来越大，不同国家之间经济交往的深度和广度增加，而且是以现代信息技术为物质基础，以开放性、兼容性、交互性等为特征，打破了时空界限。任何国家、企业甚至个人如果闭关自守，都是对技术、经济规律的违背，无异于自我淘汰。经济基础的变革必然导致作为上层建筑的法律的变革，在经济全球化大背景下的电子商务发展也要求与电子商务有关的法律规则实现全球统一。

二、国际电子商务的法律内容

国际电子商务的法律内容主要涉及国际电子商务合同、贸易中的安全问题、知识产权保护问题、隐私问题及消费者权益保护问题。

(一) 电子合同中的法律问题

电子合同与传统国际贸易合同不同,订立过程中没有纸张单据出现,这种无纸交易很难用传统的法律判定合同是否成立。有关电子合同的法律用于规范交易各方的权利与义务关系等,买卖双方的权利和义务应是对等的。一般来讲,卖方应当承担三项义务:一是按照合同的规定提交标的物及单据;二是对标的物的权利承担担保义务;三是对标的物的质量承担担保义务。买方同样应当承担三项义务:一是按照网络交易规定方式支付价款,如信用卡、智能卡、电子钱包等,在合同中对采用哪种支付方式应明确肯定;二是按照合同规定的时间、地点和方式接收标的物;三是验收标的物。

(二) 国际电子商务的安全问题

影响电子商务发展的主要因素不是技术因素,而是安全因素。无论网上物品有多么丰富,电子商务效率有多高,如果交易缺乏安全性,电子商务推广就会受到根本性的制约。电子商务的安全问题需要法律规则对其进行有效约束,英国的《数据保护法》、美国的《电子通信保密法案》及国际商会规定的《电传交换贸易数据统一行为守则》都是针对数据通信安全的法律规范,对电子商务应用具有重要的法律意义。

(三) 网上知识产权保护问题

相对于传统国际商务而言,国际电子商务的无形化和便捷化,使得因特网跨国的"知识产权"保护变得更加困难。①域名抢注频繁发生。作为一种全新的网上资源,恶意抢注域名和囤积居奇域名的现象时有发生,有人专门在国际通用顶级域抢注知名企业或驰名商标域名,作为一种勒索企业的手段。②著作权的非法侵犯。著作权是著作人或依法取得著作财产权的人,对于属于文学、科学、艺术或其他学术范围的创作,享有的类似物权的特殊权利。网上数字信息种类繁多,内容丰富,容易复制、传播,这些都极易侵犯著作权。

（四）隐私问题

在国际电子商务活动中，各个企业都力所能及地使用网络营销手法及信息科技来对顾客提供更多更好的服务。但与此同时，顾客的隐私权也面临着被侵犯的危险。许多非法收集、暴露、销售个人信息的行为，都造成了对消费者隐私权的侵犯。不同国家的道德法律尺度不同，应考虑交易各国的具体情况，解决隐私保护问题。

（五）消费者权益保护问题

在国际网络交易中，消费者和商家互不见面，而且往往是在不同的国家，消费者对商家的信任建立在中介机构的身上，如 CA 中心和收款银行。CA 中心能够核实商家的合法身份，收款银行则掌握商家信誉。一旦商家欺诈消费者，可由 CA 中心和收款银行联手对商家活动进行限制和制裁，如降低企业信誉等级甚至将其清理出市场，以维护消费者的合法权益。从法律角度应当根据网络环境的特点对消费者权益保护做出调整性规定。

第二节　电子商务法与电子签名法

一、电子商务中的电子证据

电子商务是在一个网络交易市场上，买卖双方交换信息、进行谈判和达成交易的全过程。因此，电子商务的现代技术特征显著区别于传统贸易方式，并在管理、技术、法律等多个层面展现出来。电子证据就是其中一个非常重要的问题，它是指以数据电文形式证明事实的客观情况。传统商务书面证据都是有形物，在交易中具有信息功能和证实功能。但是，电子证据以数据电子的形式存储于磁性介质中，无法直接阅读，这样，电子商务文件的非固定性就会引起法律上的不确定性。因此，当电子商务发生法律纠纷时，数据电文能否作为证据使用，能否直接证明事实，就成为必须解决的法律问题，也是电子商务安全运行和健康发展的诉讼保障。

（一）电子证据的证明力

作为证据，在诉讼过程中应当提交原件。"证据原件原则"是世界各国的通行要求，最著名的是英美法系中的"最佳证据原则"，即证据原件是最佳证据。在纸面形式中，举证人能够提供记载在纸面上并经签字的书证，但是由于计算机信息只有标准化、结构化的数据,且是储存在计算机内部的,不借助操作无法看到或听到这些信息,因此,数据电文根本没有与纸面文书相同的原件形式,举证人也就不能提供数据电文的"原件",这对数据电文的证明价值影响很大。因此,在立法上对原件的扩大解释就显得尤为重要。联合国《电子商务示范法》从两个方面对数据电文的证据价值做了阐述。

1. 对"原件"的扩大性解释

《电子商务示范法》第 8 条规定:"如果法律要求信息须以其原始形式展现或留存,倘若有办法可靠地保证信息首次以其最后形式生成,作为一项数据电文或充当其他用途之时起,该信息保持了其完整性;如果要求将信息展现,可将该信息显示给观看信息的人,则一项数据电文即满足了该项要求。"由此可知,原件的功能和条件是信息可以显示而且是完整的,不在乎原件的形式,而数据电文能满足此要求。

2. 对数据电文的证据价值判断因素的规定

《电子商务示范法》第 9 条规定:"数据电文如果是举证人按合理预期所能得到的最佳证据,不得以它并非原件为由否定其作为证据的可接受性;在评估一项数据电文的证据力时,应考虑到生成、存储或传递该数据电文的办法的可靠性、保持信息完整的办法的可靠性、鉴别发端人的办法以及任何其他相关因素。"根据上述规定,数据电文可能是举证人按照合理的预期所能得到的计算机信息的最佳证据,只要技术能够充分保证生成、储存和传递信息的办法、保持信息完整性的办法和鉴别发端人的办法都是可靠的,数据电文就满足了原件对信息的显示、完整和真实的要求,数据电文就具有原件的直接证明效力,而无须借助其他证据证明。随着现代信息技术的发展,防火墙技术、虚拟专用网技术、加密技术、数字签名技术、电子认证技术和安全电子交易协议等技术规范的广泛使用,计算机网络具有信息保密性、交易者身份确定性、不可否定性、不可修改性,从而使其可靠性和安全性大大提高。借助于现代信息技术的数据电文能够真实再现自我,成为可信度很高的证据之一。

(二)电子证据的可接受性

诉讼是对业已发生的事实加以证明的主观活动,要再现历史,就必须有能够证明客观事实的证据。可选作证明事实的情形样式繁多,应当按照规则对这些内容做出整理分类,使之成为证据,也被接受为证据。囿于各自的法律传统和诉讼格局,各国关于证据的可接受规则的立法差别较大,使数据电文可被接受为证据的难度也有差异,大致分为两类。

第一类为大陆法系的可接受规则,包括允许自由提出所有有关证据和开立可接受的证据清单。对于前者,原则上任何有关的证据均可采纳,同样也可采纳数据电文及其输出文件,但须经法官衡量其价值的可信度;对于后者,凡列明在清单上的证据形式都是合法有效的,包括书证、物证、证言、鉴定结论、勘验笔录等,这种开列清单方式也为数据电文的列入准备了形式条件。

　　第二类是英美法系的不可接受规则,这就是传闻规则与最佳证据规则。传闻规则是英美证据法上特有的重要规则,按此规则,只有亲自知道某一事实的证人的证言在通过当面反诘被证实了真实性和可靠性后才能作为证据,而对道听途说的传闻证据是不能进行当庭反诘的,更不能采纳为证据。所谓最佳证据规则,主要适用于文件,规定只有文件的原件才能作为证明文件内容的证据被采纳,而计算机输出的只能是复制本而非原件,是不能作为证据的。

　　可见,英美法系国家从证明力方面排斥数据电文的证据资格,而大陆法系则从证据的形式角度承认数据电文的证据效力。

　　证据的可接受性其实应由国内立法予以解决,但是由于互联网上数据电文并非单一国家的证据问题,因此,国际组织提出了一系列解决办法和建议。联合国《电子商务示范法》第9条规定:"在任何诉讼中,证据规则的适用在任何方面均不得以任何理由否定一项数据电文作为证据的可接受性。"此项规定排除了英美法系基于传闻规则和最佳证据规则而对数据电文作为证据设置的法律障碍,同时将数据电文作为一类证据给大陆法系的证据清单提供了一个候选名单。《电子商务示范法》第6条规定:"如法律要求信息须采用书面,则假若一项数据电文所含信息可以调取以备日后查用,即满足了该项要求。"根据此项规定,数据电文尽管在载体上不是纸质,但是其具有能够实现书面形式所需要实现的功能,即确保所含信息可以调取以备查用,而计算机记录的可靠性、保密性、完整性和精确性是实现这一再现功能的重要技术保证,数据电文因此取得了书面效力,理所当然归为证据类型中的书证。

　　我国1999年修订的《合同法》第10条规定:"当事人订立合同,有书面形式、口头形式和其他形式。"第11条规定:"书面形式是指合同书、信件和数据电文(包括电报、电传、传真、电子数据交换和电子邮件)等可以有形地表现所载内容的形式。"由此可见,我国法律对"书面"的解释已经发生了形式变化,即从"纸面的"扩大到了"电子的",从而为数据电文"升格"为书面并以书证形式成为可接受的证据扫清了法律障碍。

　　根据《电子商务示范法》的规定,数据电文是指经由电子手段、光学手段或类似手段生成、储存和传递的信息。根据我国合同法和诉讼法的规定,数据电文能通过文字、符号、数据等信息有形地表现某一思想内容,并据此证明案件事实,符合我国书证的有效条件,从而构成我国证据法上的书证。

(三) 电子证据的收集和采信

电子证据的收集与采信有别于传统的证据,其难度表现为:证据储存的隐蔽性、专业性;搜集和采信证据的人员必须掌握计算机与网络知识和技能;必须形成一支计算机与网络方面的法律专家队伍;同时还须设立经注册的网络认证机构,其应有收到报文和被提取报文的回应和记录,有义务对数据电文进行保密和储存,成为用户数据电文的传递中心,而且这些数据电文有一定的存贮期,保留备查;同时还应设立网络鉴定机构,成为数据电文真实性与完整性鉴定的权威机构。因此,必须加强电子证据搜集和采信的基础性工作。

电子证据的收集有难度但必须合法。在我国目前的技术状态下,举证人可以在诉讼前申请公证机关做出公证文书;或者向人民法院申请采取诉前证据保全措施;或者请求网络认证机构出具相关数据电文的证明件;或者将数据电文导出并打印成书面材料由对方签字或盖章认可;或者根据诉讼法规定,在当事人取证确有困难或有必要时,法院依职权自行取证。

二、电子合同法律

(一) 电子合同的含义

电子合同是当事人之间以数据电文形式设定、变更、终止民事关系的协议。根据联合国《电子商务示范法》第2条的定义,数据电文是指经用电子手段、光学手段或类似手段生成、发送、接收或储存的信息,这些手段包括但不限于电子数据交换(EDI)、电子邮件、电报、电传或传真。

(二) 电子合同的法律效力

电子合同要解决的重要问题,是要使电子合同与传统纸质合同具有同样的法律效力,同样获得《合同法》和《消费者权益保护法》等的保护。电子合同与传统合同在载体和订立形式上有很大差异,但仍具有合同的法律特征。电子合同要拥有法律效力,首先要具有合同成立的要件,应符合合同的一般原则,即平等、自愿、公平、诚实信用的原则。特别是要充分利用电子数据信息技术明确合同双方的权利义务,遵循诚实信用、等价有偿的原则,避免出现无效的欺诈合同和显失公平的合同。

合同形式的合法性是合同具有法律效力的必要条件之一。为解决电子合同的合法性问题,联合国《电子商务示范法》确认了电子合同的法律效力,世界上许多国家也出台了相关法律法规,一般是对书面合同做扩大解释,以确认电子合同与书面合同的同等有效性。

三、电子签名法

联合国国际贸易法委员会于2001年制定了《统一电子签名规则》,这个文本成为各国电子签名立法可资参照的示范性文本。各个国家和地区先后颁布了一些相关的法律。

(一)各国电子签名立法的类型

从目前掌握的材料来看,国外相关立法大致有以下几种情况:一是只对电子签名进行专门立法,如日本、俄罗斯、马来西亚、我国台湾地区等;二是既有电子签名法,又有电子商务法,如美国、欧盟、英国、韩国等;三是只制定电子商务法,电子签名作为电子商务法的一个内容加以约定,如新加坡、印度、我国香港地区等。

在专门的电子签名立法中,比较典型的有三种。

一是欧盟《关于建立电子签名共同法律框架的指令》。该法是欧盟委员会于1999年12月13日制定的。其主要目标是:推动电子签名的使用,促进法律承认;协调成员国之间的规范;提高人们对电子签名的信心;创设一种弹性的、与国际行动规则相容的、具有竞争性的跨境电子交易环境。

二是美国《全球和国内商业法中的电子签名法案》(Electronic Signatures in Global and National Commerce Act)。2000年10月,美国国会通过《电子签名法案》,并由总统克林顿以电子方式签署为法律。它是一项重要的电子商务立法,其最突出的特点是,采纳了"最低限度"模式来推动电子签名的使用,而不规定使用某一特定技术。

三是德国在2001年5月16日公布的《德国电子签名框架条件法》。该法令有6章,共25条,属原则性的立法。鉴于欧盟发布的《关于建立电子签名共同法律框架的指令》,德国作为欧盟成员国,有义务在规定期限内制定或修改国内法,所以该法既是国内立法,又是实施欧盟电子签名指令的具体措施。

(二)我国的电子签名法

在我国,随着电子商务的迅速发展,电子签名的应用范围也越来越广泛,但在过去一段时间内缺乏比较完善的法律保护环境,诚信和安全一直是我国电子商务发展的最大障碍。我国电子签名法的制定实施适应了电子商务、电子政务发展的需要,保障了电子商务交易安全,维护了有关各方的合法权益,成为促进电子商务加速发展的护身符。

2004年3月24日,国务院常务会议讨论并原则通过《中华人民共和国电子签名法(草案)》;2004年8月28日,第十届全国人民代表大会常务委员会第十一次会议正式通过;2005年4月1日,开始生效施行。

1. 我国电子签名法的基本内容

《中华人民共和国电子签名法》遵循"最少干预、必要立法"的原则,旨在扫除我国电子商务和电子政务发展过程中的法律障碍,促进电子商务和电子政务的继续扩大和发展,增强网上作业的安全性、有效性。全文约4 500字,共5章36条,分为总则、数据电文、电子签名与认证、法律责任、附则。

第一章"总则"对电子签名法的立法目的、适用范围和电子签名概念给予了明确定义,此外还给予了当事人选择使用或不使用电子签名、数据电文的权利;第二章"数据电文"对数据电文的书面形式、原件形式、保存要求、证据效力、真实性的条件等做了具体规定;第三章"电子签名与认证"明确了可靠电子签名的法律效力、可靠电子签名的条件、第三方认证机构的设立条件、行为规范和管理机关;第四章"法律责任"规定了电子签名各方违反本法相关义务时应当承担的法律责任;第五章"附则"部分对该法涉及的专门术语做了明确的解释。

2. 我国电子签名法的意义

电子签名法是我国立法史上的一个里程碑,它标志着除文书形式外,电子介质也同样得到了法律上的正式确认,这对促进我国电子商务发展,以及未来的政务活动和社会生活都将产生深远的影响。电子签名法是我国专门规范电子商务活动的第一部法律,也是行政许可法实施以来,以法律形式对直接关系公共利益的电子认证服务业设定行政许可,并授权信息产业部作为实施机关对电子认证服务提供者实施监督管理的第一部法律。电子签名法中明文规定:民事活动中的合同或者其他文件、单证等文书,当事人约定使用电子签名、数据电文的文书,不得仅因为其采用电子签名、数据电文的形式而否定其法律效力。

电子签名法的出台对我国信息化的发展以及经济社会的发展都有巨大的促进意义。第一,电子签名法的颁布实施是我国信息化法制建设中的一件大事,是我国信息化立法的一个突破,符合我国信息化战略的发展要求;第二,电子签名法解决了我国电子商务发展中面临的一些关键性法律问题,确定了电子签名的法律效力,规范了电子签名的行为,明确了认证机构的法律地位;第三,电子签名法的施行将对人们的工作和生活产生深远的积极影响;第四,电子签名法可以提升公信力,推动电子商务和电子政务发展,推进我国信息化建设的进程,促进生产力发展。

3. 我国电子签名法的共性和个性

与国外相关法律相比,我国的电子签名法有共性也有个性。共性主要体现在三个方面:第一,电子签名技术问题复杂但法律问题相对简单,这一点与国际上的相关法律十分吻合;第二,具有很强的国际统一协调性,我国电子签名法的基本规定与联合国的《电子商务示范法》和《统一电子签名规则》基本一致;第三,同样采取了技术中立的立法原则。我国电子签名法的个性特点有两个方面:一是体现引导性而不是强制性,如在电子商务活动或电子政务活动中,可以使用电子签名也可以不使用电子签名,可以用第三方认证也可以不用第三方认证;二是体现开放性而不是封闭性,虽然电子签名法主要适用于电子商务,但不完全局限于电子商务,电子政务也同样适用。

第三节 网上知识产权和隐私权保护

电子商务发展,要求建立清晰的、有效的网上知识产权保护体系,解决网上著作权、专利权、商标权和域名的保护问题,制止盗版行为。同时,要给予消费者包括隐私权在内的充分保护。

一、新的知识产权保护内容

(一)版权领域

计算机技术、网络技术和电子商务的发展,对知识产权保护提出了新的要求,如计算机程序、数据库、多媒体作品等的保护;数字化产品的暂时复制、网络传输应如何对待;网上版权、复制权的管理等。

1. 计算机软件

1972年,菲律宾首先把"计算机程序"列为"文学艺术作品"中的一项,纳入版权法保护范围。美国于1980年、匈牙利于1983年、澳大利亚和印度于1984年先后把计算机程序或软件列为版权法的保护客体。1985年之后,日本、法国、英国、联邦德国、智利、新加坡等国以及我国台湾和香港地区,先后把计算机软件列入版权保护范围之中。1990年我国《著作权法》将计算机软件作为作品来加以保护,并制定了《计算机软件保护条例》和《计算机软件登记办法》。

2. 数据库

根据《保护文学艺术作品伯尔尼公约》、《世界知识产权组织版权条约》(WCT)

和世界贸易组织的《与贸易有关的知识产权协议》的有关规定,数据库应当纳入版权法的保护范围中,并对数据库提供版权保护以外的特别权利保护。1996年3月11日,欧盟通过《欧洲议会与欧盟理事会关于数据库法律保护的指令》,强化对数据库作为知识产权的保护。

3. 多媒体

多媒体是将原先单纯以文字方式表现的信息在程序的驱动下以文字、图形、声音、动画等多种方式展现的制品。多媒体作品可以归属为计算机程序、视听作品或汇编作品等不同类别。

多媒体的版权归属和使用:首先,多媒体制作者对自己所有的材料享有版权;其次,通过委托合同、转让合同和使用合同从他人那里获得的材料,享有合同所规定的版权权利(关于委托作品的最后权利归属,各国的规定有所不同);再次,对于公共领域的材料,人人可以自由利用,制作网页时可以对这类材料加以利用而不用征得任何人的同意。

(二) 专利领域

专利领域涉及的问题包括:计算机软件能否成为专利保护的客体;在因特网的广泛性和开放性环境下专利的"新颖性"如何体现;专利的电子申请方式等。世界知识产权组织(WIPO)的《专利法案条约》和《专利合作条约》细则的修改中,已经确认了电子申请的合法性。日本专利局第一个成功地建立起了电子申请系统,并于1990年12月开始接受专利的电子申请。目前,美国、日本、欧洲的专利局已把通过Internet联机申请专利作为一种基本方式,并把实现专利文献无纸化作为了今后发展的方向。

(三) 商标领域

各国商标法通常规定可受保护的商标标识为"文字、图案或其组合",而网上企业的特殊标识往往是一个动态显示过程,这种动态过程可否以及如何作为商标来有效保护,需要研究解决。

(四) 域名

域名是因特网主机的字符地址,由它可以转换成特定主机在因特网中的物理地址,Internet中的地址方案分为两套:IP地址系统和域名地址系统,两套地址系统实际上是一一对应的。域名具有作为知识产权的法律特征,即标识性、唯一性、排他性,但作为一种新的知识产权形式,其有效保护手段尚需要不断研究完善。

二、域名注册和域名保护

(一) 域名的注册管理

域名具有商业价值,有的域名甚至可以获得上千万美元的转让费,设计精巧的域名可以迅速提升企业的知名度和影响,是企业的重要无形资产。域名的命名规则是按照多级域名控制和构成的,分别由不同国家和地区的网络信息中心控制域名的注册登记。

1996年11月由因特网协会、因特网结构委员会、国际电信联盟、国际商标协会、世界知识产权组织等发起成立了研究域名注册和管理办法的国际特别委员会(International Ad. Hoc. Committee,IAHC),该委员会于1997年2月发布了《通用顶级域名管理操作最终方案》,针对电子商务飞速发展可能带来的影响,制定了几项对策以减少域名争议。

第一,应当确立一种建立在竞争基础上允许所有域名注册机构自由进入的市场机制。

第二,关于域名注册与域名争议问题的解决,该方案也做了规定:IAHC的使命是协调域名空间的争议解决问题,为此,方案提出了申请人在域名申请时必须提供的内容;关于其自身联络及域名用途的详细信息;为域名注册申请及相关事物指定代理人;关于发生商标与域名争议时指定管辖的约定;调解与仲裁条款。

第三,域名的有效性管理。IAHC建议二级域名注册应每年续展一次,即注册的有效期仅为一年,逐年续展,而且续展注册申请必须核定注册时事项的变化并加以更新,以保证注册机构掌握的注册人信息始终有效。

第四,争议解决方式的选择。IAHC建议通用顶级域名下注册的二级域名申请人,在申请时应包含一个格式条款:当发生争议时,依据世界知识产权组织仲裁与调解中心的调解规则接受在线调解,或者参与有约束力的简易仲裁程序。

第五,域名争议行政调处机制。IAHC建议成立域名争议行政调处机制,以保证凡属国际知名的名称设计的知识产权权利人有权享有或授权将其注册为域名。域名行政调处庭应由知识产权及Internet域名领域的专家组成,其组成程序及调处程序均由世界知识产权组织仲裁与调解庭制定。

(二) 域名的法律保护

在将域名作为一种新的知识产权客体或是作为商标加以保护时,知识产权与域名的冲突有时在所难免。美国政府提出一种"域名服从于商标"的基本法律定位,并将域名与商标的争议分为域名纠纷与网络盗用。

合法的域名,一经注册,就受到法律的保护。通常用于注册的域名为注册用户的商号名称或其缩写,或者是注册用户自己拥有的商标名称或其缩写。非正常注册他人商号、商标或其缩写(分纯属巧合和恶意抢注),商号或商标的合法持有人可提出异议,制止其注册。

由于域名是一种重要的无形资产,是企业开展电子商务活动必须掌握的资源,而网上注册域名的成本很低、手续简便,因此,有些机构和个人利用许多企业对域名保护反应迟钝的机会,大量抢注知名企业的名称和商标作为域名,以牟取暴利。例如,瑞士一家公司就抢注了包括英国广播公司(BBC)、法国《世界报》、瑞士军刀等在内的数十个域名;我国的"红塔山""全聚德"等驰名商标也被海外机构恶意抢注。

因特网域名的最高管理机构 ICANN(Internet Corporation for Assigned Names of Numbers)对于恶意抢注是这样定义的:注册者对该域名没有正当的权利,并且注册以后明显表现向合理拥有者高价出售或租用的企图。知名企业应该尽早把自己的所有品牌及其相关组合的中英文注册成各个后缀的域名。并且,一个新域(如info,biz 等)开启注册时,应及时提交国际、国内商标登记证书,让抢注者没有机会。

先来先得的域名注册惯例意味着抢注现象常会发生。有关域名抢注行为的法律对策,各国采取的法律行为主要依据商标法或者关于商业标志保护方面的法律以及反不正当竞争法等。ICANN 早在 1999 年就发布了《统一域名争议解决办法》(Uniform Domain Name Dispute Resolution Policy,UDRP)仲裁机制,使知名品牌可以通过仲裁在很短的时间内(一般在两个月内)夺回自己的域名。UDRP 仲裁适用以 com,net,org,biz,info 结尾的中英文域名。该仲裁机制明显倾向知名品牌,甚至认定包含知名品牌的组合也应该受到保护。

今后应当在有关贸易标志方面的各种法律规章,如《商标法》《企业名称登记管理规定》《反不正当竞争法》等的相应内容上做出扩大解释和补充规定,从而为域名的保护提供充分的法律依据。

(三)我国的域名注册和保护

工业和信息化部是我国互联网络域名系统的管理机构,负责制定中国互联网络域名的设置、分配和管理的政策及办法;选择、授权或者撤销顶级和二级域名的管理单位;监督、检查各级域名注册服务情况。中国互联网络信息中心(CNNIC)工作委员会协助管理互联网络域名系统。1997 年 4 月,国务院发布《中国互联网络域名注册暂行管理办法》,CNNIC 据此制定出《中国互联网络域名注册实施细则》。

中国的顶级域名即一级域名是CN,顶级域名下,采用层次机构设置各级域名。中国的顶级域名CN由CNNIC负责管理和运行,采用逐级授权的方式确定三级以下(含三级)的管理单位。各级域名管理单位负责其下级域名注册。中国互联网络的二级域名采用各国通常的做法,设置"类别域名"和"行政区域名"两类。"类别域名"包括商业(COM.CN)、教育(EDU.CN)、科研机构(AC.CN)、政府机构(GOV.CN)等国际通行的类别;"行政区域名"则由各省市区的缩写构成,如北京(BJ.CN)、上海(SH.CN)、河北(HE.CN)、山西(SX.CN)等。截至2006年6月底,CN注册量达到119万个,成为亚洲最大的国家顶级域名,世界排名从2005年初的13位上升到全球第6位。

到2006年初,我国IPv4地址申请数量已居世界第3位,但IPv6地址申请远远落后于发达国家,仅拥有27块IPv6地址。IPv6与IPv4不同,"一块"代表一次,说明我国只申请了27次。排名第一的德国拥有的IPv6地址是我国的345倍,差距十分明显。

2000年1月18日,CNNIC还开通了中文域名系统,为避免恶意抢注,CNNIC在正式开放注册之前,在"公司"和"网络"两个二级域名下对我国驰名商标、著名企业名称、行业名称、地理名称等几万个名词进行了保护性预留。为了适应中文域名注册快速发展的需要,2000年11月,信息产业部发布《关于互联网中文域名管理的通告》,规定中文域名注册体系分为三层,即注册管理机构、注册服务机构和注册代理机构。经信息产业部批准,CNNIC为我国中文域名注册管理机构。由于一些传统民间节日的重要性和唯一性,其中文域名也具有特殊价值,如果被外国机构抢注,会造成我方的被动和损失。2005年10月,端午节的中文主域名"端午节.cn"被一家韩国企业抢先注册,我国公民姚劲波以3万美元从韩国人手中买回这个域名,并无偿送给秭归县。2005年11月11日晚,在2008年北京奥运会吉祥物"福娃"正式发布一小时内,就有"福娃""五福娃""福娃贝贝""福娃欢欢""福娃晶晶"等几十个相关域名被抢注,而按照国务院制定的《奥林匹克标志保护条例》等,这些域名应当归北京奥组委所有。

2001年2月14日,国家质量技术监督局开通《中文域名规范》标准系统,按照中文地址的书写习惯排列一级、二级、三级域名,如:"中国.教育.北京大学"。三级域名以下的子域名可自己定义。

三、因特网上的侵权行为

网络环境与现实环境一样,也可能出现各种各样的侵权违法行为,这些行为包括直接侵权和间接侵权两种情况。

（一）直接侵权

所谓直接侵权，包括：①网主提供实在材料时的直接侵权责任；②网主提供虚拟材料时的直接侵权责任；③网络服务提供者（ISP）的直接侵权责任；④用户的直接侵权责任。

（二）间接侵权

所谓间接侵权，一是指某人的行为系他人侵权行为的继续，从而构成间接侵权；二是指某人须对他人的侵权行为负一定责任，而自己并没有直接从事任何侵权活动。网上的间接侵权责任主要是指因特网服务提供者（ISP）和网主因用户的侵权行为而承担的侵权责任。

四、网上隐私权保护

（一）隐私权保护的相关概念

所谓隐私权，是指公民享有的私人生活安宁与私人信息依法受到保护，不被他人非法侵犯、知悉、搜集、利用和公开的一种人格权。隐私权保护涉及三个问题：①个人数据过度收集；②个人数据二次开发利用；③个人数据交易。

（二）网上隐私权保护的内容

网络与电子商务中的隐私权，从权利形态来分有隐私不被窥视的权利、不被侵入的权利、不被干扰的权利、不被非法收集利用的权利；从权利的内容分可以有个人特质的隐私权（姓名、身份、肖像、声音等）、个人资料的隐私权、个人行为的隐私权、通信内容的隐私权和匿名的隐私权等。其中，隐私不被窥视、侵入的权利主要体现在用户的个人信箱、网上账户、信用记录的保密性上；隐私不被干扰的权利主要体现在用户使用信箱、交流信息及从事交易活动的安全保密性上；不被非法收集利用的权利主要体现在用户的个人特质、个人资料等不得在非经许可的状态下被利用上。这些权利之中，受到威胁最大的恐怕要算个人资料、特质等不被非法利用的权利了。因为网络是一个虚拟的世界，人们在网上漫游访问感兴趣的网站，收集有价值的信息，在 BBS 上发表自己的看法，在网上玩游戏、购物、交友、通信，加入各种团体。如果把人们从事这些活动的所有信息集中起来加以分析并公之于众，可能会比其本人对自己了解得更多。而在网上要达到这样的目的，显然比在现实生活中更容易。

多数网民不知道别人能监视他们的网上漫游习惯,这种监视运用"Cookies"技术来实现,它类似一种电子印记,用来记录网民在网上的活动情况,比如查看了什么广告,点击了什么按钮来查看信息等。这些数据均存储在浏览器中的 Cookie 文件内,下次你访问同一个 Web 网点时,服务器就会选出你的印记,搜集更多的可供广告公司使用的信息。网站经营者认为这并不侵犯隐私权,因为网上漫游者只要点击浏览器上的一个选项,便可停止 Cookie 功能,但主张保护隐私权的人反对使用 Cookie。

在电子商务环境下,客户与商家之间有必要建立一种相互信任关系,商家有责任为客户提供的个人资料保密,未经客户的同意不得把这些资料泄露给第三方,以免顾客成为"广告轰炸"和"垃圾邮件"的牺牲品,双方在网上交易之前要就顾客隐私权保护和厂家知识产权保护达成一定的共识。

(三)网上隐私权保护的立法原则

世界各地对隐私权的保护呈现出专门化和国际统一化的趋势,如英国颁布了《数据保护法》,规定联机服务提供商必须为诽谤性内容承担法律责任;加拿大政府制定《个人隐私法》,并在电子商贸管理中健全 PKI(公共钥匙基础设施)保密系统,加强对网上消费者个人信息合理使用的监督和管理;负责 Web 技术标准的 WWW 联盟也提出了一个隐私优先平台规范,对 Web 网点处理个人信息进行规范,用户有权决定向 Web 网点提交多少个人信息。

我国应参照国际组织以及一些国家的立法,确立一些个人资料保护的立法原则,比如:①限制性原则,经本人同意以合法、公正的手段于适当场所收集;②内容正确性原则,收集的个人资料不能随意改动,要保持资料的正确、完整;③目的明确公开原则,进行个人资料收集的目的必须公开,符合特定使用目的,除本人明确同意外,不得做目的范围以外的利用;④安全保护的原则,对资料应采取合理的安全保护措施;⑤个人参与的原则,个人有权利向资料管理者查实是否保存有自己的资料,并知悉个人资料的内容,还可以请求删除改正。

五、网上消费者权益保护

电子商务条件下,如何完善相关法律法规,切实保护消费者权益,是迫切需要解决的重要问题。

(一)消费者信息知情权

我国《消费者权益保护法》第 8 条规定:"消费者享有知悉其购买、使用的商品或者接受的服务的真实情况的权利。消费者有权根据商品或服务的不同情况,要求经营者提供商品的价格、产地、生产者、用途、性能、规格等级、主要成分、生产日期、有效期限、检验合格证明、使用方法说明书、售后服务,或者服务的内容、规格、费用等有关情况。"消费者知情权的实施,是与传统购物方式中的看货、演示、试用、交易、送货等一系列环节配套的,而这些环节在电子商务中往往变成了虚拟方式,消费者与供应者不见面,通过网上广告了解商品信息,通过网络远距离订货,通过电子银行结算,由配送机构送货上门。在这样的情况下,如何保证消费者获得充分、真实的商品信息就显得尤为重要。

(二)消费者安全使用产品的权利

消费者网上购买商品或服务,与通过常规方式购买商品或服务一样,享有商品安全使用权,如果商家出售的商品给消费者造成人身或财产损害,商家要承担法律规定的责任。

(三)消费者退换货的权利

我国《消费者权益保护法》第23条规定:"经营者提供商品或服务,按照国家规定或者与消费者的约定,承担包修、包换、包退或者其他责任的,应当按照国家规定或者约定履行,不得故意拖延或者无理拒绝。"而在电子商务环境下,消费者退换货遇到了一些新问题,其中,数字化商品的退换货问题就非常典型。数字化的音乐及影视产品、软件、电子书籍等,一般都通过网上传递的方式交易,并且消费者在购买这些数字化商品前,大多有浏览其内容的机会,若根据传统的消费者保护原则,消费者在通过线上传递的方式购买了数字化商品之后,又提出退货的要求,则很可能产生对商家不公平的情形,因为商家无法判断消费者在退还商品前,是否保留了复制件。所以,传统的消费者权益保护法中关于退换货的规定,在数字化商品的电子商务中,需要重新考虑。

第四节 案例两则

一、"IKEA"域名诉讼案

(一)案情介绍

荷兰英特艾基系统有限公司是商标"IKEA"的注册权人,该商标起源于1947年瑞典的农场主Ingvar Kampargd的独创设计,"IKEA"是取其姓名的起首字母与其家乡地名 Elmtaryd Agunnaryd 的起首字母组合形成的。英特艾基公司迄今在世界29个国家和地区拥有以"IKEA"命名的大型专卖店150余家,经营家具及家居用品。1983年,英特艾基公司经中国国家工商行政管理局商标局核准,在中国商品分类和国际商品分类以及服务上分别获得了"IKEA"、IKEA 及图形组合商标和中文"宜家"的注册商标。在国际上,该公司在美国、英国、加拿大、法国及中国香港等90多个国家和地区的多种商品和服务项目上注册了 IKEA 及其图形组合商标。1998年,世界范围内光顾 IKEA 专卖店的顾客达1.9亿人次。同年,作为国际商标咨询机构的 INTERBRAND 公司,评估并列举了世界上60个市场价值超过10亿美元的商标品牌,"IKEA"商标位列其中。

自1998年以来,上海、北京已经开设多家以"IKEA"商标为标识的家居用品专卖店,"IKEA"和"宜家"商标已被当地众多消费者熟悉及认同,成为一定品质的象征。1998年该公司在中国支付的广告宣传以及推广费用为600万元人民币,1999年增加到1 700万元人民币。1999年,英特艾基在全球范围内投入的"IKEA"商标的宣传和推广费用达3.73亿美元。正当该公司准备在网上注册以自己商标"IKEA"为标志的域名时,却发现北京国网信息有限责任公司(以下简称国网公司)已经抢先注册了域名"ikea.com.cn",遂向法院提起诉讼。

(二) 双方理由

庭审中,原告提出,将该公司的注册商标"IKEA"与被告抢注的三级域名"ikea"相比较,不难发现二者的读音、文字外形、字母组合以及消费者的呼叫方式等方面完全相同,所以,被告抢注的域名是对该公司已经使用多年且极具原创性的注册商标的公然仿冒,不仅会造成中国消费者误认为该域名所有人是"IKEA"商标的所有人,进而上网查询"IKEA"商品或服务,而且会对其他国家的消费者造成同样的误导。原告主张"IKEA"作为国际驰名商标,不仅受中国法律的保护,更受中国参加的《保护工业产权巴黎公约》的保护。原告还指出被告注册数千个域名的行为不仅违反了中国域名管理行业的基本立场,还违反了诚实信用原则,构成了不正当竞争。而且被告在抢注"ikea"域名后,长期闲置未用,其行为违反了《保护工业产权巴黎公约》的原则。因此,原告荷兰英特艾基系统有限公司请求法院判令被告立即停止使用和注销"ikea.com.cn"域名并承担案件诉讼费。

被告国网公司辩称:被告公司注册的域名,系经中国政府授权的中国互联网络信息中心(CNNIC)依法审查批准注册的,应受法律保护。被告公司注册的"IKEA"主要是准备在互联网上开展语音信箱服务业务,从1997年11月开始,被告投入大量精力和资金进行策划和品牌培植。其中,"IKEA"的含义是"I"和"Kea"的结合,"I"代表"Internet","Kea"在英文中是一种羽毛漂亮、喜欢吃肉、会学人说话的鹦鹉,被告正是基于"鹦鹉学舌"这一人尽皆知的联系而注册该域名的。被告辩称事先并不知道原告的商标"IKEA",因此抄袭或模仿原告商标的创意无从谈起;而且被告认为,域名和商标是两种完全不同的客体,对商标的保护并不能延伸到域名上。被告注册了"ikea"域名后,虽然目前尚未经营,但正在筹划开通网上语音服务业务,与原告的家居业没有任何联系。被告还指出,在1997年被告申请注册"ikea"域名时,原告在中国还未开设任何专卖店,在中国市场上并未享有较高的声誉,"IKEA"商标未通过我国工商行政管理局商标局《驰名商标认定和管理暂行规定》认定,不属于驰名商标,被告注册"ikea"域名不是恶意注册。

(三)判决结果

北京市第二中级人民法院认定,由于原告的商品及服务具有较高品质,而且长期投入巨资进行宣传和推广,其商标"IKEA"在世界各国的消费者中已享有较高知名度和良好信誉。在中国,"IKEA"商标因大力宣传和推广其独特的经营方式及其良好的服务,而为相关行业及消费群体所知悉。因此,法院认定"IKEA"商标为驰名商标(此判决开创了由人民法院在审判过程中确立驰名商标的先例)。

法院认为,被告国网公司注册的域名与"IKEA"商标相同。由于域名已逐渐成为重要的商业标识,国网公司的行为易误导消费者认为该域名的注册人也是"IKEA"驰名商标的所有人或与商标权人有合作关系,进而误认为该域名可以查到"IKEA"相关商品的情况,从而提高国网公司网站的访问率。同时,国网公司注册"IKEA"后并没有实际使用。经查证,被告国网公司还注册了大量与其他具有一定知名度的商标相同的域名,且均未积极使用,其待价而沽的非善意注册行为的主观动机十分明显。因此,法院认定国网公司行为构成不正当竞争,抢注"IKEA"域名无效,责令其在判决生效10日内撤销该域名,并承担本案件受理费1 000元。

案例思考题

1. 如何看待域名和商标的联系与区别?
2. 对驰名商标予以特殊保护的依据何在?

二、雅宝网址竞拍争议案

(一) 中文网址竞拍

2000年1月,著名的拍卖网站雅宝(www.yabuy.com)与中文网址提供商北京因特国风网络软件科技开发有限责任公司(www.3721.com)签订拍卖协议,在雅宝网站上竞拍"3721"的黄金中文网址"免费邮件""软件下载""招聘"的一年使用权。竞拍规则称:商家在规定的2小时内,谁出价最高,黄金中文网址的一年使用权就归谁所有。2000年1月6日至10日,3721网站(www.3721.com)将三个中文网址交由雅宝网站进行竞拍,最终Chinaren.com、Soyou.com、Zhaopin.com三家网站分别获得"免费邮件""软件下载""招聘"网址的一年使用权。雅宝也在此次拍卖过程中收取了3721网站3%的交易佣金。

(二) 竞拍结果的争议

2000年1月11日,在3721与雅宝联合举办的竞拍结果新闻发布会上,记者们接到了一份由赛龙(www.SINOi.com)公司散发的"关于'招聘'中文网址不公平拍卖的声明书",声称"招聘"中文网址应该由SINOi.com公司最后竞得,该公司宣布将在第二天(即1月12日)在同一地点召开新闻发布会,对外宣布自己受到的不公正对待,由此引发了中国第一例网上竞拍纠纷。在1月12日的新闻发布会上,SINOi.com的新闻发言人详细描述了竞拍过程:SINOi.com于1月10日中午12时开始应价竞买"招聘"中文网址,13时57分,输入应价37 000元,13点59分,发现其他竞买人出价40 000元,遂迅速输入应价41 000元,点击"应价键"和"确认"后,系统接受竞价,并在拍卖网页头条显示出来,"应价键"随即变灰失效,应价活动自动停止。5分钟后,SINOi.com收到3721网站发来的电子邮件以及人员来电,恭贺SINOi.com获得"招聘"中文网址,邀请该公司参加1月11日的新闻发布会,并安排SINOi.com公司进行短暂演讲。不料当日下午6点多钟,雅宝网站忽然通知,称SINOi.com的最后竞买超过规定时间17秒,因此应价失败,"招聘"中文网址归Zhaopin.com网站竞得,并称雅宝公司享有此次活动的解释权。

SINOi.com方面认为:网上竞价的实质是一种竞拍活动,应该遵守我国的《拍卖法》,而不应由拍卖网站说了算。《拍卖法》第51条规定:"竞买人的最高应价经拍卖师落槌或者以其他公开表示买定的方式确认后,拍卖成交。"由于网上拍卖的特点,无法实际落槌,只能以"应价键"代替。成交确认方式不是时间而是"应价键"功能。雅宝在竞拍活动中,竞拍的2小时由程序来控制,"应价键"变灰后,"应价健"上的文字也由"我同意竞标"变成"物品过期或已售出",竞拍者将无法继续竞价,因此,只要能被系统接受的竞买都是合法的竞买。系统并没有对竞买者提出时间的概念,竞拍的结果不应该由计算机经过一定时间的运算后在屏幕上刷新的时间决定,何来"超时17秒"之说?雅宝的拍卖规则应当具有法律约束力,岂能事后随意更改?网上竞拍的一项主要优势是避免人为干预和作弊,体现互联网特有的公平、公开、公正原则,雅宝公司的做法违背了这一原则。

面对SINOi.com的指责,雅宝公司负责人表示主要是因为"技术缺陷"引发了这一争端。事后,雅宝公司在一份声明中对SINOi.com的竞标过程没有否认,但声称是由于工作人员的疏漏,才在没有正式确认的情况下就把恭贺函发给了SINOi.com,并对由于工作失误给赛龙带来的麻烦及伤害表示诚挚的歉意。但是声明中同时强调:"传统拍卖与网络竞价存在很大的不同,目前的网络竞价都是以时间点为限来截止交易的。而由于网络技术和网络速度等原因,竞买者在自己系统上投标再反映到竞价网站的系统上会有时滞,因此在最后时刻的把握上存在不可控因素,导致个别竞买者错失良机。鉴于这种情况,在1月4日3721网站与雅宝联合召开的面向此次竞买企业的活动说明会上,主办者已明确宣布截止时间以雅宝系统标识时间为准。"

此次竞标的获胜方——Zhaopin.com网站的代表则表示,当日竞标结束后,他们就发现最后应价显示时间分别是Zhaopin.com 13时59分18秒和SINOi.com 14时0分17秒,于是与3721网站联系澄清,得知竞标结果须等待雅宝公司最终确认,并为此与雅宝公司交涉,雅宝公司也一直在对其系统进行检查。由于此次竞价激烈程度超过以往,在技术和拍卖方式上难免会出现一些意想不到的情况,但是不能因此认定此次活动违背了公平、公正的原则。

(三) 案件分析

1. 适用法律的选择

1997年1月1日正式实施的《中华人民共和国拍卖法》(简称《拍卖法》)第2条规定:"本法适用于中华人民共和国境内拍卖企业进行的拍卖活动。"第3条规定:"拍卖是指以公开竞价的形式,将特定物品或者财产权利转让给最高应价者的买卖方式。"那么,本案是否符合这两条规定呢?根据雅宝公司公布的竞拍规则:商家在规定的2小时内,谁出价最高,黄金中文网址的一年使用权就归谁。拍卖标的"中文网址"虽然不是一种特定物品,但可以认为是一种财产权利。因此,这次拍卖活动从法律性质上讲属于《拍卖法》中讲的拍卖活动。但问题是本案拍卖活动是在网上进行的,网络作为一个虚拟世界,已经没有空间地域概念。

这就为确定本案的拍卖活动是否在中国境内进行及受相关法律约束带来了争议。

2. 拍卖成交的确定

根据《拍卖法》第51条规定："竞买人的最高应价经拍卖师落槌或者其他公开表示买定的方式确认后,拍卖成交。"但由于网络本身的特点,本案没有也不可能由拍卖师来主持拍卖活动,因而也就没有落槌的概念,只能用"其他公开表示买定的方式"来确定拍卖成交。根据雅宝公司的竞拍规则:商家在规定的2小时内,谁出价最高,黄金中文网址的一年使用权就归谁。但本案的焦点就在于这2小时最后时刻的确定。网上拍卖不能由拍卖师来主持,只能由特定程序来执行。但由于网络速度和程序运行时间等问题,这个时刻是以"应价"发出时刻,还是以"应价"到达拍卖网站系统时刻或者以拍卖网站服务器程序接受"应价"并标识出来的时刻为准?拍卖网站在制定拍卖程序时必须仔细考虑和确定,并清楚告知竞价者。

自1999年下半年开始,网上拍卖作为一种崭新的电子商务模式风行内地,不但国内ICP纷纷尝试开展此项业务,一批专业的拍卖网站也应运而生。在这一领域内如何制定并完善相应的法律法规,成为亟待解决的问题。在没有建立专门的电子商务法的前提下,修改完善传统法律不失为一种好方法。例如,本案所涉及的《拍卖法》针对网上拍卖这一新的商务模式,可以在以下几个方面做出调整:

（1）适用范围和监督管理方面的问题。《拍卖法》第2条规定："本法适用于中华人民共和国境内拍卖企业进行的拍卖活动。"第3条规定："国务院负责管理拍卖业的部门对全国拍卖业实施监督管理。省、自治区、直辖市的人民政府和设区的市的人民政府负责管理拍卖业的部门对本行政区域内的拍卖业实施监督管理。公安机关对拍卖业按照特种行业实施治安管理。"第11条规定："拍卖企业可以在设区的市设立,设立拍卖企业必须经所在地的省、自治区、直辖市人民政府负责管理拍卖业的部门审核许可,并向工商行政管理部门申请登记,领取营业执照。"上述规定都有必要针对网络无地域概念这一特点做出调整。

（2）关于拍卖人方面的问题。《拍卖法》第14条规定："拍卖活动应当由拍卖师主持。"这样的规定显然不适于网上拍卖活动。

（3）关于拍卖程序方面的问题。《拍卖法》第51条规定："竞买人的最高应价经拍卖师落槌或者其他公开表示买定的方式确认后,拍卖成交。"针对网上拍卖的特点,该法应在拍卖成交方式的确认方面做出更为具体的规定。《拍卖法》第53条规定："拍卖人进行拍卖时,应当制作拍卖笔录。拍卖笔录应当由拍卖师、记录人签名;拍卖成交的,还应当由买受人签名。"第54条规定："拍卖人应当妥善保管有关业务经营活动的完整账簿、拍卖笔录和其他有关资料。前款规定的账簿、拍卖笔录和其他有关资料的保管期限,自委托拍卖合同终止之日起计算,不得少于五年。"而网上拍卖一般是由系统自动记录拍卖过程,这涉及电子记录的法律效力问题,《拍卖法》应确认电子记录的法律效力,以适应并促进网上拍卖的发展。

(四)案件结果

本着互谅互让的原则,赛龙(SINOi.com)、雅宝(yabuy.com)、3721(3721.com)三方就解决此次活动过程中出现的纠纷达成一致意见。雅宝对该事件给赛龙带来的麻烦表示遗憾和道歉。3721也对未得到雅宝最后确认就通知赛龙成为竞标成功者一事表示道歉。三方愿进一步发展深层次的合作,包括3721与赛龙合作免费提供给赛龙"房地产"中文网址广告一年使用权、赛龙与雅宝合作互相交换首页的Banner广告、3721与赛龙和雅宝合作定制其专用版本中文网址软件等。最后取得了一个"三赢"的结果。

案例思考题

1. 网上拍卖活动是否应受《拍卖法》的规范管辖?
2. 拍卖网站(如此案中的雅宝)与拍卖行承担的责任有无区别?

本章思考题

1. 电子商务涉及哪些法律问题?
2. 各国电子商务立法的类型有哪些?
3. 电子合同与传统合同的区别是什么?
4. 电子签名的法律效力怎样?
5. 域名管理和保护涉及的问题有哪些?
6. 简述电子商务立法的国际合作情况。

相关内容网站

1. 经济合作与发展组织　www.oecd.org
2. 世界贸易组织　www.wto.org

3. 世界知识产权组织　www.wipo.int
4. 中国国家税务总局　www.chinatax.gov.cn
5. 世界银行　www.worldbank.org
6. 网上知识产权保护　www.cyberlaw.com

第十章 电子商务环境下的国际竞争与合作

学习要点与要求

通过本章的学习,了解电子商务环境下的国际竞争,电子商务与国际供应链,电子供应链的管理。

了解电子商务环境下国际竞争环境的变化,电子商务时代国际竞争的特点,企业如何发展合作—竞争关系,掌握供应链管理的含义及各种策略,了解国际供应链和电子供应链的特点。

第十章 电子商务环境下的国际竞争与合作

第一节 电子商务环境下的国际竞争

一、电子商务时代国际竞争环境的变化

随着世界经济的发展和计算机网络技术革命的迅速进步,当代国际竞争环境发生了深刻的变化,主要表现在以下四个方面。

(一)经济全球化

经济全球化趋势影响着国际竞争。20世纪末到21世纪初,因特网、电子商务、跨国公司的发展,不仅是经济全球化的最新形式,也是经济全球化机制的载体,极大地推动了经济全球化的进程。互联网基础上的电子商务应用,突破了传统国际贸易在时间、空间上的限制,将局部竞争进一步推向全球竞争。利用电子商务开展外贸活动,可以到达过去无法涉足的新市场,因为在互联网上传递信息没有国界限制,信息可以在瞬间为不同国家和地区的人们所了解。新的市场环境变化无疑蕴含着大量机会,而且这些机会往往是全球性的。

跨国公司作为当前国际贸易的主体,通过其拥有的强大技术、资金、市场运作和管理能力,已经形成市场全球化、生产全球化和研发全球化的运营网络。市场全球化表现在跨国企业把产品销往任何有市场前景的国家,它们的进入往往对当地企业造成极大的竞争压力;生产全球化表现在跨国企业把一部分生产基地设在海外,既可利用当地低廉劳动力的成本优势,也能节省运输费用,缩短市场反应时间,提高公司产品在当地及附近市场的竞争能力;研发的全球化表现在从20世纪90年代开始跨国公司掀起一轮海外R&D投资、设立研发中心的热潮,以充分利用东道国的廉价智力资源,微软、IBM、英特尔等IT巨头相继在中国设立研发机构。此外,跨国并购数量大增,也反映了经济全球化发展的趋势。

(二)信息全球化

信息全球化是世界经济的重大发展趋势。信息技术的广泛应用从根本上改变了整个社会的经济形态:个人计算机、计算机网络和信息高速公路的迅猛发展成倍地提高了个人、组织以及整个社会的信息获取和交流能力,人类正通过无数个彼此相连的计算机终端或网络迅速进入一个信息和知识极大丰富的社会,任何国家的经济产业、任何企业和个人的发展都离不开现代信息技术。同时,信息技术的飞速发展还带动了信息产业的迅速崛起,使之日益成为世界经济的重要组成部分,并为

信息经济时代的到来铺平了道路。芯片、集成电路、电脑硬件和软件、光纤光缆、卫星通信、移动通信、数据传输、信息网络、信息服务、新材料等在信息经济乃至国民经济中均占据了重要地位，同时，科技、教育、文化等部门通过产业化也变得越来越重要。

（三）贸易自由化与新贸易壁垒交织并存

经济全球化的发展以及电子商务技术的应用，使贸易自由化成为世界经济运行的主旋律。世界贸易组织在肯定关税保护原则的前提下，主张逐步削减关税，简化贸易程序，加快各成员的市场准入和市场开放，以促进全球贸易的自由化。发达国家正将电子商务作为国际贸易领域一种积极的贸易工具，主张全面自由化。合理的贸易自由化，可以实现资源在世界范围内的有效配置，有利于各国分工与合作，有利于降低国际贸易成本，提高企业效率。

在贸易自由化政策全面推动、关税壁垒不断削弱的同时，隐蔽的新型贸易壁垒力度也在不断增强，其中，信息技术壁垒正以超常的力量阻挡着弱势企业进入国际市场。所谓信息技术壁垒，是指进口国利用在信息技术上的优势，对国际贸易的信息传递手段提出要求，从而造成贸易上的障碍。例如，先进的电子商务技术对许多发展中国家就是一种无形的贸易壁垒。

世界各国及各地区的信息基础设施及信息技术发展程度的不同，导致了全球网络化发展的不平衡。宽带普及率最高的十个国家全部是发达国家。"数字鸿沟"更加剧了世界经济的不平衡发展和贫富悬殊，发展中国家处于被动地位。另外，一些发达国家力图控制和垄断世界信息资源，以达到继续主导国际贸易的目的。目前，美日两国在世界信息技术产品的出口总额中占据了2/3，以它们为代表的西方工业发达国家之间的信息贸易占全球贸易的90%—92%。这种国际贸易中新的信息技术壁垒将不发达国家排除在国际贸易主流之外，从而导致国际贸易新的"边缘化"倾向。由于新型贸易壁垒具有介于合理和不合理之间的双重性，同时又非常隐蔽和复杂，不同国家和地区间达成一致标准的难度很大，并且不容易协调，因此，它正成为国际贸易争端的主要内容，传统的商品贸易战将被新贸易壁垒战所取代。

（四）全球虚拟大市场

建立在互联网基础上的电子商务，突破了传统市场必须是地理市场的概念，导致了以信息网络为纽带连接而成的全球统一"虚拟大市场"的崛起，各国间的经贸联系与合作在这种网络贸易的环境下得以加强。

1. 虚拟市场加剧竞争

虚拟市场上,商品与服务等有关信息能在全球范围内充分流动,表现出公开、完整和实时等特性,减少了进出口双方信息的不对称性,减少了市场信息不完全而引起的交易扭曲,使得同等或相似质量的商品之间竞争更加激烈。

2. 虚拟市场增大国际贸易风险

由于在电子商务中,交易者、交易方式、交易意向和交易标的物的表达都虚拟化了,交易过程与结果的不确定性增加,加上网络黑客(Hecker)侵扰及网络经济犯罪的威胁,商品和服务的提供方式、支付方式的信用风险、质量风险和技术风险都增加了。

3. 虚拟市场引发国际贸易中介组织的变革

因信息不对称而形成的委托—代理关系在虚拟市场环境下发生动摇,传统贸易中间商、代理商和专业进出口公司的地位相对降低。与此同时,为了防止网上商业欺诈,又必须确认交易对象的法律地位及支付能力,于是身份认证、信用认证、金融结算、质量担保、物流配送、商务纠纷调解等新的信息服务中介机构,又成为电子商务交易所必需的条件,成为国际贸易活动中的一环。

4. 虚拟市场创新贸易导向理念

在世界市场日益成为买方市场的今天,IT技术能够加速信息流动,通过传递市场信息的变化及时调整全球范围的生产。需求对贸易商品的生产和流向起着越来越重要的作用,传统的贸易供给导向被需求导向所取代,以客户的多样化、个性化需求为出发点是国际贸易发展的需要。

二、电子商务时代国际竞争的特点

由于国际竞争环境的巨大变化,决定竞争成功与否的关键因素也发生改变。下面从竞争要素、竞争规则、竞争模式、竞争方式、竞争手段五个方面进行分析。

(一)竞争要素

竞争优势是一种动态的比较利益,强调生产要素基础的持续扩展和改进,它实际上源于对新兴要素的获取和利用,关键性要素被哪一个国家掌握,竞争优势便倒向哪一方。在信息时代,知识,特别是信息因其能创造倍加的效益,体现出比传统要素更高的价值,且取之不尽,用之不竭,理所当然地成为除劳动力、资金、土地资源三大传统生产要素之外的至关重要的新要素,而电子商务则是获取信息要素和提高信息要素利用效率的最佳手段。

从经济角度看,信息是指能够对生产过程及其相关活动产生实质性影响的语言、文字、图形、数据等情报及其载体,以及无形资产如管理诀窍、营销技能、广告形象等。信息要素及信息产业可引起传统三要素大规模的国际流动,并在各国间形成不同的流动速率和生产要素再分配,由此改变国际竞争的要素基础。而且,信息要素自身的流动性和传统三要素国际流动相结合的结果,也会造成国际生产要素配置效果的差异,不可避免地会改变各国的竞争优势格局。

此外,信息要素及其产业的迅猛发展,带动了信息贸易的兴起,拓展了国际贸易客体的范畴。信息贸易由信息产品贸易和信息服务贸易共同构成,是横跨商品、技术、服务三大领域的新兴贸易。正如美国著名经济学者彼得·德鲁克1994年所说:"知识已成为生产力、竞争力和经济成就的关键因素。知识已成为首要产业,这个产业向经济提供生产所必需的核心资源。"当今社会,对信息的生产、传播、反馈与使用能力,信息基础设施的发达程度和信息产业的规模及比重会极大地影响一国在国际贸易乃至世界经济中的竞争地位。

(二) 竞争规则

电子商务时代,信息成为企业最重要的资源,客户需求特点表现为多变、个性化。由此产生的基本市场竞争规则是快速反应,即时间制胜原则。正如Cisco的前首席执行官钱伯斯所说:"现在已不是大鱼吃小鱼,而是快鱼吃慢鱼。"这句话精辟地描述了网络经济时代的显著特征——速度成为企业赢得竞争的关键,"时间制胜"成为竞争的法宝。所谓速度竞争,是指企业为了获得和保持竞争优势,抢先一步采取行动,开发新产品,开拓新市场,抓住市场机会,抢占市场制高点,使企业在竞争中成为"开拓者""先行者",利用先行优势最终获得竞争优势。

先行者能够获得竞争优势的原因往往在于:①增加了客户的依赖性;②能抓住最具吸引力的客户(可获得最大利润的客户群);③企业成为行业的创新者、领导者,掌握主动权;④企业将随着竞争者稀少时期的高利润而快速成长;⑤迅速覆盖市场,留给其他竞争者的发展空间很小。

企业要想适应快速反应的竞争规则,必须注意加强企业价值活动整体的运作速度。其中创新是企业的灵魂,技术创新的速度是获得和保持竞争优势的重要因素。

(三) 竞争模式

企业传统的竞争模式是基于单个企业的竞争,即企业所利用的资源仅限于参与竞争的企业自身,考虑的问题也是如何提高企业内部资源的利用效率。电子商务环境下,客户对企业提供新产品或新服务的速度和反应能力提出了更高的要求,而要满足这种要求,靠一个企业所拥有的内部资源往往是不够的。

在这种情形下,"虚拟联盟企业"应运而生,并迅速发展成为新的国际贸易经营主体。所谓虚拟联盟企业,也称为虚拟公司、网络虚拟企业,它是企业之间或企业的单元组织之间为分享共同成本而组成的临时性、松散性、网络化的战略联盟共同体。不同的企业将自身具有竞争优势的技术、人才或信息资源作为联盟企业内部的合作资本,实现强强联合,整合快速反应所需要的技术和信息等生产资源。这是一种来自于竞争对手、供货商和客户之间的合作,跨国公司战略联盟便是这种虚拟联盟企业的主要表现形式。通过建立或加盟虚拟联盟企业,企业可以寻找合适的资源、技术,也可以与其他企业共同开发新产品,并把新产品迅速推向市场,给企业带来分工合作、优势互补、资源互用、利益共享的好处。

虚拟联盟企业的出现促使企业之间的竞争模式由基于单个企业的竞争转变为基于供应链的竞争,即包括供应商、制造商、分销商等整个企业的供应链在内的所有为客户提供和创造价值的主体的竞争,此时企业的竞争优势主要不是来源于企业内部,而是依靠整个供应链的综合竞争优势。

(四)竞争方式

传统的竞赛式竞争方式,就是采取一切合法手段打击和战胜对手,以竞争对手的失败和消失为目的,现代竞争方式却已转向更深层次的合作竞争,即为竞争而合作,靠合作来竞争,"竞争—合作"或者"合作—竞争"成为基本形态,不仅要讲竞争,更要注重合作和协调,这种合作的基础和前提是合作双方竞争优势的互补和共享。亚当·布兰顿伯格(A. M. Brandenburger)和巴里·纳尔布夫(B. J. Nalobuff)在《哈佛商业评论》上发表的一篇论文中提出"竞合"(Co-opetition)的概念,这是一个合作与竞争的混合空间,目的在于促使管理者同时从合作与竞争的角度去思考企业竞争。企业之间的竞争不再是一方获利必然导致另一方损失的零和模式,而更应强调"双赢"策略,实现优势要素的互补,增强双方的实力,保持和巩固长期发展能力。

任何一个企业,不论其规模大小,都无法控制所有资源。高新技术的广泛应用使企业提高了竞争力,增强了竞争优势,但同时由于需要增加大量的技术投资,导致企业的经营风险、经营成本增大。为共享资源,降低成本,分散风险,具有互补条件的企业正日益成为相互依赖的事业共同体,企业间的优势互补关系正在取代传统的零和竞争。

(五)竞争手段

电子商务时代,企业采用更加方便、快捷的电子化手段参与国际竞争。电子化竞争手段主要表现在以下几个方面。

1. 交易过程的电子化

通过 EDI 系统实现订单、发票、提货单、海关申报单、进出口许可证等贸易单证的网络传输;网络广告取代电视、杂志、报纸等传统广告;通过视频会议系统实现网上谈判、产品介绍促销等活动;E-mail 和 MSN 等比电话、传真、信函降低了通信成本,节省了时间。

2. 付款方式的电子化

网上银行系统支持电子付款,即将资金存入电子银行或信用卡公司的计算机系统,交易达成后,在网络上进行资金的结算、转账、信贷融资等活动。

3. 交付方式的电子化

国际贸易分为有形产品和无形产品贸易两种方式。前者可通过电子网络传输,为买卖有形产品进行洽谈、订货、付款、开发票、收款等活动,然后在商定的地点进行实际产品的交付装运;后者指通过电子网络成交和直接交付商品,如购买咨询报告、计算机软件、电子书籍、电子音像制品等,通过计算机网络传至客户端即完成交易。

4. 营销手段电子化

网络营销是一种开辟国际市场的新途径,通过网上多媒体为产品做广告,利用视听技术可以把产品的形状构造、性能、物理化学性质形象生动地展现在客户面前。企业可以通过网络互动,提高客户参与的主动性,形成与客户一对一的营销关系,根据客户需求提供个性化的网络定制。

5. 管理集成化

利用电子商务对企业资源计划系统(ERP)、客户关系管理系统(CRM)、供应链管理系统(SCM)等所有与企业业务过程相关的系统进行整合,实现企业集成化管理。

随着信息网络的扩展,电子商务对全球经济、社会正在产生着越来越大的影响。电子商务的应用,使企业采购可以挑选全球范围的供应商,为最大限度地降低生产成本提供了条件;同时,在产品销售中可以使市场的覆盖面大大扩展,为企业的发展提供更多的机遇。电子认证、网上结算等交易方式,大大简化了交易过程。交易方式的这场革命,扩大了市场规模,促进了资源的优化配置,先进生产力迅速代替落后生产力,为生产力的飞跃发展创造了有利条件。

三、企业在电子商务环境中如何建立竞争优势

(一) 拓展市场观念,树立全球意识

所谓全球意识,就是把企业的业务和有关的商务活动从狭隘的区域扩展到全球范围来考虑,充分利用 Internet 的信息资源。要时刻想到企业现在业务和客户是全球性的,竞争对手也将是全球性的。采购时,要在全世界范围寻求最好的供应者;进行广告宣传和产品推销时,要注意服务的对象是全球的,在内容与联系方式方面必须有所考虑。

(二) 建立企业的信息优势

信息优势是企业在电子商务市场竞争中的生存和立足之本。信息优势是企业拥有的宣传自身产品和获取关键市场分析、业务发展状况及新产品开发信息等的能力。企业的这种能力往往需要以企业的主页、内联网(Intranet)、外联网(Extranet)、管理信息系统(MIS)、信息管理模式等软硬件来支撑。

(三) 充分利用企业的信息优势

建立企业信息优势的目的就是要充分利用信息优势,并将这一优势转换成商业的竞争优势和企业的利润。充分利用企业的信息优势,可从以下两个方面入手:

第一,利用信息优势研究市场,策划营销。企业可以通过自己建立的信息环境收集并处理有关信息,对市场进行分析研究。例如,可以利用销售统计和市场抽样数据来分析顾客的消费行为、市场的发展变化趋势、竞争对手的经营策略、市场占有率等。

第二,利用信息优势开展信息服务。企业在网络环境下可以展开对内和对外多方面的信息服务。例如,对于企业内部的各级管理人员来说,可以利用信息优势进行生产、经营和管理过程的分析,全面提高企业的管理效率和水平;采购人员可以利用企业的网络和信息优势广泛地寻找价廉物美的货源,降低经营的成本;营销人员则可利用网络技术来策划和实现自己的营销目的。当然,更重要的是,企业要利用信息优势在电子商务市场上为消费者提供更好的售前和售后服务,赢得更多客户。

(四) 将信息优势转化为竞争优势

企业有了信息优势并不等于具有竞争优势,建立企业信息优势的目的是营造

企业在新环境下的竞争优势。信息优势转化为竞争优势需要一个过程,在转化过程中可以采取以下一些措施:

第一,大力宣传企业的网站域名,树立企业网上形象。

第二,选择一些著名网站建立链接,借用它们的知名度来传播企业的形象和供需信息。

第三,在企业网站上经常举行公众关注的活动,稳定原有市场和客户群,同时发展新的客户。

第四,充分利用网络开展电子商务业务,保证信息沟通和优质的售前售后服务。

第五,企业在决策前,应在网上广泛选择,通过各种定量分析和综合比较,进行科学决策,以降低成本,避免失误。

第六,利用网络信息双向、动态的特点,分析市场需求和消费趋势以及竞争对手的策略,并以此来决定新产品的功能开发、产品价格定位和整体营销策略。

第七,利用网络和电子商务的特点,合理调整企业商品采购、生产、调运、存储和销售的过程,重组企业内部组织结构和管理模式,提高整体经营管理水平。

第八,利用网络加强与其他有关部门的合作联系,如银行、货运、保险、商检、海关等,以节省交易费用和时间。

在电子商务环境下,企业要生存与发展,竞争是不可避免的,但同时必须认识到,由于电子商务是一个涉及社会经济各行业、各部门的商务运作方式,合作也是非常重要的。

第二节 电子商务与国际供应链

一、供应链

(一) 供应链的含义

上下游企业之间、企业与客户之间的供需关系反映着企业间合作关系和产业关联关系,形成供应链(Supply Chain)。供应链经营主体间的相互关系是供需关系的网链结构,供应链上的每一个环节都含有"供"与"需"两方面的含义,故也可称为供需链(Demand/Supply Chain)。供应链比较确切的定义是:供应链是围绕核心企业,通过对信息流、物流、资金流的控制,从采购原材料开始,制成中间产品以致最终产品,最后由销售网络把产品送到消费者手中的将供应商、制造商、分销商、零售商、最终用户连成一个整体的网链结构和模式。供应链是一个范围更广的企业结构模式,它包含所有加盟的节点企业,从原材料的供应开始,经过链中不同企业的制造加工、组装、分销等过程直到消费者,这个概念强调了供应链的战略伙伴关系。从形式上看,客户是在购买商品,但实质上客户是在购买商品能带来的价值,物料、半成品、成品在供应链上移动,是一个不断增加其技术含量或附加值的增值过程。因此,供应链不仅是一条连接供应商到用户的物料链、信息链、资金链,而且是一条增值链。物料在供应链上因加工、包装、运输等关系而增加其价值,给相关企业都带来收益。

供应链实质上是由企业间的供需关系链接成的市场链、产业链,这种供需关系是功能关系链、流程关系链,也是一条体现竞争实力的价值增值链。在供应链上有三种重要的流在流动,分别是物流、资金流和信息流,这些流相互关联形成一个完整的系统。

通常可以把供应链上的成员分成三部分:供应链的上游是供应商,提供原材料、零部件等;供应链的中间是一个核心企业,通常是一家大型生产企业,它在整条供应链中起支柱作用;供应链的下游是销售商和消费者。各部分的相互关系是:首先,由消费者传递需求信息,经销售商传递给核心制造企业,制造企业根据需求信息采购原料,安排生产;其次,从上游传递价值、质量、创新等信息到下游,方便了供应链上各环节选择利己的服务和产品;最后,从下游反馈变化了的真实需求信息给各环节,有利于各成员改进服务或产品质量及降低成本,进而增强整条供应链的市场竞争力。

(二)供应链的特点

1. 供应链结构的完整性

供应链中的绩效应当是完整的,即所考虑的成本是供应链总成本,而不是单个企业或局部流程的成本,体现的利益是整体和共赢利益,而不是局部利益。

2. 供应链主体的独立性

供应链各个主体成员均具有独立的自身利益,具有追求企业利润最大化的基本要求,但在供应链环境下,这种利益最大化必须通过供应链系统目标的一致性来实现。

3. 供应链系统的一致性

要保证供应链中的物品、设备、设施之间的配合性,技术之间的兼容性,组织之间的系统性等。

4. 供应链功能的关联性

供应链是企业内部、企业之间业务流程的集成运作过程,包括企业工作流或业务流,供应链中的供应、运输、仓储、配送、结算、监控等功能相互关联,并直接与供应链的运作效率、效益等密切关联。

5. 供应链成员的动态性

供应链管理中,因企业战略和适应市场需求变化的需要,成员企业需要动态地更新以保持整个供应链的竞争力。这使得供应链具有明显的动态性,对成员也是一种不断改进业务能力的压力和动力。

6. 供应链的增值性

供应链不仅是连接供应商到用户的物流链,而且是一条价值增值链。供应链应当体现客户价值增值链的功能,要从客户角度规划设计供应链物流、信息流、价值增值过程。

二、国际供应链

(一)国际供应链的概念

前面在介绍供应链时,没有涉及地理问题。如果供应链在国内建立,所有加盟节点企业都是国内的企业,那么,这条供应链就是国内供应链。如果供应链越过国界,加盟的节点企业属于不同的国家或者位于不同的国家,那么,这条供应链就是跨国供应链或国际供应链。所谓全球供应链,并不是说供应链的节点企业必须遍布全球,而是节点企业可以位于全球的任何一个国家或地区,组建供应链的核心企业是从全球范围而不是局限于一国来设计和构建供应链的。

国际供应链的节点企业处于不同国家和地区,涉及不同国家间企业的分工与合作,因为越过国界而在全球范围内运作,就会对国际贸易产生更大影响。国际供应链是随着供应链管理理念的推广、跨国公司的发展与经济全球化而发展起来的。

(二)国际供应链的特点

虽然国际供应链与一国国内的供应链没有本质的区别,但仍有一些自己的特点。

1. 国际性

国际性是指国际供应链网络涉及多个国家,覆盖的地理范围大,其物流跨越不同国家和地区,跨越海洋和大陆,运输距离远、时间长,运输方式多样,更需要科学合理地选择运输路线和运输方式,尽量缩短运输距离和货物在途时间,加速货物周转,以降低物流成本。

2. 复杂性

国际供应链涉及国际的经济活动,由于各国社会制度、法规环境、自然环境、管理方法、生产条件和工作习惯的不同,组织好产品从生产到消费的流动是一项相当复杂的工作。

3. 风险性

国际供应链涉及的风险主要包括政治风险、经济风险和自然风险。政治风险是指由于链中企业所在国或产品运输所经过的国家发生政局动荡,如罢工、战争等原因,造成经营损失或货物受到损害或灭失;经济风险主要指国际供应链运营中由于汇率和利率的变动而产生的风险;自然风险主要指在生产和物流过程中可能因地震、海啸、暴雨等自然灾害而引起的风险。

4. 技术标准化要求高、难度大

由于国际供应链范围广、运行环境差异大,需要在不同的法律、人文、语言、科技、自然环境下运行,大大增加了供应链的复杂程度以及网络系统的信息量和交换频度。要保证流通畅通、提高整个链条的效率,必须要有先进的标准化信息系统以及标准化的物流工具和设施等,而做到这一点难度颇大,这对国际供应链的设计和管理也提出了更高要求。

三、供应链管理

(一)供应链管理的含义

供应链管理(Supply Chain Management,SCM)是人们对供应链物流、信息流、资金流以及合作者关系等规划、设计、运营、控制过程进行一体化的集成管理理念、方法和技术方案体系。供应链管理是为了达到供应链的最佳组合和最高效率,通过前馈的信息流(如订货合同、采购单等)和反馈的信息流(如提货单、完工报告等)将供应商、核心企业、经销商直至消费者连成一个整体的管理模式。供应链管理的目的是增强企业竞争力,其首要目标是提高顾客的满意程度。供应链管理的作用就是在提高顾客满意度的同时实现销售增长(市场份额的增加)、成本降低、利润增加、固定资产和流动资产更有效的运用,从而全面提高企业的实力。

供应链管理涉及供应(Supply)、生产计划(Schedule Plan)、物流(Logistics)、需求(Demand)四个主要领域,是以同步化、集成化生产计划为指导,以各种现代化技术为支持,尤其以 Internet/Intranet 为依托,围绕供应、生产作业、物流为满足最终需求来实施的。供应链管理主要包括计划、合作、控制从供应商到用户的物料(零部件和成品等)和信息。供应链管理的目标在于提高用户服务水平和降低总运营成本,并寻求两个目标之间的平衡。供应链管理关心的不仅是物料实体在供应链中的流动,除了企业内部与企业之间的运输问题和实物分销以外,供应链管理还包括以下主要内容:竞争环境分析和竞争战略;供应链战略伙伴选择与协调;供应链诊断与业务流程重组;供应链信息集成与信息管理;库存控制;销售网络构造;物流配送;产品设计;增加客户价值;信息技术和决策支持系统。供应链管理注重总成本与用户服务水平之间的关系,为此要把供应链各个职能部门有机地结合在一起,从而最大限度地发挥供应链整体的力量,达到供应链企业群体获利的目的。

(二)供应链管理的特点

1. 供应链管理是一种基于流程的集成化管理模式

供应链管理是一种纵横的、一体化经营的集成管理模式。它以流程为基础,以价值链的优化为核心,强调供应链整体的集成与协调,通过信息共享、技术扩散(交流与合作)、资源优化配置和有效的激励机制等方法来实现经营一体化。

2. 供应链管理是全过程战略管理

供应链中的各环节不是彼此分割,而是环环相扣的一个有机整体,因此,必须充分掌握总体信息,从整体出发做出战略安排,如果只依靠部分环节的信息,则会由于信息局限或失真,导致决策失误、计划失控、管理失效。

3. 供应链管理提出了全新的库存观

在买方市场的今天,供应链管理的实施可以加快产品通向市场的速度,尽量缩短从供应商到消费者的通道长度;另外,供应链管理把供应商看作伙伴,使企业对市场需求的变化反应更快、更经济,总体库存大幅度降低。

4. 供应链管理以最终客户为中心

所谓供应链管理以最终客户为中心,即将客户服务、客户满意与客户成功作为管理的出发点,并贯穿供应链管理的全过程,把改善客户服务质量、提高客户满意度、促进客户成功作为创造竞争优势的根本手段。

5. 供应链管理不断引入现代管理理念和手段

供应链管理中采用准时制、快速反应、有效客户反应、企业资源计划等多种现代管理策略。

四、电子供应链管理

电子供应链管理(E-SCM)的核心思想表现在三个方面,即供应链管理模式的 CEO,其中:C 是协同商务(Collaborative Commerce),E 是电子企业(E-business),

O 是业务外包（Outsourcing）。

（一）协同商务

电子供应链跨越了多个企业的界限，要求企业建立协同的业务流程，体现了供应链参与者之间的真正协作。供应链系统建设的重点从单纯关注交易这一个环节向关注网络环境下的商务主体（企业）和商务活动的全过程转向，而其中商务活动全过程涉及诸多方面之间的协同。紧密协作是电子商务时代企业经营的基本特征之一。

协同商务是在供应链管理中利用网络技术，注入协同思想，运用系统论、信息论、控制论原理，将供应链置于性能、成本、时间、可持续发展等多维空间中进行分析和运筹，是建立在 Internet 之上的一种新型供应链管理思想。贸易伙伴之间采用交互协作关系，通过 Internet 共同商讨经营策略，迅速重组供应渠道，开发、生产、运输、销售产品，通过对商务活动的全方位协同，形成一个全球供应链。

在经济全球化的背景下，强调利用 Internet 等新兴技术手段，在企业内部各环节及企业外部跨供应链形成的协同商务链条的基础上进行各种业务合作，最终通过改变业务经营的模式与方式达到资源最充分利用的目的；强调从产品的设计研发、原材料采购、生产制造、产品销售、财务处理，直至最后的绩效评估等，都通过协同商务平台使交易各方能够同步作业。协同商务产生了很多新的关系：协同规划可以让生产商和销售商共同制定生产预测方案，使生产更有目的性；协同供应可以使供求双方建立起统一完整的库存管理，达到供应链库存费用最低；协同开发可以集中供应链上所有成员的智慧，进行产品设计，提高产品成功的机会，缩短产品研发周期；协同的市场关系可以让联盟企业采用联合推广的方式推出产品，甚至可以分摊市场营销费用。

（二）电子企业

电子企业是实施供应链管理的个体，只有企业内部实现了电子化，才具备加盟电子供应链的基本条件。美国 IBM 公司定义电子化企业为产业间各企业应用 Internet 技术，转换与改变其关键企业功能与流程。供应链管理与电子商务结合，顾客关系管理及企业资源计划完全整合，是电子化企业的运作模式。通过网站与合作伙伴进行沟通，完成线上交易，供应链中所有伙伴的商情资料共享，企业内部透过网络协调、分享与合作等，都是企业电子化的具体表现。

（三）业务外包

供应链管理强调的是把主要精力放在企业的关键业务上，充分发挥其优势，根据企业自身的特点,专门从事某一领域的某一专门业务,在某一点形成自己的核心竞争力,同时与全球范围内合适的企业建立战略合作关系,企业的非核心业务委托给其他企业或由合作企业完成,这就是业务外包。

电子商务使外包状况发生了根本的转变,原来由于通信方式的落后和信息量不足,使外包因难以管理而受到严重阻碍。电子商务使外包活动更便于管理,而且成本更低、服务更好。电子供应链管理下非核心业务外包已成为注重核心能力或者寻求附加能力的企业的一种重要经营手段。企业开始以流程和应用的外包来定义新的商务模式。

业务外包给企业带来的收益主要体现在以下几个方面:

第一,提高经营成效和赢利性,在市场中赢得时间和竞争优势,减少运作和管理费用。

第二,可以把主要或全部注意力集中在核心增值业务上。

第三,节省技术投资,减少基础投资(包括人员和设备方面),员工总数减少。

第四,提高组织的灵活性,实现组织结构优化和业务流程再造。

第五,利用企业不拥有的资源,获取企业自身无法实现的综合收益。

第六,经营风险分担。

电子商务与供应链管理的整合带来了供应链的变革,使企业在满足个性化服务、改善信息管理、销售渠道和提高决策水平等几个方面改进经营管理,增强企业核心竞争能力。因此,供应链管理的核心是跨越供应链多个链节或功能来协调企业经营计划,通过高度信息共享和信息集成来提高企业的运作效率和核心竞争力。

第三节 案例两则

一、通用汽车公司的网络营销策略

关注历年《财富》杂志评选的世界500强企业的人都知道,通用汽车公司(General Motor, GM)曾连续多年排名第一。

(一) 通用汽车公司简况

通用汽车公司(网址为 www.gm.com)是目前世界上最大的汽车公司,成立于美国底特律,由威廉·杜兰特于1908年9月在别克汽车公司的基础上发展起来,自1931年起成为全球汽车业的领导者。通用汽车公司迄今在全球32个国家建立了汽车制造业务,子公司遍及全球,共拥有324 000名员工,其汽车产品销往200多个国家。2013年,通用汽车公司的轿车和卡车销售量为971万辆。

通用汽车公司在美国本土共有6个轿车分部,分别为别克分部、奥兹莫比部、卡迪拉克部、雪佛莱部、旁蒂克部及GMC部。通用汽车在世界各地的分公司中,以通用欧洲公司最大。不久前,通用公司又收购了世界上最先进的跑车研究生产部门——英国的莲花汽车工程公司,使通用汽车家族再添技术研发实力。通用汽车公司是美国最早实行股份制和专家集团管理的特大型企业之一,尤其重视质量和新技术的采用,因而GM产品在用户心中享有较高声誉。从汽车产量看,通用汽车公司占美国汽车产量的一半左右,而小轿车则占60%左右。除生产、销售汽车外,通用还涉足航空航天、电子通信、工业自动化和金融等领域,其总的年营业收入甚至超过"中国工业500强"的销售总额。

(二)通用汽车公司的网络营销特色

通观通用汽车公司的网站,我们会发现,通用在网站的设计上,充分利用了网站的分帧分层,既连续又间断的特点,将营销主题以渗透性的表现手法化解在各层、各页上,具备强大的商业感召力。

1. 以人为本的营销思想

在通用汽车公司网站的首页设计上,充分体现了"关系唯上,客户至尊"的营销主题,阐明了GM始终以顾客为中心的营销思想。通用汽车在其品牌优势的基础上,致力于强化与公众的关系,利用因特网的辐射能量开展关系营销。通用认为,企业目标应放在管理客户关系组合上,而不是放在管理一种产品组合或资产组合上,通过积极有效地发展客户关系,使企业价值最大化。通用汽车网站的设计正是抓住了这一营销主题,并始终体现这一主题。

通用汽车公司网站按公司和产品两大部分来组织内容,配以经销商的评价,公司管理层对企业方针的阐述,背景多为春风得意驾驶的各国顾客,体现通用汽车的顾客遍布全球。在信息组织上,分为产品介绍、企业介绍和汽车导购。访问者不但可以查询到遍布世界的汽车经销商、零售商和各种型号汽车制造厂的目录,还可以查阅到通用汽车的历史、新闻及求职消息等,突出了通用汽车以人为本的营销思想。

2. 实用方便的销售、采购功能

通用汽车网站可以向访问者提供多渠道、多选择的产品查询与购买方案,网上汽车导购是其重要功能。通用汽车公司希望自己建立的BtoB网站(GMBuyPower.com)能发挥越来越重要的作用。另外,通用汽车公司还计划通过和主要的互联网企业结成联盟,使网站的访问流量增加10—15倍。通用汽车公司还加大了在消费类电子商务市场上的投入力度,逐步让自己每年高达上千亿美元的采购业务全部通过TradeXchange电子商务系统来完成。这意味着通用汽车公司有望每年增加数十亿美元的收入。

3."汽车销售点"

通用汽车还建立了展示比较通用汽车与其他汽车各项技术规格指标的"汽车销售点"网站。通用公司将该站点视为客户需求信息、客户联系手段以及客户经济状况的采集窗口,既是客户与企业的联系纽带,又是企业客户信息管理的外延。

(三)通用汽车在中国的网络营销

1921年,通用汽车远东办事处从马尼拉迁至上海,促进了别克汽车在中国的销售业务。1929年,通用汽车中国公司在上海成立,首家别克销售办事处同时在沪开业。1935年,通用汽车中国公司已在国内25个城市建立别克经销商网络。1940年,通用汽车中国公司在国内建立8个汽车流动维修站,成为中国第一个提供此类服务的汽车公司。

改革开放以后,1997年6月,上海汽车工业(集团)总公司与美国通用汽车公司合资组建的上海通用汽车有限公司在沪成立。1998年12月17日,第一辆由上海通用汽车生产的别克轿车正式下线;1999年4月,上海通用汽车开始批量生产GL、GLX、新世纪三款别克轿车。到2013年,通用汽车公司在中国建立了12家合资企业和2家全资子公司,拥有58 000多员工,通用及其合资企业在华销售汽车达到每年300多万辆。

在www.buick.com.cn网站上,别克对其各款新车做了详细介绍,并且列出了遍布全国的零售商网络,以方便各地购车者。在整体设计上,通用注重突出其品质优越和服务无限的宗旨。

通用汽车中国改版后的公司网站(www.gmchina.com)以中英文两种语言向广大用户提供有关通用汽车公司相关产品、合作及服务领域的最新信息。通用汽车中国部总裁指出:在众多国外汽车制造商中,通用汽车是第一家在中国建立双语网站的公司。该网站内容广泛而且是专门针对中国市场设计的,其中包含面向内地及香港市场销售的别克、欧宝、凯迪拉克及雪佛兰等几十种产品的相关信息,还有客户服务信息,用户可以填写保修登记表格,查询附近的通用汽车授权服务中心或零部件供应商,也可以查询某一特定产品的详细信息。

案例思考题

1. 网络营销中如何保持企业原有特色和品牌价值?
2. 通用汽车公司是如何实施网络营销策略的?

二、点击科技公司与"协同"软件

作为一个新兴的朝阳产业,2005年协同软件进入高速发展阶段。随着中国经济和信息产业的发展,信息化应用水平的提高,国内协同软件市场呈现出机遇与挑战并存的格局。

(一) 协同软件的快速兴起

王志东创办的点击科技公司是从2001年开始做协同软件的。起初,点击科技也不清楚自己的产品定位,2002年才对外宣布产品是协同软件,当时许多人尚不认同。2003年初点击科技推出竞开协同之星后,在市场培育和宣传方面做了大量工作。2004年初点击科技融资成功后,国内厂商、媒体和一些研究机构等开始关注协同。与此同时,国内一些厂商也开始陆续推出协同软件。

2004年初,中国软件协会推出了中国软件业年度报告,第一次把协同软件业当作独立的分类推出,年中赛迪顾问推出了有关协同政务的研究报告,年底计世资讯推出了关于协同软件的市场分析报告。协同软件逐渐进入主流产品链。

2005年开始,国内协同软件热度提高。2005年初,Microsoft收购了Groove,继2004年6月IBM推出WORKPLACE后,Microsoft也正式进入了协同领域。媒体、客户、产业都开始认同协同软件,国内外也都关注协同软件,这证明协同软件很有发展潜力。

(二) 协同软件的产生和作用

协同软件的产生可以从两个角度来看:一是用户需求的拉动,即企业对敏捷性、实时性的需求拉动;二是产业和技术的发展,由于互联网的出现,也由于新的技术出现,特别是软件、网络、通信三大技术的融合,使得协同软件水到渠成。协同软件与过去的群件有本质的区别,群件是互联网以前的技术,协同软件则是互联网时代的产物。

企业需要通用管理平台,只有通用管理平台才能做到随机应变、动态适应、柔性管理等。由于每个企业的管理风格、管理要求都不一样,管理软件很难通用,但是很难不等于不可能。要实现随机应变,不仅要在技术上创新,还需要在管理上创新,要构造一个知识协作平台,以人为中心组织各种数据及其应用。

"以人为本"的管理理念是协同软件出现的重要背景。过去企业管理软件比较侧重于物流、资金流的管理,现在更关注人的管理,而协同软件正是以人为核心的软件。协同软件更重视提高企业的执行能力,物流和资金流毕竟是死的,企业最难管的其实是人,协同软件的核心就是人的管理。

人的管理最重要的就是沟通,但沟通不是简单的通信和信息传达,要让沟通变成一种组织行为,转化为一个团队的协作。要想做好协同,沟通是基础,由沟通出发,延伸到团队协作,再延伸到流程的管理。

(三)协同软件与传统办公自动化产品的区别

协同软件与传统办公自动化(OA)产品的区别主要体现在以下几个方面:

一是协同软件能够支持完全的移动性(无缝的网络连接)。协同软件能够支持各种网络环境,并可支持跨网络、跨地区的应用。也就是说,不管在任何地方,用什么样的网络,无论是宽带还是窄带,有线还是无线,局域网还是互联网,协同软件都能实现无缝的连接,确保用户在各种应用情况下保持很高的工作效率。

二是协同软件拥有跨组织、跨系统的互通性。协同软件不是局限于企业内部,而是形成了通用的工作模式,通过这种模式的自由组合,能够实现各种跨组织、跨系统的交叉应用。

三是协同软件拥有良好的动态适应能力。协同软件能够基于一种团队管理模型,快速构造各种不同的项目管理或业务管理系统。

四是协同软件比 OA 更强调安全性、可管理性和系统操作性。

传统的 OA 作为政府和企业最早使用的信息化手段,解决的问题是如何提高日常办公效率,但不论是第一代、第二代还是第三代 OA 产品,都无法与企业的财务、库存、生产、销售、人力资源管理等系统直接连接并协调工作,企业领导无法利用 OA 系统辅助决策,员工也不能实现动态办公。

(四)协同软件模拟应用举例

大连某公司的业务经理小陈到昆明出差,得知当地老同学小刘的公司正要上一个重大项目,而这一项目正是小陈公司的业务强项。

机不可失,对方的项目第二天就要开标了,小陈觉得应当努力争取一下,于是好说歹说,让小刘在当天下午安排一个与这个项目相关人员的会议。

离下午的会议仅剩几个小时,小陈赶紧打电话向在海南度假的公司王总做了简单汇报。按照王总的指示,小陈打开笔记本电脑,启动竞开协同之星(GK-Star)软件,并接上了互联网,使用GK-Star的网络会议功能立即安排了一个网络会议,把远在大连的几位同事邀请了进来。简单介绍项目情况后,王总指定由技术、市场、商务等几个部门的员工组成了项目小组,立即投入工作。

会后,小陈利用GK-Star建立了一个"协作区",并向这个项目小组的所有成员,连同王总等领导都发出了协作区邀请。项目成员通过GK-Star收到并接受邀请后,便可以自由进出协作区,阅读、更新相关的文档、日程、联系人名片等信息,还可以随时留言,使用BBS、白板等工具进行讨论,大家也可以就地举行网络会议。这相当于为这个项目建立了一个专用的虚拟办公室,可以随时随地按需建立,所有成员无论属于哪一个部门、哪一家企业、在哪一个地方、使用什么样的网络,都可以随时进入,而不必担心信息安全的问题,做到"天涯若比邻"。

协作区建完,小陈通过GK-Star里的电子邮件系统,把小刘传来的有关项目资料放到了协作区的共享文档目录里。随后,在BBS里讲述了自己对该项目的分析。与此同时,远在大连的同事也开始了工作。在协作区里,小陈很快看到了相应的参考资料、应用方案模板、竞争对手资料等,也看到了王总的指示,并用GK-Star的即时通信功能与相关同事进行了交流。

大连同事们的工作效率很高,中午时分,项目方案的第一稿即在协作区里出现。小陈用GK-Star的短信功能通知王总也连上线,提出了修改意见,讨论之后,大连同事立即进入第二稿的修改工作。

下午,小陈单独会见小刘公司一干人等。会议洽谈涉及技术、产品、市场、实施、竞争对手等多个方面,大连成了小陈的大后方,随时收集相关的资料并通过协作区传给小陈。有些问题,小陈通过即时通信功能与王总进行沟通,而王总则通过VoIP功能参与了整个会议。对方的表情从开始的好奇、惊讶到满意,一个小时后会议愉快结束。

小陈回到旅馆后,王总决定由大家作一个会议总结,并对项目方案进行第三稿的修改。这时,小刘打来了电话:"我们领导没有想到你们的工作效率这么高,对与你们合作很有信心。"

案例思考题

1. 在不同经营特色的前提下,如何满足企业对通用管理软件的需求?
2. 协同软件与传统OA的区别何在?

本章思考题

1. 电子商务时代的国际竞争环境有哪些变化？
2. 电子商务时代国际竞争的特点有哪些？
3. 企业在电子商务环境中如何建立竞争优势？
4. 供应链管理的含义和特点是什么？
5. 国际供应链的特点是什么？
6. 什么是电子供应链？

相关内容网站

1. 通用汽车公司　www.gm.com
2. 甲骨文公司　www.oracle.com
3. 联合包裹服务公司　www.ups.com
4. 通用电气公司　www.ge.com
5. SAP 公司　www.sap.com
6. IBM 公司：www.ibm.com
7. Ariba 公司　www.ariba.com
8. 思科公司　www.cisco.com
9. 锦程物流网　www.jctrans.com
10. 索尼公司　www.sony.com

参 考 文 献

[1] 刘业政. 电子商务概论[M]. 3 版. 北京:高等教育出版社,2016.
[2] 覃征等. 电子商务概论[M]. 5 版. 北京:高等教育出版社,2017.
[3] 李洪心. 电子商务概论[M]. 4 版. 大连:东北财经大学出版社,2014.
[4] 杨坚争. 电子商务基础与应用[M]. 8 版. 西安:西安电子科技大学出版社,2012.
[5] 兰宜生. 电子商务基础教程[M]. 3 版. 北京:清华大学出版社,2013.
[6] Turban E,etc. Electronic Commerce:A Managerial Perspective[M]. Prentice Hall Inc. ,2004.

后　　记

　　电子商务和因特网为企业国际化提供了广阔空间和新的市场机会，本书从经济全球化、信息化角度分析了电子商务的产生和发展过程，较为全面地介绍了电子商务模式及其应用领域、国际电子商务的实现形式、电子商务应用技术、国际贸易中的电子订单与电子合同、国际网络营销手段、国际电子支付、国际物流、电子政府与海关电子化管理、电子商务法律法规、电子商务时代的国际竞争与合作等。为便于读者深入思考有关内容，每章均有两个案例，并附设思考题，考虑到电子商务的特点，每章后还提供与该章内容相关的网站地址。

　　我的学生江维、王恬、孙辉煌、汪丽霞、陈丹丹、黄佳莉、江凌曾参与本书第一版的资料收集和编写工作，在此对他(她)们的辛勤劳动表示感谢。本书的三次修订由我完成。首都经济贸易大学出版社的领导和编辑对本书的编辑及再版倾注了许多心血，在此对他们的帮助表示衷心的感谢。

　　本书在编写过程中，参阅了国内外许多教科书、著作和学术论文，在此向有关作者致谢。另外，编写中也从国内外政府部门和研究机构网站检索、查阅了有关资料，在此向相关机构表示感谢。

　　本书适合作为高等院校国际经济与贸易、电子商务专业和其他专业的本专科学生的教材，也可用作政府职能部门干部、企业经营管理人员了解掌握国际电子商务知识的培训教材或自学参考用书。

　　由于作者水平有限，加之国内外电子商务理论及实践发展变化很快，书中难免有错误疏漏之处，欢迎各位同行专家和读者批评指正。

兰宜生
2018年3月于上海